Vision einer Gemeinwohl-Ökonomie
– auf der Grundlage einer komplementären Zeit-Währung

vision

einer Gemeinwohl-Ökonomie

– auf der Grundlage einer
komplementären Zeit-Währung

KATHOLISCH
SOZIALES
INSTITUT
DER ERZDIÖZESE KÖLN

ISBN 3-927566-24-1

Selhofer Straße 11, 53604 Bad Honnef, Tel.: 02224/955-0, Fax: 02224/955-101
E-Mail: sikora@ksi.de, Internet: www.ksi.de
Umschlaggestaltung und Satz: Punkt & Pixel, Bad Honnef
Druck: Druckerei Krannich, Bad Honnef

„Wenn das Leben keine Vision hat, nach der man strebt, nach der man sich sehnt, die man verwirklichen möchte, dann gibt es auch kein Motiv, sich anzustrengen.“

Erich Fromm

Inhaltsverzeichnis

Vorwort

Wir benötigen dringend eine Alternative zur „Shareholder-Value-Ökonomie“, denn diese hat immer weniger mit dem Produktionsfaktor „Kapital“ und schon lange nichts mehr mit dem Produktionsfaktor „Arbeit“ zu tun. Sie läuft zusehens mehr ‚aus dem Ruder‘. Die Alternative könnte eine „Gemeinwohl-Ökonomie“ sein, die einerseits die vielfältigen, sinnvollen menschlichen Tätigkeiten fördert – auch jene, die keine in Geldbeträgen ausgedrückte (Erwerbs-) Arbeit darstellen – und andererseits sich einen neuen, gerechteren Wertmaßstab als Verrechnungseinheit wählt: die Zeit.

Hier wird die „Vision einer Gemeinwohl-Ökonomie“ skizziert, die auf der Grundlage einer arbeitsschaffenden Komplementär-Währung beruht. Dabei steht der Begriff des „Gemeinwohls“ – aus der Christlichen Gesellschaftlehre stammend – im Mittelpunkt.

Im November 1986 veröffentlichte die Katholische Bischofskonferenz der USA den Hirtenbrief „Wirtschaftliche Gerechtigkeit für alle“[1]; 1991 veröffentlichte die Evangelische Kirche in Deutschland eine Denkschrift unter dem Titel „Gemeinwohl und Eigennutz – Wirtschaftliches Handeln in Verantwortung für die Zukunft“[2]. In beiden Schriften geht es zentral um das Gemeinwohl.

Diese Überlegungen werden hier aufgegriffen und in Verbindung mit neueren Entwicklungen in der globalen Ökonomie gebracht. So entstand das Konzept einer Gemeinwohl-Ökonomie auf der Basis einer komplementären und zugleich Tätigkeiten aktivierenden Währung. Diese Schrift knüpft an der Veröffentlichung „Vision einer Tätigkeitsgesellschaft“[3] an.

Damit das vorgestellte Konzept nicht nur abstrakt entworfen wird, sondern an Anschaulichkeit und Konkretheit gewinnt, ist diesem Manuskript ein Praxisteil integriert worden. Diese Aufgabe hat der Berliner Journalist Günter Hoffmann übernommen, der mit seiner Veröffentlichung „Tausche Marmelade gegen Steuerklärung“[4] bei vielen Lesern großes Interesse an diesen alternativen Wirtschaftsformen geweckt hat. Er verantwortet seinen Textanteil.

Einige Überlegungen zum „Gemeinwohl-Unternehmer“, einen Gedanken, den der Münchner Soziologe Ulrich Beck zunächst vorgetragen hat, sollen dazu ermuntern, selber die Initiative zu ergreifen und sich dieser neuen Herausforderung zu stellen.

Die abschließenden Reflexionen zur „Nachhaltigkeit" wollen den vorgetragenen Ansatz in eine langfristige und umfassende Dimension hineintragen. Es geht nicht um kurzlebige Trends, sondern um eine grundsätzliche Umsteuerung, von der anzunehmen ist, dass nur sie eine globale Entwicklung in Menschenwürde gestattet.

„Im Zentrum aller Entwicklung und damit auch der Wirtschaft und ihrer politischen Gestaltung müssen immer die Menschen stehen. Diese Prämisse darf keinen anderen Zielen oder ideologischen Interessen geopfert werden. Sie gründet in der *Menschenwürde*, die allen Menschen unterschiedslos und in gleicher Weise zukommt und die Grundlage der Menschenrechte ist, was nicht nur die bürgerlichen und politischen Rechte (Zivilpakt), sondern auch die wirtschaftlichen, sozialen und kulturellen Rechte (Sozialpakt) einschließen muß ... Dies hat ökonomische, sozio-kulturelle und umweltbezogene Konsequenzen. Die verantwortliche Gestaltung einer humanen Ordnung muß sich auf all diesen Feldern bewähren, um allen Menschen eine menschenwürdige Existenz zu ermöglichen und zu sichern. Wirtschaft, Markt, technologischer Fortschritt und Globalisierung sind folglich kein Selbstzweck, sondern haben instrumentellen Charakter. Ein Ökonomismus, der die Regeln wirtschaftlicher Rationalität und des Marktes zum alleinigen Maßstab macht, ist damit unvereinbar."[5]

Bad Honnef, im März 2001
Joachim Sikora

Einführung

Unsere Gesellschaft befindet sich im Um- und Aufbruch. Deshalb suchen wir überall nach Perspektiven, Impulsen, Leitideen, Visionen. Ziel ist nicht selten die Erarbeitung eines Grundkonsenses bezüglich einer zukunftsfähigen Gesellschaft.

Was benötigt wird, dies sind neue Denkansätze und alternative Konzepte. Wir benötigen „Orte", wo Ideen und Anregungen zur Gestaltung der zukünftigen Gesellschaft erläutert und diskutiert werden können. Wir benötigen in der Gesellschaft mehr soziale Seismographen, Brainworker, Gemeinwohl-Erfinder, Avantgardisten, Pionier-Denker.

Im Frühjahr 1997 gab es in der Bundesrepublik Deutschland einen wichtigen Impuls: die „Berliner Rede" des damaligen Bundespräsidenten Roman Herzog am 26. April 1997. Sie stand unter dem Thema „Aufbruch ins 21. Jahrhundert". Darin finden sich so entscheidende Passagen wie diese: „Zuerst müssen wir uns darüber klar werden, in welcher Gesellschaft wir im 21. Jahrhundert leben wollen. Wir brauchen wieder eine Vision. Visionen sind nichts anderes als Strategien des Handelns. Das ist es, was sie von Utopien unterscheidet. Visionen können ungeahnte Kräfte mobilisieren: Ich erinnere nur an die Vitalität des ‚American dream', an die Vision der Perestroika, an die Kraft der Freiheitsidee im Herbst 1989 in Deutschland.

Auch die Westdeutschen hatten einmal eine Vision, die sie aus den Trümmern des Zweiten Weltkrieges emporführte; die Vision der Sozialen Marktwirtschaft, die Wohlstand für alle versprach und dieses Versprechen gehalten hat. Die Vision, das im Krieg geschlagene und moralisch diskreditierte Deutschland in die Gemeinschaft der europäischen Staaten und nach Europa zurückzuführen. Und schließlich die Vision der Vereinigung des geteilten Deutschland".[6]

Der Bundespräsident skizzierte dann in seiner Rede Deutschland im Jahre 2020 und nannte als ersten Punkt: „Wäre es nicht ein Ziel, eine Gesellschaft der Selbständigkeit anzustreben, in der der Einzelne mehr Verantwortung für sich und andere trägt und in der er das nicht als Last, sondern als Chance begreift? Eine Gesellschaft, in der nicht alles vorgegeben ist, die

Spielräume öffnet, in der auch dem, der Fehler macht, eine zweite Chance eingeräumt wird....

Zweitens: Wäre es nicht ein Ziel, eine Gesellschaft anzustreben, die nicht mehr wie heute strikt in Arbeitsplatzbesitzer und Menschen ohne Arbeit geteilt ist? Arbeit wird in Zukunft anders sein als heute: Neue, wissensgestützte Berufe werden unqualifizierte Jobs verdrängen, und es wird mehr Dienstleistungen als industrielle Arbeit geben. Statt Lebens-Arbeitsplätzen wird es mehr Mobilität und mehr Flexibilität geben, auch zur besseren Vereinbarkeit von Beruf und Familie. Arbeit dient nicht nur dem Lebensunterhalt....“ [7]

Dieses Buch ist der Versuch, die Vision einer komplementären Ökonomie auf der Grundlage von „Zeit-Währungen“ zu entwickeln. Es will aktuelle und zukunftsorientierte Entwicklungen zusammentragen, eine Gesamtkonzeption entwerfen, Visionäres transportieren. Zukunft geschieht schließlich nicht von selbst. Sie wird von denjenigen gestaltet, die bereit und in der Lage sind, Visionen zu entwickeln und andere Menschen zu motivieren, an der Verwirklichung dieser Visionen mitzuarbeiten.

Dieser Beitrag möchte aber auch verdeutlichen, welche Bedeutung den Überlegungen in der Christlichen Gesellschaftslehre und den konkreten Bemühungen der Kirchen in den verschiedenen europäischen Gesellschaften (und den USA) zukommt. Kirchen gehören in Europa zu den gesellschaftlichen Vordenkern – sie haben sich zu Avantgardisten in der politischen Diskussion entwickelt. Wer eine gesellschaftliche Zukunft in Solidarität und Gerechtigkeit anstrebt, findet in ihnen wichtige Bündnispartner.

Gesellschaft – Wirtschaft – Wandel

Die Erwerbsarbeit schmilzt dahin wie der Schnee in der Sonne. Aber – es bleibt genug zu tun! Eine widersprüchliche Aussage? Keineswegs, denn mit der Wirtschaft globalisiert sich auch die Arbeit. Technologische Entwicklungen, neue Software und eine ständig weiter steigende Produktivität machen auch die Erwerbsarbeit im Dienstleistungsbereich immer „überflüssiger“. Andererseits nehmen die Tätigkeiten in der Familie, der Nachbarschaft, der Gemeinde, den Verbänden und Organisationen zu – aber es sind keine ausreichenden finanziellen Ressourcen vorhanden, um sie zu realisieren. Hier entwickeln sich in Tauschringen und Talentbörsen, in Selbsthilfegruppen und Bürgerinitiativen immer neue Tätigkeitsfelder, die sich wiederum mit neuen Formen der Finanzierung verbinden.

Die Unternehmen werden immer kleiner und „virtueller“, es werden mehr und mehr kurzfristige, projektbezogene Tätigkeiten angeboten, die sich einer hochentwickelten Informations- und Kommunikationstechnik bedienen. Auf diese Art und Weise steuern kleine Projektgruppen Unternehmen mit hohen Umsätzen.

Der/die Arbeitnehmer/in von heute ist der/die „Lebensunternehmer/in“[8] von morgen. Diese bekommen in Zukunft Gehalt, Lohn, Salär, Heuer, Gage, Sold, Provision, Honorar – oder auch Bürgergeld, Bildungspunkte, Gutscheine oder gar selbstkreierte „Währungen“ wie „Elbtaler, Kreuzer, Batzen, döMak“ – kurz: Viele werden ihren Verdienst, ihr Entgelt, ihre Bezahlung in den unterschiedlichsten Tätigkeitsfeldern erwerben und dafür die verschiedensten „Verrechnungseinheiten“ erhalten: in der Erwerbs-, Eigen-, Nachbarschafts-, Gemeinwohl-, Bildungs-, Familien-, Kultur- und Vermögenstätigkeit. Sei es als kurzfristiger Job, als Werkvertrag, in Form der Telearbeit, freiberuflich oder in obligatorischen Tätigkeiten.

Der „dritte Sektor“ zwischen Wirtschaft und Staat, nennen wir ihn den gemeinwohl-orientierten, zivilen, non-profit Sektor, dieser Sektor wird zum größten „Arbeitgeber“ der Zukunft werden. Hier entsteht soziales Kapital. In diesem Sektor wird es sowohl bezahlte als auch ehrenamtliche Arbeitsplätze und Freiwilligendienste geben. Dieser Sektor befaßt sich mit nachbarschaftlichen Aufgaben und sozialen Herausforderungen im Zentrum jeder Gesellschaft. Er umfaßt die grundlegenden, urmenschlichen Ansprüche auf Fürsorge, Gemeinsamkeit und freiwilliger, unmittelbarer Hilfestellung.

In Europa existieren eine Vielzahl nicht-kommerzieller Organisationen, z.B. Servicezentren, Nachbarschaftszirkel, Tauschringe, Talentbörsen, kirchliche und säkulare Hilfswerke, Berufsvereinigungen, Bürgerbüros etc., die allesamt Dienste und Leistungen für die Gemeinschaft anbieten, die weder vom Staat noch von der Wirtschaft befriedigt werden; sie tun dies nicht mit der Absicht, damit Profit zu erwirtschaften.

Daneben wird es weiterhin den ersten ökonomischen Sektor – dies ist der vertraute Bereich der Wirtschaftsunternehmen – geben; bezogen auf die Arbeit sprechen wir hier von der überkommenden „Erwerbsarbeit“. Der zweite ökonomische Sektor, der Staat, erzeugt politisches Kapital und stellt Arbeit im Öffentlichen Dienst zur Verfügung.

Trotz dieser Entwicklung hält die offizielle Politik in den meisten Ländern an dem Mythos fest, die Wirtschaft wird es schon richten, wenn man sie nur ausreichend liberalisiert, privatisiert, dereguliert, die Arbeitseinkommen differenziert und sie absenkt. Die Wirtschaft wird – entgegen aller Beteuerungen – diesen Auftrag nicht einlösen können.

Von der Dienstleistungs- zur Tätigkeitsgesellschaft

Von der Erwerbsarbeitsgesellschaft (bis ca. 1970) bewegen wir uns gegenwärtig durch die Phase der Dienstleistungsgesellschaft (vermutlich bis zum Jahre 2010) hin zur künftigen Tätigkeitsgesellschaft.

Wassily Leontief – Träger des Wirtschaftsnobelpreises – prophezeite (1983), daß mit der Einführung immer leistungsfähigerer Computer „der Mensch als wichtigster Produktionsfaktor verschwinden wird, genauso wie einst das Pferd durch die Einführung des Traktors aus der landwirtschaftlichen Produktion verschwunden ist".[9]

Ein Szenario aus dem Jahre 1988 beschreibt die Tätigkeitsgesellschaft als visionäre Zukunft wie folgt:

„Die Tätigkeitsgesellschaft ist eine jahrhundertealte Vision der Philosophie vom menschlichen Glück. Ihre geistigen Ursprünge reichen von Sokrates und Aristoteles über die mittelalterlichen Philosophien bis hin zu Hannah Arendt und Ralf Darendorf. Nach der Vita-activa-Ethik der Tätigkeitsgesellschaft sind Arbeit und Freizeit zwar noch existent, stellen aber zusammen mit Kultur und Bildung gleichwertige Lebensqualitäten dar. Leitbild ist der frei tätige Mensch, der sich vom Verdikt des immer nur Nützlichen, des Lebensnotwendigen und des Arbeitszwanges befreit. Es ist der souveräne Mensch, der – aus freien Stücken – gleichermaßen für sich und die Gemeinschaft tätig ist. Er ist selbstbewußt und sozial aktiv.

In der Tätigkeitsgesellschaft ist der souveräne Mensch ein Lebenskünstler, der zu leben weiß und zu leben versteht. Der Lebenskünstler lebt in der Gegenwart, kennt weder Phlegma noch Trägheit: Mal arbeitet er im Schweiße seines Angesichts, mal schwingt er kreativ den Pinsel. Er entspannt sich zeitweilig und engagiert sich freiwillig für andere. Immer geht die Initiative von ihm selbst aus, er wartet nicht auf den Anstoß von außen. Untätigkeit ist dem Lebenskünstler fremd. Selbst das Genießen wird zum Ausdruck innerer Aktivität.

Dem Lebenskünstler geht die Tätigkeit nie aus. Er lebt in Freiheit und Unabhängigkeit. Nicht Aktionismus und Geschäftigkeit bestimmen seinen Lebensstil. Der Lebenskünstler begreift Ziel und Zweck seiner Eigenaktivität als Ausdruck von Denken und Handeln. Er steht sich selbst nicht im Wege, sondern besinnt sich auf seine Fähigkeiten, gibt sich und seinem

Leben Sinn durch produktives Tätigsein in Übereinstimmung mit sich und seiner sozialen Umwelt.

Das Problem: Der eigenaktive Lebenskünstler, der das savoir vivre der vita activa beherrscht, muß erst noch geboren werden. Der heutige Mensch – weitgehend an abhängige Beschäftigung und verordnete Arbeit und Pflicht gewöhnt – würde sich selbst im Wege stehen. Die Tätigkeitsgesellschaft setzt ein verändertes Werte- und Wirtschaftssystem und einen initiativen Menschen voraus. Ein solcher Wandel würde – wenn er käme – Zeitläufe mehrerer Generationen beanspruchen. Die freie Tätigkeit als Quelle der Sinn- und Identitätsfindung des Menschen ist ein visionäres Ziel und wird es auch in absehbarer Zukunft bleiben". [10]

„Die Tätigkeitsgesellschaft ist eine besondere Ausprägung der Arbeitsgesellschaft – in der gleichen Form, wie die derzeitige Erwerbs(arbeits)-gesellschaft eine besondere Ausprägung ist. Die Erwerbs(arbeits)gesellschaft hat zu einer Einengung der Bedeutung von Arbeit und damit letztlich zu wirtschaftlich, sozial und politisch nicht vertretbaren Fehlallokationen geführt, die hohe, kaum noch bezahlbare Sozialkosten nach sich ziehen. Das Konzept von der Tätigkeitsgesellschaft erweitert den Blick und insistiert darauf, daß in vielen Bereichen der Gesellschaft gearbeitet wird und daß viele dieser Tätigkeiten gesellschaftlich bedeutsam, aber im Rahmen der Erwerbsgesellschaft nicht bezahlbar sind. Arbeitslose können prinzipiell tätige, arbeitende Menschen sein, auch wenn sie erwerbslos sind". [11]

Arbeit im Wandel

Teilzeitarbeit, Leiharbeit, befristete Arbeit, Telearbeit, Scheinselbständigkeit, Projektarbeit... werden heute noch als atypisch betrachtet. Es findet aber eine schleichende Erosion des „Normalarbeitsverhältnisses" statt. Dieses war – in der Regel – gekennzeichnet durch:

- das Vorhandensein eines Arbeitsvertrages zwischen einem Arbeitgeber und einem Arbeitnehmer über eine unbefristete Dauer,
- ein festes tägliches, wöchentliches oder jährliches Zeitmuster, allenfalls marginal variiert durch Gleitzeit-, Urlaubs- und sonstige Vereinbarungen,
- ein normales und regelmäßiges Einkommen, festgelegt durch Tarifverträge,
- die Sozialversicherungspflicht, zu deren Finanzierung Arbeitgeber und

Arbeitnehmer gemeinsam und zu gleichen Teilen beitragen, zum Schutz gegen die Risiken des Lebens,
- ein Abhängigkeitsverhältnis, indem der Arbeitgeber die Art der Arbeit, den Arbeitsort, den Arbeitsprozeß usw. bestimmte.

Viele dieser Merkmale werden durch die Arbeits- und Tätigkeitsformen der Zukunft in Frage gestellt. Damit verliert auch die kollektive Regulierung der Arbeit weitgehend ihre Grundlagen. Es wird eine Individualisierung und Entstandardisierung in Form neuer Selbständigkeiten geben, die wiederum eine Neufassung der Rahmenbedingungen voraussetzen. Die Fixierung auf das „Normalarbeitsverhältnis", wie wir sie im Arbeitsrecht und der Tarifpolitik antreffen, ist aufzugeben.

Unternehmen im Wandel

Auf einer Vorbereitungstagung zum Themenpark „Zukunft der Arbeit" auf der EXPO 2000 war es vor allem Prof. Dr. Thomas W. Malone vom Massachusetts Institute of Technology (MIT), der die Metamorphose der unternehmerischen Strukturen plastisch illustrierte. „Vor allem vier große Entwicklungslinien sind es, die die etablierten Strukturen der industriegesellschaftlich geformten Arbeitswelt ins Wanken bringen:
- die forcierte Rationalisierung, die die Szenarien einer ‚Informationsgesellschaft ohne Arbeit' zum Thema gemacht hat;
- die beschleunigte Globalisierung, die bis dato ohne weltweit wirksame Regulierung geblieben ist;
- die räumliche und zeitliche Zersplitterung von Arbeit, die insbesondere die Bedeutung des Betriebs als Gravitationszentrum der Arbeitswelt zunehmend reduzieren dürfte und
- die erleichterte Flexibilisierung, die das herkömmliche Normalarbeitsverhältnis in eine Vielzahl neuer, zum Teil prekärer Arbeitsformen zerlegt."[12]

Im Begriff des „virtuellen Unternehmens" kommt diese Tendenz zum Ausdruck.

Die Kirchen als avantgardistische Vordenker

In ihrem „Gemeinsamen Wort" zur wirtschaftlichen und sozialen Lage in Deutschland, Europa und der Einen Welt unter dem Titel: „Für eine Zukunft in Solidarität und Gerechtigkeit",[13] haben die Kirchen in Deutschland als gesellschaftliche Großgruppen die Vorreiterrolle in der öffentlichen Diskussion um den Umbau der Gesellschaft übernommen. Eine Vision über die Zukunft der Arbeit ist das Modell der „Tätigkeitsgesellschaft“ [14].

Nach christlichem Selbstverständnis ist Arbeit eine zentrale Grundbestimmung des menschlichen Lebens. Arbeit ist in christlicher Sicht an den Schöpfungsauftrag Gottes gebunden. Der Mensch ist Teil der Schöpfung und durch seine Tätigkeit wirkt er an dem Schöpfungsauftrag mit. Schöpfung ist das Tätigkeitsfeld des Menschen.

Jeder Mensch ist gewürdigt und verpflichtet, am göttlichen Schaffen, das unsere Welt erhält und hervorbringt, mit seinem Handeln und Wirken teilzunehmen. In diesem Sinne ist Arbeit tätige Bejahung des von Gott geschenkten menschlichen und kreatürlichen Daseins in der Welt. Damit ist die menschliche Arbeit zugleich auf ihre Grundlage verwiesen: Der Schöpfung entnehmen die Menschen jegliche Mittel und Ressourcen, mit denen, auch mit Blick auf zukünftige Generationen, verantwortlich umzugehen ist. An diesem umfassenden Arbeitsbegriff, an dieser schöpfungsgemäßen und menschenwürdigen Ausrichtung der Arbeit muß sich auch die Arbeit in unserer Gesellschaft messen lassen.

Die Lebensbezüge der meisten Menschen werden durch die Arbeit bestimmt. Das individuelle und soziale Leben ist von den Bedingungen und Voraussetzungen abhängig, unter denen Arbeit in der Gesellschaft stattfindet. Im Zusammenhang mit der Industrialisierung entstand die außerhäusliche Lohnarbeit. Arbeit wurde zu einem aus der häuslichen Gemeinschaft herausgelösten „Produktionsfaktor“ und damit zu einer am Markt zu verhandelnden „Ware“. Aus der häuslichen Arbeitsgemeinschaft wurde die außerhäusliche Erwerbsarbeit gegen Entgelt, während die im Haushalt geleistete Arbeit ökonomisch nicht zählte. Eine fatale Fehlentwicklung, die noch durch die simple Betrachtung der Ökonomie verschärft wurde, daß nur in den Unternehmen „produziert“ (also wirtschaftlich meßbare Werte geschaffen) wurden, während die Haushalte in erster Linie oder ausschließlich „konsumierten“.

Arbeit ist in unserer Gesellschaft weitgehend als außerhäusliche Erwerbsarbeit organisiert und hat als solche eine Schlüsselfunktion und entfaltet so ihre strukturierende Kraft:

- indem für die überwiegende Zahl der Menschen in unserer Gesellschaft die Erwerbsarbeit das einzige Mittel der persönlichen Existenzsicherung ist;

- indem sie Beteiligung am produktiven Wertzuwachs und gesellschaftliche Anerkennung vermittelt;
- indem der individuelle und gesellschaftliche Lebensrhythmus an Zeitstrukturen ausgerichtet ist, die durch die Organisation der Erwerbsarbeit vorgegeben sind;
- indem Familie und Partnerschaft an den funktionalen Vorgaben der Erwerbsarbeit orientiert und ihren Bedingungen gemäß ausgerichtet sind;
- indem Bildung und Ausbildung unter der Perspektive der „Verwertbarkeit“ im arbeitsteilig organisierten Produktionsprozeß konzipiert und praktiziert werden;
- indem die natürlichen Grundlagen des Lebens als „Ressourcen“ des Wirtschaftsprozesses instrumentalisiert werden.

Die ökonomischen und politischen Kräfte sind nicht mehr in der Lage, Vollbeschäftigung zu erreichen. Deshalb fragen die Kirchen, ob die herkömmlichen volkswirtschaftlichen Theorien und Modelle die Ursachen und Wirkungszusammenhänge, die Arbeitslosigkeit hervorrufen, noch richtig erfassen und darstellen? In den auslaufenden Industriegesellschaften wird die außerhäusliche Erwerbsarbeit mehr und mehr in Frage gestellt:

- Menschen erkennen, daß Arbeit mehr ist als Erwerbsarbeit, denn zum Gelingen des gesellschaftlichen Zusammenlebens sind Tätigkeiten notwendig, die sich den Bedingungen der Erwerbsarbeit entziehen;
- Menschen erkennen, daß die in der Wachstumslogik eingebundene Erwerbsarbeit die ökologischen Grundlagen des Lebens auf der Erde schädigt, und sie deshalb einer Überprüfung bedarf;
- Menschen erkennen, daß die Form der Erwerbsarbeit durch neue Formen ergänzt werden muß, und mit diesen Veränderungen keineswegs ein Verlust an Lebensqualität verbunden ist;
- Menschen erkennen, daß die praktizierte Form der Erwerbsarbeit zunehmend zu einer Entsolidarisierung in der Gesellschaft führt, und die Spaltungen in der Gesellschaft dadurch verschärft werden;
- Menschen erkennen, daß der von allen erwirtschaftete Reichtum in unserer Gesellschaft und weltweit extrem ungleich verteilt ist und eine Situation entsteht, in welcher die weit überwiegende Zahl der Menschen von der Teilhabe ausgeschlossen ist;
- Menschen erkennen, daß in erster Linie die Wirtschaft für den Menschen da sein muß und nicht der Mensch für die Wirtschaft;

- Menschen erkennen, daß der Fehler des ursprünglichen Kapitalismus sich in weltweiter Dimension zu wiederholen droht, nämlich Menschen und sachliche Produktionsmittel gleichzustellen und sie als bloße Instrumente zu behandeln, anstatt sie gemäß der Würde der Arbeit als deren Subjekte und deren eigentliche Ziele zu sehen.

Paradigmenwechsel und Visionen

Wir werden eine Serie von Paradigmenwechseln in der Gesellschaft, der Wissenschaft (insbesondere der Wirtschaftswissenschaft) und in den Unternehmen erleben, beispielsweise weg von der Orientierung am Kapital (Stichwort: „Shareholder Value“) hin zur Orientierung am Menschen (Stichwort: „Workholder Value“); ganz im Sinne der Enzyklika „Laborem exercens“: Vorrang der Arbeit vor dem Kapital![15]

Aus diesem Grunde benötigen wir zunächst eine Revision der vorhandenen Rahmenbedingungen, der Axiome, der stillschweigenden Voraussetzungen, um dann zur Re-Vision und zu den Visionen zu gelangen.

Hannah Arendt erkannte bereits 1958: „Was uns bevorsteht, ist die Aussicht auf eine Arbeitsgesellschaft, der die Arbeit ausgegangen ist, also die einzige Tätigkeit, auf die sie sich versteht.“ Sie fügte hinzu: „Was könnte verhängnisvoller sein?“ Ihre Begründung: „Denn es ist ja eine Arbeitsgesellschaft, die von den Fesseln der Arbeit befreit werden soll, und diese Gesellschaft kennt kaum noch vom Hörensagen die höheren und sinnvolleren Tätigkeiten, um derentwillen die Befreiung sich lohnen würde“. [16]

Umgangssprachlich verstehen wir unter „Revision“ die Überprüfung, die Durchsicht, die Korrektur, die Änderung einer Ansicht. Eine in diesem Sinne verstandene Revision in bezug auf unsere Gesellschaft und ihre globale Einbindung ist gegenwärtig dringend notwendig.

Neue Visionen, Sichtweisen, Perspektiven sind dringend geboten, wenn wir die Verwerfungen und Umbrüche, die wir in unserer Gesellschaft und weltweit beobachten, bewältigen wollen. Die Krise unserer Gesellschaft erfordert eine gründliche und alle Lebensbereiche umfassende Besinnung und Vergewisserung – eine Re-Vision.

Aufbauend auf dieser Re-Vision gilt es sodann, neue Visionen zu entwikkeln. „Die Suche nach neuen Visionen aber verlangt, daß wir unseren Begriff von Politik überdenken. Politiker betrachten die deutsche Gesellschaft traditionell als ein polares Spektrum, das sich vom Markt auf der einen Seite zum Staat auf der anderen Seite erstreckt. Man sollte sich die deutsche Gesellschaft aber vielmehr als einen dreibeinigen Hocker vorstellen, dessen Beine der marktwirtschaftliche Bereich, der staatliche Bereich und der sozial-gemeinnützige Bereich sind. Das erste Bein schafft wirtschaftliches Kapital, das zweite öffentliches Kapital und das dritte „soziales Kapital"; meint Jeremy Rifkin[17].

Von der Geld- zur komplementären Zeitökonomie

Wir sind es gewohnt, Geld als Gegenwert für eine Ware oder Leistung zu zahlen bzw. zu erhalten. Wobei das, was Geld nun genau ist, in der wirtschaftswissenschaftlichen Literatur keinesfalls klar ist. Versucht man es von seinen Aufgaben und Funktionen her zu definieren, so kann man es bezeichnen als

- Tauschmittel
- Recheneinheit, Maßstab und Vergleichsinstrument,
- Wertaufbewahrungs- und Wertübertragungsmittel.

„Geht man von der Rechtslage bzw. Dokumentationsseite aus, dann ist Geld

- eine öffentliche Einrichtung zum Nutzen der Bürger,
- eine anonyme Leistungsbestätigung unter Annahmepflicht,
- ein weitergebbares Anspruchsdokument an das Sozialprodukt,
- einziges gesetzliches Zahlungsmittel. ..."[18]

Warum nun sollten wir nicht neben der Geldwährung und dem Geldsystem auch eine Zeitwährung und ein komplementäres Zeitsystem einführen. Es werden entsprechende Zeitkonten geführt und Güter bzw. Dienstleistungen entweder mit dem Geld- oder mit dem Zeitguthaben beglichen. Zeit nimmt die gleichen Funktionen wahr wie Geld:

- Zeit dient als Tauschmittel,
- Zeit dient als Recheneinheit und
- Zeit dient als Wertaufbewahrungs- und Wertübertragungsmittel

Das Zeit-System hätte jedoch eine Reihe sehr wesentlicher Vorteile:

- es wäre gerechter, denn jedem Menschen steht pro Tag die gleiche Zeitmenge zur Verfügung;
- jeder Mensch verfügt über Zeit – insbesondere Arbeitslose –, nicht aber über ausreichend Geld;
- Zeit ist wertstabil, sie verliert nicht und gewinnt nicht hinzu; Zeit wird nicht verzinst;

- viele Tätigkeiten ließen sich mit Zeit finanzieren, gerade wenn für sie kein Geld mobilisiert werden kann.

Der Slogan „Zeit ist Geld“ sollte auch in der Realität seine Entsprechung finden, indem zwei gleichwertige Systeme nebeneinander aufgebaut werden.

Alle Tätigkeiten in die Wertschöpfungskette integrieren

Die zentrale Forderung läßt sich auf die Formel reduzieren: Anerkennung der wirtschaftlichen Bedeutung nichtentlohnter (oder: nichtmonetarisierter) Tätigkeiten.

Nichtmonetarisierte Tätigkeiten, die auf impliziten Tauschwerten beruhen, sind all jene Tätigkeiten, die monetarisiert werden könnten, bei denen dies jedoch aus verschiedenen Gründen (bisher) nicht der Fall ist. Orio Giarini und Patrick M. Liedtke nennen dies in ihrem Bericht an den Club of Rome „monetarisierte, doch nicht monetisierte Tätigkeiten, denn sie haben einen (potentiellen) impliziten Wert, der in monetären Kategorien berechnet werden könnte. Es handelt sich meist um wohltätige oder freiwillige Arbeit, die in diese Kategorie fällt, sie ist jedoch keineswegs auf Wohltätigkeit beschränkt.

Viele jener produktiven Tätigkeiten außerhalb des Marktes gehören in diese Gruppe, wie etwa bei jenen Millionen von Großmüttern und Großvätern, die sich um die Entwicklung und Erziehung der kleinen Kinder kümmern. Sie werden im allgemeinen nicht für ihre Arbeit bezahlt, obwohl es einfach wäre, den gegenwärtigen Marktwert für jede Stunde Kinderbetreuung herauszufinden und ihn der von ihnen damit verbrachten Zeit zuzuschreiben. Ein weiteres Beispiel wären haushälterische Pflichten, die in der heutigen Welt immer noch vor allem von Frauen erledigt werden, doch in fast allen Fällen nicht entlohnt und monetär nicht bewertet sind, obwohl dies möglich wäre. ... Für Deutschland berechnete 1994 das Familienministerium in Zusammenarbeit mit dem Statistischen Bundesamt, daß sich das Bruttoinlandsprodukt um ein Drittel erhöhen würde, wenn man die unbezahlte Arbeit in Familie, Haushalt und Ehrenamt mit nur dem Nettostundensatz einer Hauswirtschafterin bewerten würde.“[19]

Die Autoren des Berichts an den Club of Rome sehen hingegen bei den nicht-monetarisierten Tätigkeiten ohne impliziten oder expliziten Bezug auf einen Tauschwert – gemeint sind alle Tätigkeiten der Eigenproduktion, z.B. selbst erledigte Reparaturen – keine Möglichkeit der ökonomischen Erfassung. Sie bilden einen lebenswichtigen Bestandteil unserer Wirtschaft, und doch bleiben sie monetär gesehen unquantifiziert.

Heute erleben wir – wie dieser Text zu zeigen sucht – eine enorme Ausdehnung dieser nicht-monetarisierten Tätigkeiten, allerdings mit der umgekehrten Forderung, nämlich ihrer Erfassung und wirtschaftlichen Bewertung. Es gilt, die wirtschaftliche Bedeutung der bisher nicht-monetarisierten Tätigkeiten zu begreifen und sie in die Ökonomie und vor allem auch in das System der sozialen Sicherung zu integrieren.

Eigentätigkeit kann sehr wohl in ihrem ökonomischen Wert erfaßt werden, wenn sie beispielsweise in einem entsprechenden Zentrum geleistet und dort auch bewertet wird; oder wenn Menschen ihre in Eigentätigkeit erzeugten Sachwerte und Dienstleistungen in solchen Zentren taxieren und damit bewerten lassen.

Wir stehen vor einem Dilemma: Entweder wir halten an der Vorstellung fest, daß nur das monetarisierte Beschäftigungssystem lebensfähig ist, und meinen infolgedessen, wir würden vor einem unlösbaren Arbeitslosenproblem stehen, oder wir akzeptieren allmählich die Auffassung, daß heutzutage der Wohlstand auf eine integrierte und voneinander abhängige Weise im Rahmen der monetarisierten und der nicht-monetarisierten Systeme gemeinsam geschaffen wird.

Der Maßstab für die Messung des nationalen Wohlstands, der in der Wirtschaftswissenschaft bis heute als akzeptabel gilt, erweist sich in zunehmendem Maße als ungeeignet. Tatsächlich werden nur alle monetären Kosten menschlicher und materieller Ressourcen gemessen. Dem liegt die Annahme zugrunde, daß diese Gesamtsumme an sich einen Nettowert bildet, der als solcher vollständig den wirtschaftlichen und gesellschaftlichen Wohlstand erfaßt.

Das United Nation Development Program (UNDP) hat damit begonnen, einen Jahresbericht über die menschliche Entwicklung vorzulegen, der seit 1990 eine neue Möglichkeit der Messung menschlicher Entwicklung einführte. Durch die Verbindung der Indikatoren für Lebenserwartung, Bildungsniveau und Einkommen zu einem zusammengesetzten Index, werden bestimmte nicht-monetäre Tätigkeiten in die Berechnung der nationalen Wohlstände aufgenommen.[20]

Es ist dringend geboten, die Frage der Messung des Wohlstands der Gesellschaften neu zu bedenken, weil „sie als grundlegende Basis für ein diversifiziertes System der Fürsorge und der sozialen Sicherheit sorgfältig zu überdenken (ist), wie auch als Fundament für eine größere Stabilität in der Wirtschaft."[21]

Das Leben in der Tätigkeitsgesellschaft ist eine Kunst; die Kunst nämlich, sein persönliches Leben so zu gestalten, daß die Ressourcen für ein „gutes Leben" vorhanden sind, ohne notwendigerweise „viel zu haben". Das Wort Kunst hängt ethymologisch mit dem Verb „können" zusammen und findet seine Grundlegung nach Aussagen des Duden „...zunächst in enger Anlehnung an Wissen, Weisheit, Kenntnis".

Das Lernziel Leben muß neu bestimmt werden. Wir benötigen einen veränderten Lernzielkatalog, der neben allgemeinen Kulturtechniken und fachlichen Kompetenzen die Förderung der Persönlichkeitsentwicklung und der Gemeinschaftsfähigkeit zum Inhalt hat.

1. Trends

Was ist gerade „in" und was ist zur Zeit „out"? Die Themen und Moden wechseln wie die Windrichtungen, „alles geht" und „nichts geht mehr", gilt zur selben Zeit. Es herrscht die Gleichzeitigkeit des Ungleichmäßigen. Und die Ungleichmäßigkeit des Gleichzeitigen? In der Unübersichtlichkeit hat ein Berufsstand Konjunktur: die Trendforscher! Sie schwimmen in den Jahrhundertstürmen und versuchen die höchsten Wellen ausfindig zu machen, „profunde" Oberflächlichkeit ist ihr Job. Da haben die international anerkannten Trendforscher Ira Matathia und Marian Salzmann viele Jahre die Welt bereist – immer auf der Suche nach aktuellen sozialen und ökonomischen Trends. „Next – Wie sieht die Zukunft aus?"[22] heißt das Ergebnis ihrer Recherchen. John Naisbitt machte schon 1982 „Megatrends – 10 Perspektiven, die unser Leben verändern werden"[23] aus. Dies war ein vorausschauender Leitfaden der achtziger Jahre, der skizzierte, wohin uns unsere raffinierte Technologie führen wird, wie wir reagieren und wie sich die Gesellschaftsstrukturen unserer Welt verändern werden. Faith Popcorn prognostizierte Anfang der neunziger Jahre im „Popcorn-Report"[24] eine neue Moral, eine neue Religion, neue Lebensmittel, neue Heilmethoden, ein anderes Freizeitverhalten – kurz: einen totalen Wandel der Werte.

Matthias Horx, „Europas Trendguru Nr. 1" (so der Klappentext), vermittelt in seinem Buch „Die acht Sphären der Zukunft"[25], allen, die sich mit Trends und Zukunftsforschung(?) auseinandersetzen, erstmals Einblicke in seine integrierte Gesamttheorie. Also – wohin geht nun der Trend?

1.1 Kasino-Kapitalismus

Unternehmen „Größenwahn", so betitelte der „Spiegel" seine Ausgabe Nr. 12 des Jahres 2000[26]: „Deutschland im Börsenrausch: Getrieben durch die Internet-Euphorie und eine gigantische Welle von Fusionen, erreichen die Aktienwerte immer neue Rekorde. Doch wie lange noch? Viele Fusionsfirmen gelten als unregierbar und die Profiterwartungen der Internet-Gründer als unrealistisch.

Die Narren sind los. Beim Rosenmontagszug in Köln forderten die Zuschauer nicht nur, wie es seit Jahrzehnten guter Brauch ist, „Kamelle, Kamelle". In der Ehrenstraße rief ein Jeck, der in ein Kuhfell gekleidet war, Prinz Ralf dem Zweiten den neuen Schlachtruf zu: „Aktien, Aktien."

Die halbe Republik, so scheint es, war einige Zeit närrisch. Und das nicht nur am Rosenmontag. Ganz gleich ob Rentner, Hausfrau, Taxifahrer oder Arzt, ganz gleich ob im niedersächsischen Jever, im oberbayerischen Waldkraiburg, in Köln oder Berlin – überall wollten die Menschen offenbar nur das eine: Aktien, Aktien, Aktien.

„Die Leute kommen an den Schalter und fragen nach Infineon-Aktien oder wie das heißt", berichtete die Anlageberaterin bei der Stadtsparkasse München. Bis vor kurzem hätten die meisten Menschen hinter dem Namen Infineon wohl Tabletten gegen Halsschmerzen oder Durchfall vermutet. Nach einer 100 Millionen Mark teuren Werbekampagne wissen manche immerhin, dass Infineon eine Tochter von Siemens ist und die Firma Halbleiter herstellt. Siemens klingt seriös, und Halbleiter klingen nach Zukunft. Das reicht.

Menschen, die vor jedem Staubsaugerkauf Rat bei der Stiftung Warentest einholen, orderten für mehrere tausend Mark Infineon-Aktien. Beim größten Börsengang seit der Deutschen Telekom war der Andrang so groß, dass die Anteilsscheine verlost wurden. Wer sie zum Ausgabepreis von maximal 35 Euro erhielt, konnte darauf hoffen, dass sie am ersten Handelstag, dem 13. März, auf 85 bis 90 Euro stiegen. Aus 1000 Mark würden dann 2500, aus 10000 würden 25000 und aus 100000 …

„Geld-Rausch!", titelte „Bild" und fragt: „Kann ich auch reich werden?" Für andere ist das längst keine Frage mehr. „Machen Sie Ihre erste Million", forderte „DM" seine Leser auf, „fangen Sie noch heute an, reich zu werden."

Was damals an der Börse geschah, ist rational kaum zu begreifen, selbst für Finanzexperten. „Es regiert die Gier – und nichts anderes", sagte Gerhard Schleif, Börsenchef der DGZ-Dekabank, des zweitgrößten Fondsverwalters in Deutschland.

Immer mehr Deutsche, die ihr Geld jahrzehntelang in Bausparverträgen, auf Sparbüchern oder in Bundesschatzbriefen anlegten, folgten dem Lockruf der Börse. Plötzlich interessierten sie sich für „Puts" und „Calls", für das Schicksal von Dax und Nemax. Und die Verlage boten ihnen mit einer ständig steigenden Zahl von Titeln das nötige Wissen.

Deutschland war jetzt reif für die „Financial Times": Gruner+Jahr-Vorstand Bernd Kundrun und Chefredakteur Andrew Gowers wagten den

Start der deutschen Ausgabe. Kult-Zyniker Harald Schmidt hatte das längst drauf: Er zockte nebenbei wie ein Profi mit Aktien – und hunderttausende schauten ihm zu.

Über fünf Millionen, so viel wie nie zuvor, besaßen mittlerweile Aktien. Und der Wert ihrer Anteilscheine war noch nie so hoch: über 500 Milliarden Mark. „Ein Volk", stellte die „Welt" erschreckt fest, „verfällt dem Börsenwahn".

Und die nachwachsende Generation wird mit aller Intensität auf diesen „Börsenwahn" vorbereitet. Vom 2. Oktober bis zum 5. Dezember 2000 fand zum 8. Mal das bundesweite „Planspiel Börse" statt. „Die Sparkassen setzen damit eine äußerst beliebte Maßnahme praxisorientierter Wirtschaftserziehung fort", schreibt der Präsident des Deutschen Sparkassen- und Giroverbandes, Dr. Dietrich H. Hoppenstedt im Vorwort zum Schülerwettbewerb 2000.[27] Allein im vergangenen Jahr (1999) haben in 53000 Spielgruppen über 450.000 Schüler an diesem Planspiel teilgenommen. Über 6 Millionen Jugendliche haben die Chance bisher genutzt, „learning by doing" das Börsengeschehen zu erleben. Ein nützliches Instrument zur „wirtschaftskundlichen Erziehung".

Der Börsenwahn erhält stets neue Nahrung in allen Industrie- und Dienstleistungsgesellschaften. Kaum eine Woche vergeht, in der nicht eine Übernahme oder Superfusion verkündet wird. Für Banken und Industrie gilt offenbar das Motto: Nichts ist unmöglich.

Keine Branche bleibt vor der Mergermanie verschont. Mit Glaxo Wellcome und Smithkline Beecham gingen zwei der größten Pharmaunternehmen eine Verbindung ein. Renault übernahm Nissan. Daimler Chrysler kaufte, gut ein Jahr nach der deutsch-amerikanischen Fusion, einen Anteil an Mitsubishi. Unternehmen im Größenwahn.

Entziehen kann sich dem offenbar kaum einer. Wer nicht Täter ist, wird Opfer. Jetzt sind in Deutschland auch feindliche Übernahmen möglich: So wurde Mannesmann von Vodafone geschluckt.

1996 haben die Statistiker erst 211 so genannte Mega-Deals gezählt – Fusionen oder Übernahmen mit einem Volumen von mehr als einer Milliarde Dollar. 1999 waren es schon 476 mit einem Volumen von 3,8 Billionen Dollar.

Gefüttert wurde die Börseneuphorie durch eine aus den USA herüberschwappende Begeisterung für die Technologie des neuen Jahrzehnts, das Internet. Zwei alte Medien, der Computer und das Telefonkabel, wurden miteinander verbunden; entstanden ist ein völlig neues Medium, das alles verändert: das Privatleben, die Arbeitswelt und damit die Unternehmen.

Schon mehr als 250 Millionen Menschen sind online, darunter 16 Millionen in Deutschland: Sie informieren sich dort, bestellen Waren und tauschen E-Mails aus. Die digitale Revolution ist zum treibenden Faktor für den Strukturwandel geworden.

Neue Firmen, die aus dem Nichts emporschossen, verfügten mittlerweile über einen gigantischen Börsenwert. Das Internet-Portal Yahoo wurde mit 195 Milliarden Mark bewertet – das war mehr als der Wert von Volkswagen, BASF, Metro und Lufthansa zusammen. Immerhin erwirtschaftet Yahoo bereits einen kleinen Gewinn. Das Internet-Versandhaus Amazon, das bislang nur Verluste anhäufte, wird an der Börse mit 47 Milliarden Mark bewertet.

An den Ursprung manch neuer Internet-Firma in einem Hinterzimmer oder einer Garage erinnert allenfalls noch ein vergilbtes Foto auf dem Schreibtisch des Konzernchefs und das Auftreten der neuen Bosse, die wie Amazon-Chef Jeff Bezos ihr Milliardenreich meist in Khakihosen und Polohemd dirigieren. Im Geschäft aber folgen sie den gleichen Maximen wie die Stahlmanager im grauen Zweireiher: Ihr Konzern soll größer werden, immer größer. Und das geht am schnellsten durch Übernahmen.

Längst verleiben sich die Firmen der New Economy die Traditionsfirmen der alten Wirtschaft ein. Da schluckte die Internet-Firma AOL des Senkrechtstarters Steve Case den Time-Warner-Konzern, um wenige Tage später gemeinsam mit dem Medienriesen die Musikfirma EMI zu übernehmen. Und dann kaufte der von Thomas Haffa gegründete Filmrechtehändler EM.TV die Mehrheit am lukrativen Formel-1-Geschäft.

Das Kapital dafür liefert die Börse. Bezahlt werden die Übernahmen meist nicht mit Bargeld, sondern mit Aktien des eigenen Unternehmens. Und je höher der Kurs steigt, umso eher können weitere Firmen übernommen werden – wodurch der eigene Kurs erneut steigen soll. So schaukeln sich Börsenboom und Mergermania gegenseitig hoch.

Ist dies der schiere Wahnsinn, der nur in einem großen Crash enden kann wie 1929, als schon einmal die Weltwirtschaft in die Krise stürzte? Oder ist es der Aufbruch in ein neues Zeitalter, in dem die alten Maßstäbe nicht mehr gültig sind?

Erklärbar ist der große Rausch und zwischenzeitlich auch der Kater, in dem sich bis Anfang 2000 so ziemlich alles in der Wirtschaft änderte, was jahrzehntelang unveränderlich schien, durch das Zusammentreffen von drei Entwicklungen:

- Private Haushalte verfügen gut fünf Jahrzehnte nach Ende des Zweiten Weltkriegs in Deutschland, aber auch in den USA und anderen Staaten, über so viel Vermögen wie noch nie. Und sie legen es zunehmend in Aktien an.
- Unternehmen sind damit immer weniger auf die Kreditfinanzierung durch Banken angewiesen. Sie bekommen das Geld an der Börse, müssen den Aktionären dafür aber auch den entsprechenden Shareholder-Value liefern, müssen noch stärker wachsen und fusionieren.
- Neue Technologien wie das Internet oder die Biotechnik verändern Wirtschaft und Gesellschaft. Sie bieten Newcomern einmalige Startmöglichkeiten und setzen etablierte Konzerne unter Druck.

Aktionäre, Arbeitnehmer, Firmenbosse treiben den Prozess voran und sind zugleich Getriebene. Mitunter werden sie alle in die Rolle von Zuschauern gedrängt, die einem chemischen Experiment beiwohnen. Zum ersten Mal werden drei unbekannte Substanzen in einen Behälter zusammengeschüttet, und niemand weiß genau, welche Reaktionen sich daraus ergeben.

Diese Mixtur beschleunigt den Kasino-Kapitalismus in einer Weise, wie es vor wenigen Jahren kaum denkbar war. Bis vor kurzem vertrauten die Bürger, aber auch die Wirtschaft, auf die Kraft des fürsorgenden Staates. Die Unternehmen garantierten lebenslange Beschäftigung, der Staat versprach üppige Sozialleistungen und sichere Altersversorgung. Aktien waren etwas für Spekulanten und neue Techniken Teufelswerk.

Als das Wachstum stagnierte, die Inflationsangst grassierte und die Arbeitslosigkeit rapide zunahm, wurde dieser Glaube an den Übervater Staat erschüttert. Je mehr er sich als Lenker der Wirtschaft diskreditierte, um so stärkeren Einfluß gewann das Prinzip des Marktes.

Erst in den USA und Großbritannien, später in Deutschland, zog sich der Staat zurück. Selbst Ex-Monopolisten wie die von Ron Sommer geführte Telekom und demnächst die von Klaus Zumwinkel gesteuerte Post werden dem freien Spiel der Kräfte überlassen. Der Zusammenbruch der Sowjetunion, bis dahin Bollwerk gegen einen enthemmten Kapitalismus, hat den Prozess der Entstaatlichung beschleunigt.

Heute wird der Wert eines Unternehmens fast nur noch daran festgemacht, welchen Ertrag es seinen Aktionären verspricht. Alle Unternehmensteile, die keine Aussicht auf baldigen Gewinn erwarten lassen, stehen zur Disposition.

Die deutsche Wirtschaft wird in Kürze eine andere sein. Der rheinische

Kapitalismus, in dem die Marktwirtschaft vor allem sozial zu sein hat, wird sich mehr in Richtung des amerikanischen Kapitalismus entwickeln, der Shareholder-Value-Ökonomie, in der alles danach beurteilt wird, ob es den Aktienkurs nach oben treibt. Das können neue Produkte und Erfindungen sein – aber auch Fabrikschließungen und Entlassungen.

Menschen aller Altersklassen können durch geschickte oder glückliche Aktienanlage mehr Geld verdienen als andere durch ihre Arbeit- und das steuerfrei, wenn sie die Papiere länger als ein Jahr halten. 29-jährige Jungunternehmer wie Stephan Schambach von Intershop verfügen schon nach wenigen Jahren über ein Milliardenvermögen – ohne je eine Mark Gewinn erwirtschaftet zu haben. Im März 2000 war das Unternehmen, das im Jahr zuvor ganze € 46,- Millionen umgesetzt und dabei € 20 Millionen Verlust eingefahren hatte, an der Börse 22,29 Milliarden Mark wert.

Das ist für die einen der Siegeszug einer Chancengesellschaft, in der jeder sein Glück machen kann. Für andere ist es die Machtübernahme durch einen skrupellosen Kapitalismus, in dem die Unterschiede zwischen Arm und Reich immer größer werden.

Bislang galten in Deutschland Unterschiede wie in den USA, wo zwischen dem Einkommen des Pförtners beim Disney-Konzern und dem des Vorstandsvorsitzenden schon mal über 570 Millionen Dollar pro Jahr liegen, als obszön. Doch dieser Konsens, der in Ludwig Erhards „Wohlstand für alle“ seine Kurzformel fand, ist nun bedroht.

Der neue Börsenkapitalismus kann Wohlstand in einem bislang unbekannten Maß demokratisieren. Die Verheißung lautet: Auch gut verdienende Angestellte können es mit Glück und Anlagegeschick zum Millionär bringen – vorausgesetzt, der Aktienboom hält an.

Doch wem das nötige Spielgeld fehlt für das große Börsenmonopoly, weil von seinem Gehalt als Polizeimeister oder Busfahrer am Ende des Monats nicht viel übrig bleibt, dem nützt die beste Anlagestrategie nichts. Mit hundert Mark im Monat lässt sich wohl eine zusätzliche Altersversorgung aufbauen, nicht aber ein Millionenvermögen.

Tatsächlich hat sich, wie das Deutsche Institut für Wirtschaftsforschung schon vor längerem monierte, hier zu Lande eine Zweiklassengesellschaft entwickelt: Die Masse der Deutschen muss mit Kapitaleinkünften „in geringer Höhe“ leben. Für eine kleine Minderheit hingegen „sind Vermögenseinkünfte von beträchtlicher Bedeutung“.

Noch ist nicht absehbar, wie sehr der schnelle Reichtum von einigen Aktionären, Firmengründern oder Top-Managern die Statik der Gesellschaft durcheinander bringen wird. Doch als sicher gilt, dass Deutschland auseinander driftet, dass dem Land schon bald eine neue Debatte über Reichtum und Armut bevorsteht.

Dabei geraten, je mehr Menschen sich Aktien kaufen, die einst klaren Fronten durcheinander. Als Arbeitnehmer wollen die meisten einen sicheren Arbeitsplatz, Freizeitausgleich und großzügige Vorruhestandsregelungen. Als Aktionär betrachten sie diese Errungenschaften als Kostenfaktoren, die den Kurs drücken.

Wenn die ganze Deutschland AG umgebaut wird, dann liegt dies eben nicht nur an kaltherzigen Analysten und renditebesessenen Konzernlenkern. Es sind die Aktionäre, die Druck machen – die großen Investmentfonds, aber auch die Masse der Kleinaktionäre.

In den USA, wo der Wandel in eine Aktionärsgesellschaft schon vorangeschritten ist und rund 50 Prozent der Bevölkerung über Firmenanteile verfügen, kommt es längst zu Situationen, die Beobachter als schizophren bezeichnen können: Pensionsfonds, in denen die Belegschaften das Geld für ihre Altersversorgung bündeln, fordern den Abbau von Arbeitsplätzen, um den Börsenkurs nach oben zu treiben.

Der große Aufschrei blieb bisher in den USA aus. Denn die New Economy hat geschafft, was unmöglich schien: hohes Wachstum ohne Inflation und annähernd Vollbeschäftigung.

Eigentlich müßte diese Kombination, das besagt die bisherige Theorie, rasch eine gefährliche Entwicklung in Gang setzen: Weil Arbeiter und Angestellte knapp werden, müssen die Firmen höhere Löhne zahlen, um ihre Stellen zu besetzen. Die höheren Löhne finanzieren sie mit höheren Preisen für ihre Produkte. Die Inflationsspirale beginnt sich zu drehen.

Doch die alten Gesetze scheinen nicht mehr zu gelten. Acht Jahre wächst die US-Ökonomie nun schon. Ein historisch einmaliger Börsenboom sorgte für prall gefüllte Haushaltskassen, ein regelrechter Konsumrausch ist in Gang gekommen. Und dennoch steigen die Preise kaum – zuletzt lag die Inflationsrate bei gut zwei Prozent.

Wissenschaftler erklären den Boom mit einem hohen Zuwachs an Produktivität. Seit Jahren haben die Amerikaner mehr in neue Technologien investiert als die Europäer. In den vergangenen zehn Jahren verdoppelten die Unternehmen jenseits des Atlantiks ihre Investitionen, in Europa stiegen sie lediglich um 16 Prozent. Während die Amerikaner acht Prozent ihres Bruttoinlandsprodukts für Computertechnologie ausgeben, investieren Manager in den Euro-Ländern nur fünf Prozent in entsprechende Technik.

Auf dieser Grundlage sind in den USA unzählige neue Firmen entstanden. Das Vorbild der Gründer ist Apple-Chef Steven Jobs, der seinen Aufstieg als eine Art Rebellion gegen den übermächtigen Computerkonzern IBM vermarktete. Ebenso machte es Mitte der neunziger Jahre der Netscape-Gründer Marc Andreessen, der die Netzgemeinde zum Kampf gegen das Microsoft-Imperium des Bill Gates aufrief. Und heute werben die Gründer des Gratis-Internet-Providers Netzero mit einem Slogan, der klar gegen den Online-Multi AOL gerichtet ist: „Wir sind die Verteidiger der Freien Welt."

Die Mischung aus amerikanischer Wildwestmentalität und antiautoritärem Gehabe machte die neuen Gründer für viele sympathisch, half bei der Vermarktung ihrer Produkte und erklärt, warum ihnen heute so wenige ihren Reichtum neiden.

Doch dass die neue Ökonomie plötzlich zu massenhaftem Reichtum führt, ist ein Trugschluss. Die Gruppe der Profiteure ist schmaler, als die Propheten der neuen Ära glauben machen wollen. Rund 70 Prozent aller Amerikaner, so ergab eine Umfrage des US-Magazins „Newsweek", sehen keine Chance, in ihrem gegenwärtigen Job jemals reich zu werden.

Rasch wächst die Kluft zwischen Arm und Reich, selbst inmitten des kalifornischen Silicon Valley, der Reichtumsschmiede für die meisten Internet-Millionäre. Während das Einkommen des oberen einen Prozents dort zwischen 1993 und 1997 um 57 Prozent nach oben schoss, stieg das Einkommen des unteren Fünftels lediglich um zehn Prozent – und liegt damit inflationsbereinigt sogar immer noch 13 Prozent unter dem Wert von 1989.

Nur ein paar Meilen von der 40-Millionen-Dollar-Villa des Computermilliardärs Larry Ellison entfernt leben Farmarbeiter in Sperrholzhütten ohne fließend Wasser. Nicht immer hat sich das Land so auseinander gelebt. Zwischen den vierziger und den siebziger Jahren wuchs das Einkommen der Amerikaner gleichmäßig, an der Spitze wie unter den Armen.

Noch 1988, so berechnete der New Yorker Ökonomie-Professor Edward Wolff, verdiente der durchschnittliche Firmenboss in den USA 40-mal mehr als seine Arbeiter. Heute kassieren die Chefs 400-mal mehr als ihre Untergebenen. Angestachelt durch Börsengewinne und Online-Reichtum, hat sich eine „The winner takes it all"-Mentalität ausgebreitet.

Vor Jahren noch empörte sich die amerikanische Nation, als bekannt wurde, dass der Investmentbanker Michael Milken ein Jahresgehalt von 550 Millionen Dollar kassiert hatte. Heute wollen viele nur noch eines:

selbst möglichst schnell reich werden. So brauchen diese jungen Firmengründer vor allem eine überzeugende Story, um sie an der Wall Street zu verkaufen. Den besten Selbstverkäufern wie Meg Whitman vom Online-Auktionshaus eBay gelingt es so, mit nicht viel mehr als einer aktuellen Tauschbörse Millionen von Dollar aus dem Kapitalmarkt zu saugen.

Was in den vergangenen Jahren die amerikanische Unternehmenslandschaft verändert hat, setzt sich nun auch in Deutschland fort. Eine neue Gründergeneration ist im Aufbruch. Die jungen Unternehmer kommen von Elite-Universitäten wie der WHU Koblenz oder der EBS in Oestrich-Winkel, sie haben zwei, drei Jahre bei Beratungsfirmen oder Investmentbanken gearbeitet, ihnen steht der Weg offen, in Konzernen schnell auf der Karriereleiter zu klettern – doch stattdessen gründen viele lieber ein Start-up.

Kaum einer der so genannten High Potentials will diese Gelegenheit verpassen. Früher haben sich 10 Prozent der Mitarbeiter, die die Beratungsfirma McKinsey verließen, selbständig gemacht, heute sind es 60 Prozent. „Diese Generation hat eine einzigartige Chance", sagt Nicolas Carbonari, Gründer des Münchner Online-Gebrauchtwagenhandels Autoscout und Ex-McKinsey-Berater. „Es steht alles bereit: die Ideen, die Technik und das Kapital."

Der Maßstab dieser Gründerelite ist nicht Hamburg, Berlin oder München, sondern Europa oder die Welt. Schon kurz nach dem Start eröffnen sie Filialen in London oder San Francisco, für das rasante Wachstum benötigen sie Millionen – und diese Summen bekommen sie auch.

Mehr als 200 Wagniskapitalfirmen in Deutschland stehen bereit und buhlen um die besten Teams und Geschäftsideen, um sie mit Venture-Capital (VC) zu versorgen und im Gegenzug Firmenanteile zu bekommen – in der Hoffnung, dass die bald ein Vielfaches wert sein werden.

Die VC-Firmen wiederum haben keine Schwierigkeiten, sich ihr Investitionskapital zu besorgen: Finanzgesellschaften, Konzerne und wohlhabende Privatleute drängen darauf, ihr Geld den Fonds anzuvertrauen – jeder will mitverdienen am Mega-Geschäft mit dem Internet. Und alle treibt derselbe Gedanke: Sie wollen die Firma so schnell wie möglich an die Börse bringen. Da unterscheiden sich Hightech-Pioniere nicht von TV-Produzenten wie Brainpool, die Stefan Raab und Anke Engelke unter Vertrag haben.

Während 1997 in Deutschland 36 Firmen mit einem Kurswert von 5,1 Milliarden Mark an die Börse gingen, waren es 1999 schon 194 Unternehmen, denen Anleger 27,1 Milliarden Mark anvertrauten. Vor allem der Neue Markt, die Börse für Technologiefirmen in Deutschland, übt eine fast magische Anziehung auf die jungen Gründer aus.

Der Neue Markt sei eine „Riesenchance“ gewesen, um zu expandieren, sagt Karl Matthäus Schmidt, Gründer des Nürnberger Online-Wertpapierhauses Consors: „Diese Möglichkeit hätten wir vor fünf oder zehn Jahren nicht gehabt.“ Seit vierzehn Monaten sind auch Oliver Sinner, 31, und Matthias Schrader, 32, mit ihrer Hamburger E-Commerce-Firma Sinner-Schrader dort notiert. Heute ist das Unternehmen knapp 1,5 Milliarden Mark wert. Nun weiten die Gründer ihr Geschäft auf ganz Europa aus. „Wenn man internationalisieren will, dann geht das nicht ohne das Kapital“, sagt Schrader.

Die Börse liefert den Gründern den Treibstoff dafür. Aktien sind die Währung mit der sie ihre Kriegskasse füllen, um andere Firmen übernehmen zu können. Und Aktienoptionen, die vielleicht einmal ein Vermögen wert sind, dienen ihnen als Köder, um Mitarbeiter zu rekrutieren. „Wenn man hoch qualifizierte Leute binden will“, sagt Schrader, „gehören Optionen fast schon zum guten Ton.“

Es ist eine neue Art von Unternehmenskultur, die sich in solchen börsennotierten Internet-Firmen entwickelt. Hier wacht kein Betriebsrat über die Einhaltung des Arbeitszeitgesetzes – gearbeitet wird, bis ein Projekt fertig ist, und sei es Sonntagnacht. Ihrer unternehmerischen Verantwortung werden die Firmenchefs damit gerecht, dass der Börsenwert steigt – und ihre Mitarbeiter daran teilhaben.

Der Unternehmer als Mäzen, der in seiner Heimatstadt Vereine unterstützt, Krankenhäuser stiftet oder Wohnungen für seine Mitarbeiter baut – für dieses Leitbild hat mancher der neuen Unternehmer nur Spott übrig. „Ich gehe auf keine Kappensitzung und übernehme auch keine Schirmherrschaft“, sagt Ralph Dommermuth, Vorstandschef der Beteiligungsfirma United Internet in Montabaur, die bislang 1 & 1 hieß. Hier, am Rande des Westerwalds, ist er mit 350 Mitarbeitern inzwischen der größte Arbeitgeber, aber so etwas beeindruckt ihn nicht. „Ich messe mich nicht an Montabaur, sondern am Neuen Markt.“

An der Börse ist Dommermuths Firma ein Schwergewicht, doch das erst seit kurzem. Anfangs war 1 & 1 eine Elektronikfirma, die sich alles, was sie nicht selbst leisten konnte, einkaufte: zum Beispiel eine Beteiligung am Online-Stellenmarkt Jobs & Adverts und am E-Mail-Anbieter GMX. Der Aktienkurs dümpelte dahin.

„Ihr verkauft euch falsch“, hat ihm vor einiger Zeit ein Analyst gesagt, erzählt Dommermuth. Also änderte er die Strategie und präsentierte von nun an seine Firma als einen Konzern, der ein Netzwerk von inzwischen 16 Internet-Firmen um sich schart. Vor einem Jahr beteiligte sich United Internet mit 30 Prozent an den Hamburger Netzpiloten. Die einzelnen Beteiligungen wurden von den Analysten neu bewertet, und siehe da, plötzlich schoss der Aktienkurs nach oben.

Alles, was mit Internet zu tun hat, beflügelte bis zum März 2000 die Phantasien der Anleger. Fast scheint es so, als müsse ein Firmenname nur mit „e“- anfangen und mit „-net“ aufhören, und schon fliegt die Aktie. „Wap-Technologie“, „Mobile Commerce“, „Customer Relationship Management“ – ständig klappern die Internet-Firmen mit neuen Zauberworten.

Meist sind es bloße Ankündigungen, die als Ad-hoc-Mitteilung, also als angeblich kursrelevante Pflichtnachricht, herausgeblasen werden. Ob sie je erfüllt werden, kann ohnehin niemand vorhersehen – Hauptsache, es entstehen Erwartungen, die an der Börse ein Feuerwerk entfachen.

Manche Werte haben so das Vertrauen der Anleger bereits verspielt. Wenn das Softwarehaus Datadesign Planzahlen verkündet, die später nicht eingehalten werden, oder wenn die Bilanzen des Pflegedienstleisters Refugium sich im Nachhinein als offenbar geschönt erweisen, dann schreckt das die Investoren ab.

Das neueste Zauberkürzel, das die Internet-Branche beschwingt, heißt B2B (business-to-business). Der Online-Handel zwischen Unternehmen verheißt ein enormes Potenzial, sein Volumen sei mehr als zehnmal größer als der Internet-Verkauf an den Endkunden, schätzen die Marktforscher.

Überall entstehen elektronische Marktplätze, auf denen Unternehmen ihre Waren und Dienstleistungen einkaufen. Hier können sie auf einen Blick vergleichen, welcher Lieferant das beste Angebot macht, sie können sich zusammenschließen zu Einkaufsgemeinschaften und Rabatte aushandeln, oder sie veranstalten Auktionen, in denen Lieferanten um Aufträge wetteifern.

Kein anderes Thema trieb die Top-Manager in den Führungsetagen der alten Wirtschaft so sehr um, und dafür sind auch die Finanzmärkte verantwortlich. Die Analysten, die darüber entscheiden, ob sie in ein Unternehmen investieren, wollen von den Vorständen wissen, ob die Firma Wachstumsphantasien entfalten kann – und diese Frage ist gleichbedeutend mit der nach der Internet-Strategie, sagt Paulus Neef, Gründer der E-

Commerce-Beratungsfirma Pixelpark. „Wer darauf keine Antwort weiß, hat ein Riesenproblem."

Und so streben Unternehmen nun danach, ihre Abteilungen zu vernetzen: Jeder Mitarbeiter soll sich an seinem Bildschirm den Bürostuhl oder die Heftklammern selbst bestellen. Er ordert die Ware auf dem elektronischen Marktplatz des Lieferanten – schneller und billiger denn je.

Ein gigantischer Rationalisierungsschub kommt in Gang, wenn es für die Bestellung tatsächlich nur einiger Mausklicks bedarf und nicht mehr unzählige Formulare mit Durchschlägen ausgefüllt werden, mit denen sich dann eine Hand voll Mitarbeiter tagelang beschäftigen müssen.

Rund 1,25 Billionen Dollar könnten im Jahr 2002 Unternehmen einsparen, wenn sie ihre Geschäftsprozesse elektronisch abwickeln, schätzt das Marktforschungsinstitut Giga Information Group. Hunderttausende Beschäftigte – im Großhandel, in den Einkaufsabteilungen oder der Verwaltung – werden damit überflüssig.

So schafft das Internet zwar unzählige neue Arbeitsplätze in Multimediaagenturen, Beratungsfirmen oder Online-Versendern. Aber es vernichtet auch Jobs, und zwar in noch größerem Stil, je mehr es seine rationalisierende Wirkung entfaltet.

Bei den Banken läßt sich diese Entwicklung schon beobachten. Alle Finanzinstitute bauen das effiziente Online-Banking aus – auf Kosten des personalintensiven Filialgeschäfts. Tausende von Jobs fallen weg. Bankangestellten, die jahrzehntelang eine beamtenähnliche Arbeitsplatzsicherheit genossen, ergeht es jetzt wie zuvor den Stahlarbeitern.

Fusionen verschärfen den Druck auf die Arbeitsplätze. Auch ohne den Zusammenschluss von Deutscher und Dresdner Bank werden in den kommenden Jahren rund 16 000 Stellen bei den Banken gestrichen.

Immer schneller dreht sich das Rad – angetrieben von einer Technologie, die der Entwicklung den explosiven Schub verleiht, von Anlegern, die nach immer stärkeren Renditen gieren, von Kapitalmärkten, die nach immer effizienteren und immer größeren Konzernen verlangen.

Nur noch die Größe zählt – als sei das alles. Im gegenwärtigen Fusionsrausch wird verdrängt, dass Schnelligkeit, Flexibilität und Innovationskraft mindestens ebenso wichtig sind. Und diese Eigenschaften werden durch Größe blockiert. In den neuen Riesenkonzernen sind Manager oft nur mit sich selbst beschäftigt, mit bürokratischen Strukturen und Machtkämpfen. Größe lähmt.

Am erfolgreichsten sind derzeit oft die kleinen und flexiblen Unternehmen einer Branche. „Wenn Größe das entscheidende Kriterium wäre", sagt Porsche-Chef Wendelin Wiedeking, „müssten die Dinosaurier heute noch leben."

„Small is beautiful", so priesen noch vor wenigen Jahren die Managementgurus die Vorteile kleiner Einheiten. Ganz falsch kann diese Erkenntnis nicht gewesen sein. Die bisherigen Erfahrungen mit Großfusionen sind jedenfalls ernüchternd: Die wenigsten haben sich als wirtschaftlich sinnvoll erwiesen.

Wie eine Fusion weitere Zusammenschlüsse nach sich zieht – und wie wenig am Ende dabei herauskommt, zeigt das Beispiel der Pharmaindustrie. Sie ist wie kaum eine andere Branche von dem manischen Fusionswahn befallen.

Noch vor dreieinhalb Jahren war Sir Richard Sykes, Chef des 1995 aus der Fusion von Glaxo und Wellcome hervorgegangenen britischen Medizinmultis, davon überzeugt, dass sein Unternehmen die in der Pharmaindustrie als notwendig erachtete „kritische Masse erreicht hat – und zwar im Hinblick auf Forschung, Entwicklung, Produktion, Vertrieb und Marketing".

Sir Richard irrte offenbar. Durch den Zusammenschluss von Glaxo Wellcome mit dem zweiten britischen Medizinriesen Smithkline Beecham entstand Anfang 1999 der derzeitige Spitzenreiter der Branche mit einem Marktwert von 310 Milliarden Mark.

Die tollen Perspektiven, von denen die Fusionspartner am Tag der Übernahme schwärmen, werden selten erfüllt. So versprach DaimlerChrysler-Chef Jürgen Schrempp am 18. September 1998, durch die deutsch-amerikanische Fusion werde „das innovativste, profitabelste und das weltweit am besten aufgestellte Unternehmen seiner Branche" entstehen.

Und jetzt? Jetzt wären viele Aktionäre froh, sie hätten ihr Geld lieber in andere Aktien investiert. Der Kurs sackte seitdem auf immer neue Tiefstände. Irritieren lässt sich Shareholder-Value-Fan Schrempp aber nicht – nun hat er sich auch noch Teile von Mitsubishi einverleibt.

Die Fusionswelle rollt weiter, obwohl viele Studien nachweisen, dass die meisten Zusammenschlüsse scheitern. Angetrieben wird die Entwicklung von jenen dunkel gekleideten Herren, die sich stets im Hintergrund halten und die vom Geschäft mit M&A (mergers and acquisitions) leben: den Investmentbankern. In der Regel werden die Investmentbanken mit einem halben Prozent des Transaktionsvolumens entlohnt. Da kommt einiges zusammen: Branchenführer Goldman Sachs schüttete in 1999 rund 12,5 Milliarden Mark an Gehältern und Boni unter seine weltweit knapp 15000 Mitarbeiter aus.

Wenn so viel Geld lockt, muss es nicht wundern, dass die Banker ihren Beraterstatus verlassen und eine aktivere Rolle übernommen haben – als Kuppler. Gezielt spüren sie Fusions- oder Übernahmekandidaten auf und versuchen, diese zusammenzubringen. „Pitchen“ heißt dieses Präsentieren von Kandidaten im Fachjargon.

Die Manager der großen Konzerne lassen sich nur allzu gern darauf ein: Es winken Ruhm, Ehre – und Geld, viel Geld. Je größer das Unternehmen, desto höher das Gehalt der Vorstände.

Mit den in Deutschland lange üblichen ein bis vier Millionen Mark Jahressalär gibt sich kaum noch einer zufrieden. In den Zeiten der Globalisierung wollen deutsche Manager bezahlt werden wie ihre US-Kollegen – mit zusätzlichen Aktienoptionen, die bei günstiger Kursentwicklung zweistellige Millionenbeträge wert sein können.

Selbst die Verlierer im Firmen-Monopoly können noch eine Menge gewinnen. Mannesmann-Chef Klaus Esser wehrte sich zwar vergebens gegen die feindliche Übernahme durch Vodafone, für ihn selbst sprang dabei allerdings eine Abfindung von 60 Millionen Mark heraus.

So ging die Party munter weiter. Unternehmen fusionierten, neue Firmen entstanden, Anleger schoben immer mehr Geld an die Börse und schufen damit die Voraussetzung für weitere Fusionen und Neugründungen – eine Spirale, die scheinbar endlos nach oben weist. Tatsächlich führt sie genauso schnell abwärts wie aufwärts.

In den USA gab es erste Warnsignale. Der Boom an der Wall Street ist ein Boom auf Pump. Zunehmend verschulden sich die Amerikaner, um Aktien zu kaufen. Mit 243,5 Milliarden Dollar waren Investoren im Januar 1999 allein bei Brokern verschuldet, die Mitglied der New Yorker Stock Exchange sind.

Längst treiben die Börsengewinne die amerikanische Wirtschaft an, und nicht, wie eigentlich üblich, umgekehrt. Sollte ein drastischer Aktieneinbruch die Anleger verschrecken und zum Sparen zwingen, könnte sich die Entwicklung umkehren: weniger Konsum, weniger Umsatz, niedrigere Aktienkurse, noch weniger Konsum, noch weniger Umsatz, noch niedrigere Kurse. Die Folge wäre eine Rezession, aus der sich die Nation mühsam wieder herausarbeiten müsste.

Nobelpreisträger Milton Friedman sieht bereits „unheimliche Ähnlichkeiten zwischen dem, was heute am US-Aktienmarkt geschieht, und dem, was in den zwanziger Jahren in den USA passierte" – und in der Weltwirtschaftskrise endete.

Auch damals sorgte der technische Fortschritt für ein kräftiges Wachstum. Was heute das Internet, waren in den zwanziger Jahren Radio, Autos und Flugzeuge. Zugleich stiegen die Aktienkurse auf immer neue Höhen. Die Begründung lautete damals schon: Ein anhaltendes Wirtschaftswachstum werde zu steigenden Unternehmensgewinnen führen und die Kurse schon rechtfertigen.

Anleger, die ihre Aktienkäufe teilweise bereits mit Krediten finanziert hatten, glaubten lange daran. Doch als am 24. Oktober 1929 ohne besonderen Anlass die Kurse ins Rutschen gerieten, löste dies eine Kettenreaktion aus: Immer mehr verkauften ihre Papiere und ließen die Kurse zusammenbrechen. Innerhalb eines Monats verlor der amerikanische Aktienindex Dow Jones über 50 Prozent seines Wertes.

Daran lassen sich die heutigen Optimisten nur ungern erinnern. Sie fordern wie der Chefredakteur von „Capital", Ralf-Dieter Brunowsky, schlicht: „Crash – nein danke."

Ihr Hauptargument: Es könnte zwar kleinere Einbrüche an der Börse geben, doch dann könnten die Kurse schnell wieder steigen. Denn die Investoren suchen weiter nach Anlagemöglichkeiten. Die Versicherungen, die bisher erst einen geringen Teil ihrer Riesenvermögen in Aktien angelegt haben, drängen verstärkt an die Börse: nur dort können sie mit einer ordentlichen Verzinsung rechnen. Gleichzeitig suchen Privathaushalte nach rentablen Anlagen für die eigene Altersvorsorge.

Früher oder später haben sie alle von dem wunderbaren Beispiel gehört, dass einer, der beim Börsengang von EM.TV 1997 für 5000 Mark Aktien gekauft hatte, jetzt Millionär ist. Und dann suchen sie nach ihrer EM.TV, nach irgendeiner Glitzerfirma, die Wachstum ohne Grenzen verspricht.

„Kursexplosion an den Emerging Markets", schwärmten interessierte Fachblätter, „1500 Prozent in 24 Monaten" sollten dank ihrer Tipps möglich sein. Die „Tageszeitung" fragte ironisch: „Muss ich jetzt auch Millionär werden?"

Vielleicht lässt sich dies ja vermeiden, gerade indem man kräftig spekuliert. So mancher hat an der Börse auch schon sein Vermögen verspielt – zu 100 Prozent.

Abhalten aber wird dies nur wenige. Das merkte auch die Münchner „Abendzeitung". Sie hatte am Faschingsdienstag berichtet, dass im Rathaus die erste Münchner Stadtaktie mit Namen „Monacensus" herausgegeben werde. Zwischen 10 und 13 Uhr könnten sich Einwohner im Büro von Oberbürgermeister Christian Ude als Kaufinteressenten vormerken lassen. Der Faschingsscherz hatte ernste Folgen. Schon frühmorgens baten Anrufer im Sekretariat des Oberbürgermeisters darum dass man für sie ein Aktienkontingent reservieren solle. Es waren, mal wieder, die Narren los.

Und so kam es, wie es kommen mußte: kaum hatte der Dax die 8000er-Marke gestreift, warfen Großanleger und Investmentfonds im Frühjahr 2000 ihre Aktien gleich Säckeweise aus den Depots, während zehntausende von Kleinanlegern gerade ihre ersten Börsenpapiere gekauft hatten und mit ansehen mußten, wie diese täglich an Wert verloren.

Beispiel T-Aktie: Als am 18. November 1996 die T-Aktie erstmals notiert wurde, gerieten die bislang meist aktienlosen Deutschen in einen wahren Rausch. Ausgabekurs: € 14,57. Mehr als 1,7 Millionen Deutsche hatten damals zum ersten Mal Aktien gekauft. Aus dem Volk der Denker und Dichter entwickelte sich langsam ein Volk der Kleinaktionäre. Im zweiten Börsengang zum Ausgabepreis von € 39,50 griffen wiederum Millionen von Deutschen zu. Als am 6. März 2000 die T-Aktie auf kanpp € 104 anstieg, schien es kein Halten mehr zu geben. Der Traum vom schnellen Geld setzte alle Vorsichtsmaßnahmen außer Kraft. Als die dritte Tranch am 19. Juni 2000 zum Ausgabepreis von € 66,50 herauskam, war die Aktie – trotz deutlicher Warnzeichen an der Börse – mehr als dreifach überzeichnet. Seither geht es bergab und verbitterte Kleinaktionäre klagen Ron Sommer in der „Bild" mit der Frage an: „Herr Sommer, was haben Sie aus meinem Geld gemacht?" Ist er nun Schuld an dem Verlust der Anleger?

1.2 Shareholder Value

Das Shareholder-Value-Konzept funktioniert wie ein geschlossener Kreislauf: Am Anfang steht der private Geldanleger, der sein Vermögen professionellen Fondsmanagern anvertraut. Diese Fondsmanager investieren das Geld in Aktien von börsennotierten Unternehmen. Dabei streben sie, im Interesse ihrer Geldgeber, eine so hohe Rendite wie nur irgend möglich an. Deren Manager wiederum müssen die Rendite auf das eingesetzte Kapital erwirtschaften. Diese sanieren zuweilen ihre Geschäfte, indem sie Mitarbeiter entlassen. Ist ein Arbeitnehmer zugleich Fondssparer, so schließt sich hier der Kreislauf. Als Arbeitnehmer gefährdet er – zumindest potentiell – seinen eigenen Arbeitsplatz, wenn er in Fonds sein Geld anlegt.

Es gibt drei wichtige Akteure, die das Shareholder-Value-Konzept durchsetzen: die Fondsmanager, die Analysten und die Investmentbanker. Andreas Nölting beschreibt sie in seinem Buch „Die neue Supermacht Börse – Wie Fondsmanager unsere Welt verändern“:

„Die Analysten sind die Ideengeber der Börse. Sie unterbreiten den Fondsmanagern Vorschläge, indem sie bestimmte Aktien oder Branchen in ihren Studien anpreisen. Die Analysten kennen sich in den Unternehmen meist hervorragend aus und vergleichen über die Ländergrenzen hinweg Stärken und Schwächen der Wettbewerber einer Branche. Dann beurteilen sie: kaufen, halten oder verkaufen.

Die Fondsmanager sind die Vollstrecker. Sie geben die entscheidenden Kauf- oder die Verkaufssignale, die von Wertpapierhändlern (Brokern) umgesetzt werden. Die Fondsmanager verantworten die Performance ihres Portfolios. Die Qualität ihrer Entscheidungen ist durch einen Vergleich mit der Kursentwicklung anderer Fonds jederzeit messbar.

Die Investmentbanker sind die Architekten des Marktes. Sie machen sich Gedanken über die Restrukturierung der Unternehmenslandschaft, analysieren detailliert, welches Unternehmen zu welchem passen könnte oder welche Firmenteile eines Mischkonzerns verkauft werden müßten. Die Investmentbanker sorgen nicht nur für die Fusionsphantasien an der Börse, sondern sie setzen ihre Pläne auch technisch um. Wenn zwei Firmen fusionieren, dann wickeln Investmentbanker das Geschäft ab“.[28]

Worum es wirklich geht ist der „Total Shareholder Return“, also um die Erträge aus Kursgewinnen und Dividenden. Die vielen millionenschweren Fondsgesellschaften stehen in den Startlöchern. Die Protagonisten des Shareholder Value werden sich kaum aufhalten lassen. Wenn sich die deutschen Unternehmen nicht freiwillig öffneten, werden andere die Initiative ergreifen.

Die Unternehmensvorstände müssen umdenken. Sie werden mehr und mehr gezwungen die Mechanismen des internationalen Kapitalmarktes zu akzeptieren. Immer mehr Manager haben erkannt, dass es darauf ankommt, ihren eigenen Börsenwert zu steigern und mit dem Papiergeld einkaufen zu gehen. Die Übernahme anderer Unternehmen wird nicht mit teuren Krediten finanziert, sondern mit der Währung des Shareholder Values: den eigenen Aktien. Beispielsweise bot Vodafone 53 seiner Papier für eines des Konkurrenten Mannesmann. Entsprechend blieben Mannesmann bei der Abwehr des britischen nur eine Wahl: den Kurs der eigenen Aktie so hoch wie möglich zu schrauben, um den Preis für Vodafone in nicht mehr zu rechtfertigende Dimensionen zu bringen. Die eigentlichen Regisseure solcher Schlachten sind die Investmentbanker. Sie beschreiben das Drehbuch der Dramen. Die Akquisitionswährung der Shareholder-Ökonomie sind die eigenen Aktien.

Vodafone-Chef Chris Gent zahlte schließlich für Mannesmann nicht weniger als 352 Milliarden Mark. Vodafone jedenfalls ist die Übernahme nicht gut bekommen: Der Börsenkurs brach ein, und Mr. Gent leitet heute das höchst verschuldete Unternehmen der Welt.

Es lässt sich nicht bestreiten, die Shareholder Value-Ökonomie funktioniert nach anderen Gesetzen als die soziale Marktwirtschaft. Seit der Veröffentlichung des Buches von Alfred Rappaport im Jahre 1986, dem Vordenker des Shareholder Value-Systems, hat sich in Sachen Shareholder Value viel getan. Heute haben nahezu alle Vorstände und Aufsichtsräte der großen Konzerne die Idee der Maximierung von Shareholder Value übernommen. Heute integrieren Unternehmen den Shareholder Value als Maßstab in die Planung und Bewertung der gesamten Performance ihrer Geschäfte. Das Shareholder-Value-Modell repräsentiert die Art und Weise, in der Teilnehmer in einer Marktwirtschaft den Wert von Vermögen bewerten.

In der zweiten Auflage seines Buches[29] beschreibt Rappaport die unterschiedlichen Zielsetzungen von Management und Eigentümer: „In einer Welt, in der die Eigentümer (z.B. Aktionäre) nur beschränkt Kontrolle ihrer Agenten (z.B. Manager) ausüben, ist es möglich, dass diese Agenten nicht immer im besten Interesse der Eigentümer handeln. Agenten verfolgen ihre ganz spezifischen Interessen, und es mag sich für Agenten manchmal lohnen, die Interessen der Eigentümer den eigenen unterzuordnen. Es gibt aber sehr wohl eine Reihe von Einflussfaktoren, die das Management dazu veranlassen, im besten Interesse der Eigentümer zu handeln. Diesen Faktoren liegt folgende fundamentale Überlegung zu Grunde: je härter die negativen Konsequenzen, mit denen eine Führungskraft, die das Vermögen der Eigentümer reduziert, rechnen muss, desto geringer ist die Wahrscheinlichkeit, dass diese Führungskraft auch tatsächlich gegen die Interessen der Anteilseigner handelt.

Stimmig mit dieser Überlegung sind auch folgende vier Hauptfaktoren, die das Management veranlassen, eine eigentümerorientierte Haltung einzunehmen:

1. eine vergleichsweise bedeutsame Beteiligung am Eigentum,
2. eine Verknüpfung von Entlohnung mit der Eigentümerrendite,
3. die drohende Übernahme durch eine andere Organisation und
4. lebhafte Konkurrenz auf dem Arbeitsmarkt für Führungskräfte.“

Es sind nicht nur, wie Herr Rappaport meint[30], Umweltschützer, soziale Aktivisten und Konsumentenschützer, die von den Unternehmen fordern, dass sie sozial verantwortlich sein und dem Gemeinwohl dienen sollten. Unternehmen dienen einem Zweck, der über die Maximierung der Eigentümerrendite hinausreicht. Rappaport definiert hingegen seine Position wie folgt: „In einer Marktwirtschaft, die die Rechte des Privateigentums hochhält, besteht die einzige soziale Verantwortung des Wirtschaftens darin, Shareholder Value zu schaffen und dabei die Prinzipien der Gesetzes- konformität und der Integrität zu wahren. Wichtige soziale Fragen des Bildungswesens, des Gesundheitswesens, des Drogenmissbrauchs und der Umwelt stellen enorme soziale Herausforderungen dar. Das Management von Unternehmen besitzt jedoch weder die politische Legitimität noch die Expertise, um darüber entscheiden zu können, was nun im sozialen Interesse liegt. Unsere Regierungsform erfordert, dass eine gewählte Legislative und das Rechtssystem die Mechanismen kollektiver Wahl sind. Ironischerweise sind jene Kosten, die Advokaten der sozialen Verantwortung gerne Unternehmern aufbürden würden, genau jene Kosten, die Wähler im Rahmen des politischen Prozesses niemals zu übernehmen bereit wären. Denn solche auferlegten Kosten würden an Konsumenten in Form höherer Preise, an Arbeitnehmer in Form geringerer Löhne oder an Eigentümer in Form geringerer Renditen weitergegeben werden. Nichts ist ohne Kosten!“ …

„Es wäre jedoch ein grundlegender Irrtum, zu glauben, das Wertsteigerungen rein aus Sorge um die Eigentümer entstünden. Die meisten Führungskräfte und politisch Verantwortlichen haben erkannt, dass in steigenden Aktienkursen Verbesserungen von Produktivität und Wettbewerbsfähigkeit zum Ausdruck kommen, wovon alle profitieren, die teilhaben am Unternehmen und an der gesamten Wirtschaft. Schließlich ist es die Produktivität, die Arbeitsplätze und als Steuerbasis die Voraussetzungen für das Erreichen all jener sozialen Ziele, die besser vom öffentlichen als vom privaten Sektor wahrgenommen werden, schafft. …

Kurzum: Von einem wertschaffenden Unternehmen profitieren nicht nur seine Eigentümer, sondern es dient allen anderen Forderungen seiner Anspruchsgruppen; umgekehrt sind alle Anspruchsgruppen in Gefahr, wenn es dem Management nicht gelingt, Shareholder Value zu schaffen. Aufgeklärtes Eigeninteresse schreibt vor, dass sich Eigentümer und andere Anspruchsgruppen partnerschaftlich an der Wert-Schaffung beteiligen."

Wer sind eigentlich die Gewinner und Verlierer des Shareholder-Value-Systems?

Hierzulande klammere man sich hartnäckig an Vorurteile, wie beispielsweise das, das Kurse steigen würden, wenn Arbeitsplätze abgebaut würden. Die Börse gelte als Jobkiller. Zwar ist die Tatsache unbestritten, das in den Jahren zwischen 1991 und 1997 der Deutsche Aktienindex (Dax) um 270 Prozent kletterte, während gleichzeitig die Quote der registrierten Arbeitslosen von 7,6 Prozent auf 11,6 Prozent stieg. In der Kritik des Rappaport-Konzeptes werde Ursache und Wirkung verwechselt. Gerade weil die Manager in der Bundesrepublik sich nicht an die Regeln der wertorientierten Unternehmensführung halten, gäbe es die Probleme am Arbeitsmarkt.

Zugegeben wird, dass eine große Anzahl von Arbeitnehmern nicht zu den Glücklichen zählen wird, die von der „vitalisierenden Kraft des Shareholder Value" profitieren können. Der neue Kapitalismus „selektiert" brutal. Auf der Gewinnerseite werden Personen sein, die über besondere Fähigkeiten und Ideen verfügen und Werte schaffen können: das sind die sog. High-Skill-Worker. Gefragt sind Personen, die team- und anpassungsfähig sind und sich ständig weiterbilden. Die lebenslange Anstellung bei einem Arbeitgeber ist passé. Die Arbeitnehmer müssen sich räumlich und mental neu orientieren. Spezialarbeiter, etwa aus der Informationstechnologie, werden neben den Aktionären die eigentlichen Nutznießer des Shareholder Value sein.

Die Supermacht Börse spaltet die Gesellschaft. Die Reichen werden immer reicher und besetzen die Spitzenjobs, die Armen werden immer ärmer, fristen ein Schattendasein und werden durch staatliche Zahlungen knapp über dem Existenzminimum gehalten."[31]

Das Shareholder-Value-System verändert Menschen und die Gesellschaft. Waren im früheren Leben einmal Werte wie Solidarität und Gerechtigkeit prägend, so sind es jetzt Performance, Effizienz, rationales Denken. Die Gesellschaft des Shareholder Value ist materialistisch orientiert. Um so notwendiger ist eine Verständigung über ethische Fragen in Zeiten der Globalisierung.

1.3 Der Börsenschwindel

Unter der Überschrift „Die Milliarden-Falle – wie Banken die Anleger abzocken“ schreibt der „Spiegel“ in Heft 8 (2001): „Die Geldinstitute haben im vergangenen Jahr mehr Gewinn nach Steuern gemacht als je zuvor. So legt die Deutsche Bank 102 Prozent zu, die Commerzbank verbesserte sich um 37 Prozent. Die HypoVereinsbank, in den letzten Jahren durch verlustreiche Immobilienspekulationen arg gebeutelt, steigerte ihren Gewinn in den ersten neun Monaten 2000 um fabelhafte 498 Prozent. Vor allem das Geschäft mit Aktien und anderen Wertpapieren läuft aus der Sicht der Finanzhäuser wie geschmiert. Keine andere Sparte spülte in den letzten Jahren so viel Geld in ihre Kassen.

Allein durch Provisionen verdiente die Dresdner Bank in den ersten drei Quartalen des vergangenen Jahres DM 6,4 Milliarden. Den Brokern der Deutschen Bank gelang es, ihr Handelsergebnis im vergangenen Jahr auf über DM 13 Milliarden zu steigern. „Den höchsten Gewinnbeitrag erbrachte wiederum das Aktiengeschäft“, hieß es bereits im Herbst anerkennend im Zwischenbericht des Vorstandssprechers.

War da nicht noch etwas?

Noch nie zuvor in der bundesdeutschen Börsengeschichte haben die Anleger binnen eines Jahres so viel Vermögen verloren, noch nie haben sie sich erst so reich und dann so arm gefühlt.

Seit März 2000, dem Monat seines Höchststandes, hat der Deutsche Aktienindex DAX rund 20 Prozent seines Wertes eingebüßt. Der Nemax, das Kursbarometer des gerade bei Kleinanlegern beliebten Neuen Markts, sackte im gleichen Zeitraum gar von 8559 auf 2523 Punkte – ein Kurssturz, den kaum ein Depot unbeschadet überstanden hat.

Von den 169 Firmen, die von den Banken im vergangenen Jahr an die Börse gebracht wurden, notieren mittlerweile 124 unter dem Emissionspreis, also dem Kurs, den die Finanzhäuser den Anlegern bei Erstausgabe der Aktie als fairen Wert empfohlen hatten. Die Zahl der so genannten Wachstumswerte, die über 80 oder sogar 90 Prozent verloren, ist mittlerweile so groß, dass sie unter einen eigenen Gattungsbegriff fallen: „Penny Stocks“ heißen solche Kursruinen, die nur noch die ganz verwegenen Zokker anziehen.

Selbst eine Volksaktie wie die Deutsche Telekom verlor seit ihrem Höchststand, allen Prognosen der Banken zum Trotz, über zwei Drittel ihres Wertes. Trotzdem haben die Geldhäuser prächtig verdient, als sie im Juni 2000 nochmals über 230 Millionen Telekom- Aktien in den Markt drückten. Sie kassierten für dieses Manöver eine Provision von rund 400 Millionen Mark – ungeachtet der Tatsache, dass allein dieses Aktienpaket anschließend etwa 17 Milliarden Mark an Wert verlor. Inzwischen gilt die Telecom als Krisenunternehmen.

Ohne Zweifel, für die Mehrzahl der Aktionäre war das goldene Bankenjahr 2000 ein Desaster. Alles in allem vernichtete der Crash an den deutschen Aktienmärkten, zumindest auf dem Papier, die gigantische Summe von rund 500 Milliarden Mark.

Dass von den Verwerfungen am Aktienmarkt in den Berichten der Banken allenfalls am Rande die Rede ist, dass der Kursschock die Strategen in den Frankfurter Glastürmen seltsam unberührt lässt, während die Kleinanleger fassungslos dem Wertverfall ihres Depots zusehen, hat einen einfachen Grund: ganz gleich, in welche Richtung sich Dax und Nemax bewegen – die Banken verdienen immer.

Treibmittel der Dauer-Hausse waren die knapp 200 Milliarden Mark, die die Finanzinstitute seit 1997 bei den Privatanlegern eingesammelt haben, um sie gegen immer fällige Aufschläge in den Wertpapiermarkt zu pumpen. Keine Frage, dass viele Anleger den Versprechungen auf schnellen Reichtum allzu schnell Glauben schenkten, dass die Hoffnung, mal eben ein zweites Jahresgehalt einstreichen zu können, selbst biedere Familienväter alle Vorsicht über Bord werfen ließ. Doch es waren eben auch immer die Banken an ihrer Seite, die der allgemeinen Börseneuphorie allzu gern nachhalfen, getreu dem Motto „Wir machen den Weg frei".

Der Kursrutsch der vergangenen Monate offenbart schlagartig alle Schwächen der deutschen Börsenkultur. Deutlicher denn je zeigt sich jetzt, dass die deutschen Finanzinstitute nur ungenügend ihrer Aufgabe nachkommen, bei allen Aktiengeschäften stets „das Interesse der Kunden" zu wahren, wie es das Wertpapierhandelsgesetz ausdrücklich vorschreibt. Immer klarer wird auch, dass gerade die Kleinaktionäre vor Tricks und Täuschungen kaum geschützt werden".[32]

Das Auf und Ab der Kurse an der Börse ist irrational, das naive Zutrauen vieler Anleger zur Börse schwer verständlich. Zählte das Deutsche Aktieninstitut (DAI) 1997 insgesamt 5,6 Millionen Besitzer von Aktien oder Fondspapieren, so waren es Ende 1998 bereits 6,78 Millionen und weitere

12 Monate später 8,23 Millionen. Mitte des Jahres 2000 zählte das Deutsche Aktieninstitut bereits 11,3 Millionen Aktien- und Fondsbesitzer.

Warum sollte nicht auch ich reich werden, fragte sich mancher? Wer etwa beim Börsengang des Münchner Trickfilmhändlers EM.TV im Oktober 1997 mit DM 10.000,- dabei war, hatte im März 2000 drei Millionen im Depot. Legendär ist etwa die Geschichte des Inhabers der Firma EM.TV & Merchandising AG, die im Jahr vor dem Börsengang gerade mal 24 Millionen Mark umsetzte und dabei noch einen Verlust machte. Die Westdeutsche Landesbank, die den Filmrechtehändler an die Börse brachte, verdiente nicht schlecht an ihrer Emission. Thomas Haffa, der Inhaber des Unternehmens, machte vor, wie es wirklich geht: nicht als Aktionär wird man reich, sondern indem man Aktionäre zur Kasse bittet.

Beim Börsengang der Siemens-Tochter Infineon brach fast eine Epidemie aus. Mit einem Werbeetat von 100 Millionen Mark wurde beinahe eine Massenhysterie ausgelöst. Obwohl nicht weniger als 174 Millionen Aktien verkauft werden sollten, war die Emission 50fach überzeichnet, das heißt, es wurden 50-Mal mehr Infineon-Aktien bestellt, als geliefert werden konnten. Wer ein paar der Papiere zum Ausgabepreis von € 35,- per Losentscheid zugeteilt bekam, konnte sich glücklich schätzen, denn schon am nächsten Tag waren sie das Doppelte wert. Die wundersame Geldvermehrung brachte bei vielen Jung-Aktionären die Maßstäbe durcheinander.

Wer weiß aber (noch), dass sich der Vorstand von Infineon 250.000 Aktien zum Ausgabepreis von von € 35.- gesichert hatte, während die meisten Privatanleger leer ausgingen. Der Infineon-Vorstandschef Ulrich Schumacher und seine Kollegen steckten einen Zeichnungsgewinnen von € 9 Millionen ein.

„Die wundersame Geldvermehrung an der Börse entpuppt sich bei genauer Betrachtung als grandioser Coup der Finanzindustrie. Mit dem Speck steigender Kurse hat sie die Mäuse der Sparer in die Falle gelockt.

Abgesahnt haben Banker und Broker, Finanzjournalisten und Fondsmanager, Firmengründer und Fernsehsender. Auf der Geschäftsgrundlage des Traums vom schnellen Geld ist eine riesige Industrie erblüht, die nur ein Ziel kennt: an das Geld der Anleger zu kommen. Detailgenau hat Günter Ogger den Börsenschwindel, die raffinierten Manöver und Winkelzüge der Aktien-Promotoren recherchiert. Er beschreibt, für jeden Laien verständlich, wie unverschämt die Aktionäre über den wahren Wert ihrer Papiere getäuscht wurden und werden. Ogger entlarvt die Zauberwörter der

Aktien- und Fondsverkäufer und prophezeit: die Kurse werden noch tiefer fallen. Natürlich kann man mit Aktien Geld verdienen, doch nur wer Bescheid weiß, wie die Börse funktioniert, wird im riskanten Spiel ums Geld nicht verlieren.[33]

Wenn die Banken ihren Anlagekunden etwas noch lieber verkaufen als Aktien, dann sind das Anteile an Investmentfonds. An den deutschen Aktienmärkten wurden im Herbst 2000 etwa 900 Aktien gehandelt, zur gleichen Zeit konnten die Anleger unter rund 4500 verschiedenen Investmentfonds auswählen. „Steckten in den Depots der deutschen Anleger im März 2000 Aktien im Wert von rund 635 Milliarden Mark, so hatten sie zur gleichen Zeit 853 Milliarden in Fonds investiert, knappe sechsmal so viel wie im Jahre 1990. Damit hatten sich die Investmentfonds zu dem am schnellsten wachsenden Medium für die Geldanlage entwickelt. Erstaunlich auch der Wandel bei der Auswahl der Fonds: bevorzugten die Deutschen noch 1995 die sicheren Rentenfonds, so steckten sie vier Jahre später bereits zwei Drittel ihres neu gebildeten Geldvermögens zur Freude der Finanzbranche in Aktienfonds.

Das ist deshalb so erstaunlich, weil gerade die Aktienfonds, bei Licht besehen, miserable Ergebnisse zu enorm hohen Kosten produzieren. Denn kaum ein Fonds schafft es, bei richtiger Berechnung, den jeweiligen Index zu übertreffen, und das bedeutet, dass die Anleger das viele Geld, das sie für den Vertrieb, das Management und die Transaktionen ihres Fonds bezahlen mussten, umsonst ausgegeben haben. Verdient haben an den Fonds vor allem deren Besitzer, und das sind in aller Regel die Banken.

Zwar ist die Fondsidee im Kern richtig und einleuchtend, doch die Art, wie sie von den Geldhäusern umgesetzt wird, dient zuerst deren eigenen Interessen und benachteiligt die Anleger. Das fängt bereits bei der Gestaltung der Angebote an, setzt sich über die Preispolitik fort und endet bei der Auswahl der Fondsmanager und der Festlegung ihrer Anlagestrategien....

Die schönen Hochglanzprospekte weisen in der Regel gravierende Schönheitsfehler auf, nämlich:
- willkürliche Vergleichszeiträume
- fehlende Benchmark

„Als die Stiftung Warentest die Wertentwicklung von Investmentfonds, die in deutschen Aktien investieren, mit den Großen der 30 Dax-Werte verglich, ergab sich ein verblüffendes Bild: nur ein einziger Fonds schnitt geringfügig besser ab als deutsche Spitzenaktien. Und von den 35 untersuchten Fonds schafften nur 6 eine bessere Entwicklung als der Durchschnitt der im Dax zusammengefassten 30 Standardwerte. Im Klartext: die Manager von 29 großen Investmentfonds waren das Geld nicht wert, dass ihnen die Anleger bezahlen mussten"[34].

– mitgerechnete Kosten

Außer den jährlich anfallenden Verwaltungs- und Depotgebühren berechnen die Fondsgesellschaften noch Aufwendungen für Prospekte, Registrierungen, Rechtsberatung, Wirtschaftsprüfer, Werbung und Marketing. Schließlich noch die sog. Transaktionskosten, die der Fonds, meistens einer Bank gehörend, an eben diese Bank für jeden Kauf und Verkauf von Wertpapieren abführen muss. Meistens werden all diese Aufwendungen nicht extra in Rechnung gestellt, sondern stillschweigend aus dem Einlagentopf entnommen. Das heißt, sie gehen zu Lasten der Wertentwicklung, die jedoch in den offiziellen Rankings überwiegend brutto ausgewiesen wird, also ohne Abzug der tatsächlich entstandenen Belastungen.

Außer am Bankschalter werden die Fondspapiere mit Hilfe eines Heeres von sogenannten „Finanzdienstleistern" direkt in den Wohnzimmern der Kunden verkauft. Zwischen 40.000 und 50.000 dieser sogenannten „Strukis" bearbeiten jeden Winkel der Republik, um ihre Fondspapiere zusammen mit Lebensversicherungen und Bausparverträgen an die Frau und den Mann zu bringen.

Über den Chef des zweitgrößten deutschen Finanzdienstleisters, Carsten Maschmeyer, berichtet der „Stern" in seinem Heft vom 22. Februar 2001; darin heißt es: „Maschmeyer ist Finanzoptimierer. Das sind Menschen, die Leuten, die eigentlich kein Geld übrig haben, davon überzeugen, dass sie welches übrig haben, aber nicht, damit die sich mal einen schönen Tag machen können. Nein, um es in eine Lebensversicherung zu stecken oder sich in einen Immobilienfonds einzukaufen (denn mit den Provisionen von denen optimiert der Finanzoptimierer seine Finanzen). Hat der Kunde schon eine Lebensversicherung, dann fällt dem Finanzoptimierer eine viel günstigere ein. Will er keinen Immobilienfonds, dann fragt ihn der Finanzoptimierer, ob er denn wirklich zu den Dummen gehören wird, die Geld verschenken. ‚Einwandbehandlung' ist diese Art der Beratung im Finanzoptimiererjargon.

Er ist an sich kein schlechter Mensch, der Finanzoptimierer, nur ein Verkäufer, ein Klinkenputzer, der ausgestreckte Arm von Versicherungskonzernen wie Allianz oder Gerling, deren Produkte er verkauft. Der Mann, der die Türen eindrückt und die Kohle rausholt aus den Leuten und sie den Konzernen zuführt, damit die noch mehr Umsatz machen, er ist ein armes, nichtangestelltes Schwein. Kein Abschluss, kein Geld. Stattdessen Druck, ständig zunehmender Druck von Finanzoptimierern, die in der Hierarchien-Pyramide über ihm stehen. Teamleiter heißen die beim AWD, darüber rangieren die Manager, dann die Direktoren. Ganz ganz oben Maschmeyer".[35]

1.4 Droge: Habsucht

Das Lexikon für Theologie und Kirche[36] definiert Habgier als „das übersteigerte Streben nach Besitz oder dessen Vermehrung. Sie zielt als solche nicht nur auf materielle Güter. Aus ihr erwachsen verschiedene Weisen des Verhaltens und Agierens, welche die Gemeinschaft und den Handelnden selbst schädigen. Die Habgier ist auf Zugewinn ausgerichtet und in der Regel gewalttätig. Der Geiz als verwandte Haltung zielt dagegen auf das Bewahren. Beide Haltungen erwachsen aus der Habsucht als charakterliche Disposition. ... Habgier aus freier Entscheidung praktiziert, ist unsittlich, weil sie die Gerechtigkeit und Liebe sowie die innere Ordnung der Person verletzt".

Im Wörterbuch zum Neuen Testament[37] wird darauf hingewiesen, die griechische Wortgruppe für „habgierig, habgierig sein, Habgier, auch Geiz" bezeichne im außerjüdischen und außerchristlichen Sprachbereich zunächst „Mehr haben" und dann das „Mehr empfangen" und schließlich „das Mehr haben wollen". Von den ersten literarischen Belegen an ist die Wortgruppe in ihrer Verwendung nicht auf den materiellen Bereich beschränkt und hat die Bedeutungen von „Machthunger", „Eigennutz", „anmaßend", „den größeren Anteil nehmen", „seinen Besitz mehren", „nach Vergrößerung streben", „übervorteilen", „politischen Gewinn suchen", „der Wille, seinen Vorteil durchzusetzen", „sich Vorteile verschaffen", „jemanden übervorteilen", „fremdes Gut an sich reißen", „etwas mit Gehalt erstreben", „Unersättlichkeit in bezug auf Nahrung und andere Genüsse", „Übergriff in fremden Besitz".

In ethischen Erörterungen jüdischer Literatur in griechischer Sprache, aber auch im Alten und Neuen Testament wird die Wortgruppe Geiz/Habgier/Habsucht in „keinem Zusammenhang verwendet, wo von ehrlichem Erwerb eines Besitzes die Rede ist".[38] Im Alten Testament wird Habgier als „tückische und schwer heilbare Leidenschaft" beschrieben, die „nicht nur an das Verlangen oder den Griff nach fremdem Besitz denkt, sondern an das Hinausgreifen des Menschen über das ihm gesetzte Maß oder an das

Verletzen der Ordnungen, in die die Menschen zueinander gestellt sind".[39] Innerhalb der ethischen Mahnungen im Neuen Testament ist die Häufigkeit der Warnung vor Habgier wie deren Verurteilung auffällig.

Die zahlreichen Äußerungen Jesu über den Reichtum waren für Christen in den ersten Jahrhunderten unserer Zeitrechnung immer wieder Anlaß, sich mit Fragen des Verhältnisses des Menschen zu den irdischen Gütern sowie mit der Beziehung zwischen irdischem Reichtum und Seelenheil auseinander zu setzen. Unvermeidbar dabei war, sich auch mit der Habsucht zu beschäftigen, zumal christliche Amtsträger in der Gefahr standen, „dass sie ihren Auftrag zur Befriedigung ihrer Habsucht mißbrauchen oder sich dazu ein Amt anmaßen".[40]

Für die Stoiker umfaßt die griechische „filargyria", die sie für eine krankhafte Sucht erklären, sowohl Geiz als auch Habsucht. Dasselbe gilt für die „avaritia" der Römer, die Cicero als eine heftige Vorstellung vom Geld, als ob es sehr erstrebenswert wäre, festsitzend und tief eingewurzelt, beschrieb. Noch im 18. Jahrhundert hat Geiz die allgemeine Bedeutung von Gier. Im engeren Sinn wird Geiz schlechthin als „eine Begierde mehr zu haben, als die Notdurft und der Wohlstand erfordert und man nach seinen Umständen vor sich bringen kann", verstanden. Die Unterscheidung zwischen Geiz und Habsucht im heutigen Sprachgebrauch bahnt sich bei Kant an. In seiner Tugendlehre unterscheidet er zwischen dem kargen und dem habsüchtigen Geiz und schaltet das Motiv der Gier (Begierde) aus dem Geizbegriff aus.[41] An anderer Stelle[42] wird der Unterschied zwischen beiden Begriffen noch deutlicher.

Für Kant verwechselt der Geiz das Mittel mit dem Zweck; er strebt nur nach dem Besitze und erfreut sich daran, versagt aber den Genuß davon nicht bloß anderen, sondern auch sich selbst. Dagegen wird die Habsucht als „die zur Leidenschaft gewordene Begierde, immer mehr zu haben, indem diese Begierde mit der Befriedigung immer stärker wird", gekennzeichnet. Damit weist Kant bereits auf das heutige Verständnis von Sucht als krankhafte Abhängigkeit hin. Aus der Begierde, die mit der Befriedigung immer stärker wird, gibt es kein Entrinnen. Begierde wird zur Sucht, zur Habsucht.

Es gibt ein Dokument aus frühchristlicher Zeit, das ausschließlich die Habsucht zum Thema hat. Gregor von Nazianz (326–390), Kirchenlehrer, Bischof und Vorsitzender des Konzils von Konstantinopel im Jahr 381,[43] widmete der Habsucht ein für unsere Überlegungen sehr aufschlußreiches Gedicht.[44]

„Unersättlichkeit im Erwerb" und die „Überbietung anderer durch Luxus" sind für Gregor von Nazianz die die Habsucht kennzeichnenden Merkmale. Scharf rechnet er mit der grenzenlosen Gier des Habsüchtigen nach ständigem Zuwachs an Gütern ab. Er verwünscht ihn, „der gleich einer unwiderstehlichen Naturgewalt alles ihm Erreichbare verschlingt", und deckt... „die ziellose Selbstzweckhaftigkeit der Habsucht auf".[45] Dabei ist der Habsüchtige im Einsatz seiner Mittel nicht wählerisch. Die Latifundienbesitzer in Kappadokien (Kleinasien), deren Verhalten er im Auge hat, haben in ihrem Streben, sich immer mehr Land anzueignen, einfach genommen, was sie begehrten. Wenn sie dabei auf Gegenwehr der Kleinbauern stießen, griffen sie in ihrer maßlosen Gier nach Landbesitz zu den üblen Praktiken absurdester Verleumdung und zu verschiedenen Formen der Erpressung, auch schreckten sie vor Strafandrohungen nicht zurück. Der kleine Landeigentümer war den Machenschaften fast hilflos ausgeliefert. Bei denen er hätte sein Recht einklagen können, die waren seine natürlichen Gegner. Senatoren gehörten zum Kreis der Latifundienbesitzer. Gerichtsvollzieher, denen unter anderem die Vollstreckung eines Haftbefehls, die Folterung und die Aufsicht über die Gefängnisse oblagen, standen diesen stets zu Diensten. Die faktische Macht der Obrigkeit lag in den Händen Habsüchtiger.

Ein weiteres Merkmal habsüchtigen Handelns sieht Gregor in der rücksichtslosen Ausbeutung der Not anderer. Er skizziert dabei Ausschnitte der sozialen Realität der damaligen Zeit. Die Landwirtschaft war damals die Hauptquelle wirtschaftlichen Wohlstands. Durch erntevernichtende Katastrophen kam es zu Hungersnöten. Die Kleinbauern, die um den Preis einer immer höheren Verschuldung mit geliehenem Geld den Hunger zwar fürs Erste überwanden, verloren letztlich ihren Besitz und ihre Freiheit. Getreidespekulanten und Geldgeber waren Latifundienbesitzer.

Für Gregor von Nazianz geht die Selbstsucht des Habsüchtigen, die Wurzel seiner Habsucht, so weit, dass er, der Habsüchtige, an Stelle Gottes, Mittelpunkt der Welt sein will. Schließlich prangert Gregor die Torheit des Habsüchtigen sowie die Sinnlosigkeit und Schädlichkeit der Habsucht an. Töricht sei seine krankhafte Begierde, weil sie dem Habsüchtigen fortwährende Sorge mache, die darin besteht, dass „ihm der fremde Besitz nicht mehr aus dem Kopf geht". Nicht nur seine großen Mühen um die Mehrung seines Besitzes seien Torheit, sondern töricht sei der Habsüchtige vor allem deshalb, weil niemand davon lebt, dass er viele Güter hat (Lukas 12.15). Sinnlos und schädlich sei Habsucht, weil bei unersättlichem Verlangen jede

Erfüllung nur neues Begehren wecke. Auch sei sie schädlich, weil sie sich gegen ihn selbst kehre.

Gregor bewertet die Habsucht als höchste Stufe moralischer Verwerflichkeit. Der Habsüchtige kommt als Wolf im Schafspelz daher. Er schreckt zwar vor Erpressung, Getreidespekulation und gelegentlicher Gewaltanwendung nicht zurück, ist ansonsten jedoch darauf bedacht, die Grenzen legaler Wohlanständigkeit nicht zu verletzen.

Im Epilog des Gedichtes nennt er Habsucht das schlimmste Übel aller Seelenkrankheiten, da sie Götzendienst sei. Im katholischen Verständnis ist Habsucht eine der Todsünden.

Weder die Autoren der Bibel noch die Christen der frühchristlichen Jahrhunderte haben Habsucht als Kavaliersdelikt gesehen und behandelt. Das Gegenteil ist der Fall. Habsucht zerstört aus ihrer Sicht „den Kosmos, die harmonische Ordnung im Innern des Menschen oder im Zusammenleben der Menschen oder in beidem“.[46]

Umso erstaunlicher ist, feststellen zu müssen, dass Habsucht in ihren Auswirkungen auf die Gesellschaft der Gegenwart von der Evangelischen Sozialethik und von der Katholischen Soziallehre so gut wie nicht behandelt wird. Das Problem bleibt ausgeblendet.

In der Enzyklika „Sollicitudo rei socialis“ heißt es in den Abschnitten 36 und 37[47]:

„Wenn der heutigen Situation Schwierigkeiten unterschiedlicher Natur zuzuschreiben sind, so ist es nicht verfehlt, von „Strukturen der Sünde“ zu sprechen, die … in persönlicher Sünde ihre Wurzeln haben und daher immer mit konkreten Taten von Personen zusammenhängen, die solche Strukturen herbeiführen, sie verfestigen und es erschweren, sie abzubauen. Und so verstärken und verbreiten sie sich und werden zur Quelle weiterer Sünden, indem sie das sittliche Verhalten der Menschen negativ beeinflussen.

„Sünde“ und „Strukturen der Sünde“ sind Kategorien, die nicht oft auf die Situation der Welt von heute angewandt werden. Man gelangt aber nicht leicht zu einem tieferen Verständnis der Wirklichkeit, wie sie sich unseren Augen darbietet, wenn man der Wurzel der Übel, die uns bedrängen, nicht auch einen Namen gibt. (Nr. 36) …

... Die bezeichnendsten Handlungen und Verhaltensweisen, die im Gegensatz zum Willen Gottes und zum Wohl des Nächsten stehen, sowie die „Strukturen“, die sie herbeiführen, heute vor allem zwei zu sein scheinen: auf der einen Seite die ausschließliche *Gier nach Profit* und auf der anderen

Seite das *Verlangen nach Macht*, mit der Absicht, anderen den eigenen Willen aufzuzwingen. Jeder dieser Verhaltensweisen kann man, um sie noch treffender zu kennzeichnen, die Qualifizierung hinzufügen: „um jeden Preis“. Mit andern Worten, wir stehen vor einer *Absolutsetzung* menschlicher Verhaltensweisen mit allen ihren möglichen Folgen.

Auch wenn beide Haltungen an sich voneinander getrennt werden können, weil die eine ja ohne die andere zu existieren vermag, finden sie sich doch in dem Bild, das sich unseren Augen darbietet, unauflöslich verbunden, mag auch die eine oder die andere vorherrschen. (Nr. 37)....

Für die Christen, wie für alle, die die genaue theologische Bedeutung des Wortes „Sünde“ anerkennen, heißt die Änderung des Verhaltens oder der Mentalität oder der Lebensweise in biblischer Sprache „Umkehr“ (vgl. Mk 1,15; Lk 13,3,5; Jes. 30,15). (Nr. 38)

Habsüchtige haben seit eh und je ihr Unwesen getrieben. Aber noch nie war das gesellschaftliche Bewußtsein von Habsucht so vergiftet und beherrscht wie heute.

Wie kam es dazu? Diese sich aufdrängende Frage beantwortet Konrad Stopp in seinem Buch „Aufbruch statt Krisenverwaltung – Von der Arbeitsgesellschaft zur Kulturgesellschaft“[48] mit den folgenden Überlegungen:

1. Noch nie in der Geschichte der Menschheit erfolgte eine solche Explosion wachsender wirtschaftlicher Gütermengen und der realen Einkommen wie in den vergangenen 150 Jahren. Die industrielle Revolution hat die Welt von Grund auf verändert.
   Max Weber (Volkswirtschaftler und Soziologe, 1864 – 1920) hat für alle Zeiten festgehalten, dass Unternehmer, als Träger und Anführer dieses Prozesses, zunächst ganz bewusst darauf verzichteten, für sich Luxus in Anspruch zu nehmen, obwohl sie das Geld dazu gehabt hätten. Gewinne wurden nicht konsumiert, sondern investiert. Askese sicherte Wirtschaftsmengenwachstum und aufkommenden Wohlstand für immer breitere Schichten des Volkes.
2. Die für marktwirtschaftlich organisierte Volkswirtschaften an sich wichtigen Funktionen des Eigeninteresses und des Eigentums weichen erst in den fortgeschrittenen und reichen Volkswirtschaften vom Normalen ab. Sie pervertieren, sofern der Staat dem Eigennutz freie Bahn gewährt, indem er es unterlässt, durch Gesetze und Sanktionen Auswüchsen von schrankenlosem Egoismus zu begegnen, und versäumt, die am Markt erzielten Einkommen nach sozialen Gesichtspunkten staatlicherseits entsprechend umzuverteilen.

Bereits Adam Smith hatte sich staatliche Rahmenbedingungen erhofft, die den „Laissez-faire-Prozeß“ der Marktwirtschaft zügelten. Für die neoliberalen Ökonomen der „Freiburger Schule“[49] waren solche unabdingbar geboten. Sie gingen noch weiter und sprachen sich für die staatliche Umverteilung der im Wettbewerbsprozess entstandenen Einkommen aus, da diese in aller Regel einer sozial wünschenswerten Verteilung nicht entsprechen.
Die Geschichte des Kapitalismus zeigt denn auch, dass die ihm eigene Dynamik die Voraussetzungen für sein Funktionieren aufhebt, sofern der Staat sein Wächteramt nicht wahrnimmt. Es kommt zu Macht-, Kapital- und Einkommenskonzentrationen; zum einen wird das freie Spiel der Kräfte verzerrt, zum anderen der soziale Friede zerstört. Dass die selbstzerstörerischen Kräfte kapitalistischer Wirtschaft zu zügeln sind, bewies die Bundesrepublik mit ihrer Sozialen Marktwirtschaft.

3. Die Jahr für Jahr vollzogenen realen Einkommenssteigerungen wurden zur Gewohnheit und als selbstverständlich erlebt. Unmerklich wuchsen das Verlangen nach und die Abhängigkeit von ständig steigenden Einkommen.
Mit auftretender Sättigung der Märkte kann das Begehren nach immer mehr und mehr nicht weiter gestillt werden. Die Parole des Bundeskanzlers: Leistung muss sich wieder lohnen, sollte die Kräfte mobilisieren, die Verkrustungen auf den Märkten, durch „falsche“ Rahmenbedingungen verursacht, aufbrechen. Ungezügelte egoistische Energie wurde freigesetzt, deren Auswüchse obendrein von der Gesetzgebung bis heute honoriert werden. Die Verkrustungen bleiben. Staatliches Verhalten dagegen führt zum Verfall der die Gesellschaft stützenden und fördernden Werte. Von Sucht geprägte Strukturen bilden sich heraus und verselbständigen sich“.

Wasserprediger und Weintrinker[50]

Das „wirtschaftliche Prinzip“, mit möglichst geringen Mitteln ein gegebenes Ziel, bzw. mit gegebenen Mitteln ein möglichst hohes Ziel zu erreichen, ist nicht nur Unternehmern in Fleisch und Blut übergegangen. Auch Schüler und Hausfrauen haben es sich zu eigen gemacht. Chefärzte, Rechtsanwälte, Politiker, Profisportler und Künstler von der Pop- bis zur Opern/Theater- und Konzertszene versuchen, mit gegebenen Mitteln ein möglichst hohes Einkommen zu erzielen. Dagegen ist an sich nichts einzuwenden. Leider breiteten sich, wie bereits ausgeführt, Egoismus, Personenkult und Rücksichtslosigkeit aus und überlagern und durchdringen zunehmend das wirtschaftliche Prinzip. „Jedem das Seine, mir das meiste“[51] wird zur Richtschnur des Handelns. Die Gesellschaft wird abhängig von der Droge des „immer mehr und mehr“. Erlaubt ist alles, was dieses Verlangen stillt. Lebensqualität wird der Maßlosigkeit geopfert.

Zerstörerische Kräfte gewinnen die Oberhand und fallen insofern auf fruchtbaren Boden, als erstens Erwerbstätige und Nicht-Erwerbstätige – Rentner, Arbeitslose und Sozialhilfeempfänger – sich über mehr als drei Jahrzehnte an Jahr für Jahr steigende Einkommen gewöhnt hatten. Ein jeder hatte sich weithin auf einen solchen jährlichen Geldsegen eingerichtet und lebte in dem Gefühl, es müsse so weitergehen. Die Begierde nach immer mehr und mehr Geld war geweckt, wurde und wird genährt.

Zweitens erweist sich die regierungsseitig propagierte und so biedermännisch-vernünftig anmutende Parole „Leistung muß sich wieder lohnen“ als verhängnisvoll. Der Sinn menschlicher Tätigkeit wird unterschwellig und kurzschlüssig auf Leistung beschränkt. Da Leistung in Geld gemessen und ausgedrückt wird, entwickelt sich Geld im gesellschaftlichen Bewußtsein zum Bewertungsmaßstab für sinnvolles Tun. Geld erlangt, neben seinen wirtschaftlichen Funktionen als Tauschmittel, Recheneinheit und Wertspeicher, zusätzlich Sinncharakter. Geld wird zum Bewertungsmaßstab für Sinn: Je mehr ich verdiene, um so sinnvoller ist meine Tätigkeit. Mit dem Einkommen steigen Sinn und Wert der Arbeit. An der Börse zu spekulieren und dabei Millionen DM Einkommen zu erzielen, wird als sinnvollere Tätigkeit betrachtet als handwerklich zu arbeiten, Jugendliche zu lehren oder Kranke zu pflegen.

Geld mutiert zum Lebensinhalt. Arbeit degradiert zum Job. Die Freude an Besitz und Eigentum als „hortende Orientierung“[52] mit ihrem positiven Charakterzug der Sparsamkeit schlägt in dessen negativen Gegenpol um. Sparsamkeit entartet zu Besitzgier. Das Erleben jährlichen Zugewinns an materiellen Gütern hat allem Anschein nach Wohlbefinden von solchen Zuwächsen abhängig gemacht. Besitzgier und Habsucht beherrschen zunehmend Denken und Handeln.

Vielfältige Beobachtungen lassen darauf schließen, daß die von den Medien umworbenen und auf den Bildschirmen erscheinenden Prominenten in Politik, Staat, Wirtschaft, Sport und Kultur am anfälligsten waren und sind, der Gier nach immer mehr Geld zu verfallen, die schließlich in Habsucht umschlägt. Mit Eifer sorgten sie dafür, daß ihre Einkommen von denen der übrigen Bevölkerung mehr und mehr abhoben und weiter und weiter abheben. Damit nicht genug. Die unersättliche Gier nach immer mehr Geld zeigte und zeigt sich vornehmlich in all den legalen und illegalen Griffen in zusätzliche Geldquellen, die Journalisten aufdeckten und der Sphäre behüteter Heimlichkeit entrissen. Einige Beispiele aus den Bereichen Wirtschaft, Staat, Sport und Kultur mögen dies belegen.

„Sind Sie noch am Leben?“ fragt das Wochenmagazin die „Zeit“ regelmäßig in ihren Ausgaben, so auch in der Ausgabe Nr. 30 vom 20. Juli 2000. Quizfrage: „In Zeiten der globalisierten Wirtschaft gilt es zugunsten der Wettbewerbsfähigkeit von unflexiblem Anspruchsdenken leichten Herzens Abschied zu nehmen. Was allerdings nicht unbedingt für alle gilt – um wie viel Prozent stiegen etwa die Vorstandsgehälter der Deutschen Bank von 1997 bis 1999?

a) 40 Prozent
b) 110 Prozent
c) 250 Prozent

Die richtige Antwort lautet: c!

Um die willkürlich bemessenen Managerbezüge unter Kontrolle zu bekommen, sollten diese, nach einem Vorschlag (1993) der“ Deutsche(n) Schutzvereinigung für Wertpapierbesitz“, nach oben begrenzt werden. Ein Spitzenmanager, so die Schutzvereinigung, sollte nicht mehr als das 25fache des Betrags erhalten, den ein „Durchschnittsangestellter“ seines Unternehmens verdient. Jahreseinkommen von über 1 Million DM wären, würde diesem Vorschlag gefolgt, auch dann nicht ungewöhnlich.

Lukrative Nebeneinkünfte und Versorgungsprivilegien

Die Berechtigung, allein aus all diesen bisher genannten Fakten auf unstillbare Geldgier und Habsucht zu schließen, mag strittig sein. Offenkundig auf Habsucht weist das Verhalten derer, die trotz hoher und höchster Jahreseinkommen aus Erwerbstätigkeit, legal, aber auch illegal, in aller Regel im Geheimen über Nebeneinkünfte nach noch mehr Geld (ver)langen, obwohl sie durch noch mehr Geld ihren Lebensstandard und ihre Lebensqualität nicht verbessern können.

Neben hochdotierten Ruhestandszusagen verschaffen sich Spitzenmanager völlig legal als Aufsichtsräte weitere lukrative Einkommensquellen.

Wissenschaftler und Ärzte eifern den „Geldmachern“ nach. Chefärzte kassieren neben ihrem Gehalt von Privatpatienten 600 000 DM und mehr im Jahr, und manch einer lässt sich herrliche Reisen mit Ehefrau von einem Apparatehersteller bezahlen. Einer ihrer Kollegen kommt durch geschickten Einsatz der Apparatemedizin auf ein Einkommen von acht bis zehn Millionen DM, wissend, dass er damit zum finanziellen Ruin des Gesundheitswesens beiträgt. Professoren, die eigentlich für Forschung und Lehre bezahlt werden, nutzen ihre aus öffentlichen Mitteln finanzierten Forschungsergebnisse auf eigene Rechnung und/oder liefern wissenschaftliche Gutachten für die Pharmazie und andere Zweige der Industrie und erhalten dafür das Vielfache ihres vom Staat getragenen Gehalts.

Als Nebeneinkünfte besonderer Art sind im Bereich des Staats die undurchschaubaren Regelungen zu nennen, die die Spitzenpolitiker finanziell unangemessen stark begünstigen: Übergangsgelder, Ruhestandsbezüge und der Doppelbezug von Ministergehalt und Abgeordneten-Bezügen für Minister, die gleichzeitig Abgeordnete sind.

„Unter ‚Schatteneinkommen' verstehen wir in diesem Buch: überhöhte steuerfreie Pauschalen und unvediente Zusatzeinkommen, die – im Bewußtsein ihrer Unrechtmäßigkeit – regelmäßig vor der Öffentlichkeit versteckt werden. Viele Regierungmitglieder haben (neben ihren regulären und offen ausgewisesenen Amtsgehältern) drei Arten von Schatteneinkommen:

- eine steuerfreie Dienstaufwandspauschale, angeblich zur Abdeckung von amtsbedingten Mehraufwendungen; in Wirklichkeit fallen solche Mehrkosten aber oft gar nicht an oder sind auch bei Normalbürgern kein erstattungsfähiger Mehraufwand,
- eine zweite, meist unzureichend gekürzte steuerfreie Kostenpauschale aus einem Abgeordnetenmandat, das der Regierungschef oder Minister neben seinem Amt zusätzlich innehat, ohne es wirklich auszufüllen,
- einen großen Teil der steuerpflichtigen Diäten aus dem Abgeordnetenmandat, obwohl der Betreffende schon als Amtsträger gut bezahlt und im Übrigen auch derart eingespannt ist, daß er für das Mandat kaum noch etwas tun kann."[57]

Das höchste Schatteneinkommen in Deutschland hat Bundeskanzler Gerhard Schröder mit 242.616 DM (neben seinen steuerpflichtigen Amtsbezügen von 360.640 DM) pro Jahr. Bundesminister wie Joschka Fischer und Jürgen Trittin beziehen (zusätzlich zu ihren steuerpflichtigen Amtsbezügen von 310.447 DM) Schatteneinkommen von 209.016 DM pro Jahr.

Den Vogel unter allen Landesregierungen schießt der bayrische Ministerpräsident Edmund Stoiber ab, der (neben seinem steuerpflichtigen Amtsgehalt von 323.327 DM pro Jahr), Schatteneinkommen in Höhe von 207.840 DM jährlich bezieht. Selbst bayrische Staatssekretäre wie Marianne Deml erhalten (zusätzlich zu ihrem steuerpflichtigen Amtsgehalt 276.740 DM) noch ein Schatteneinkommen von 171.840 DM. Auch die Schatteneinkommen nordrhein-westfälischer Regierungsmitglieder sind hoch. So bekommt beispielsweise der nordrhein-westfälische Ministerpräsident zusätzlich zu seinen steuerpflichtigen Amtsbezügen (DM 334.815) Schatteneinkommen von DM 176.952. Das ist weniger, als der bayrische Ministerpräsident erhält, erstaunlicherweise auch weniger als bayrische Minister und sogar weniger als bayrische Staatssekretäre bekommen. Der Grund dafür: Die Diäten und die Kostenpauschalen nordrhein-westfälischer Abgeordneter sind niedriger als die ihrer bayrischen Kollegen.[58]

Hans Herbert von Arnim, Inhaber des Lehrstuhls für Öffentliches Recht an der Hochschule für Verwaltungswissenschaften in Speyer, der Licht in den Dschungel der Ministergehälter und Politikerbesoldung, einschließlich der Diäten- und Versorgungsregelungen brachte und öffentlich machte,[59] deckte auch überaus generöse Pensions- und Übergangsregelungen auf.

Pensionen

Vergleicht man die Amtsgehälter von Politikern mit den Einkommen der Durchschnittsverdiener, so stellt man fest, dass ein Bundesminister gut das Fünffache, ein Landesminster durchschnittlich das Vierfache und ein Bundestagsabgeordneter knapp das Dreifache verdient. Gegen diese Relation ist nichts einzuwenden.

Völlig anders stellt sich die Situation bei den Altersrenten und Pensionen dar. Legt man die Ansprüche eines Normalverdieners aus der gesetzlichen Rentenversicherung zugrunde, so kann man das Ausmaß der Überversorgung gut erfassen: Die Rente aus der Sozialversicherung eines Durchschnittsverdieners betrug im jahre 2000 DM 2.186 monatlich. Dividiert man diesen Betrag durch die dafür erfoderlichen 45 Beitragsjahre, so erhält man den Versorgungswert pro aktivem Berufsjahr, nämlich DM 49, d.h.: je Jahr der Berufstätigkeit erwirbt sich der versicherungspflichtige Durchschnittsverdiener einen Anspruch auf 49 DM monatliche Rente, fällig ab dem 65. Lebensjahr.

Um die Altersversorgung der Politiker damit vergleichen zu können, ist auch für sie der Versorgungswert pro Amtsjahr zu ermitteln, indem die Versorgungsansprüche durch die Zahl der dafür erforderlichen Amtsjahre dividiert werden. So erwirbt ein Bundesminister nach vier Amtsjahren einen Anspruch auf Altersversorgung in Höhe von DM 6.990 monatlich (= 29% des Amtsgehaltes von DM 24.103). Der Versorgungswert pro Aktivenjahr beträgt in den ersten vier Jahren DM 1.748: damit ist der Versorgungswert 35 × so hoch wie bei Sozialversicherten.

Nach bisherigem „Recht" kann ein nordrhein-westfälischer Minister schon nach vier Amtsjahren einen Anspruch auf eine Pension in Höhe von monatlich DM 14.848 erwerben; der Versorgungswert pro Amtsjahr beträgt in den ersten vier Jahren DM 3.712, d.h. er ist 76 × so hoch wie bei normalen Sozialversicherten.

Übergangsgelder

Sie sollen den Übergang aus der politischen Tätigkeit in einen anderen Beruf finanziell abstützen. Thüringen sieht vorbildlich ein Übergangsgeld von maximal einem Jahr vor. Im Bund, in Rheinland-Pfalz und Sachsen wird nach drei Amtsjahren auch drei Jahre lang ein Übergangsgeld gezahlt. Das Übergangsgeld, in Bund und Ländern auf unterschiedliche Höchstbeträge limitiert, wird in der Regel für die gleiche Dauer gezahlt, die der Minister im Amt war, höchstens aber für 3 Jahre. In den ersten drei Monaten wird das volle Amtsgehalt mit Ortszuschlag, danach die Hälfte bezahlt. So erhält ein ausscheidender Bundesminister nach drei Amtsjahren rd. 421 000 DM „Übergangsgeld", ein Landesminister unter gleichen Voraussetzungen zwischen DM 300 000 und 400 000. Bezahlt wird auch, wenn der ausscheidende Minister „tagsdarauf" einen neuen hochdotierten Job übernimmt. Dies widerfuhr dem ehemaligen Finanzminister Bayerns, Gerold Tandler. Er wechselte auf einen mit jährlich 600 000 DM dotierten Vorstandsposten bei der Linde AG. Trotz nahtlosen Übergangs und der Gehaltsverbesserung im neuen Job um etwa das Doppelte, bekam der gelernte Bankkaufmann sein Übergangsgeld und wird mit vollendetem 50. Lebensjahr obendrein sein Minister-Ruhestandsgehalt von monatlich rd. 12 000 DM kassieren.

Günther Krause, der mit der Deutschen Einheit eine Blitzkarriere startete, musste die politische Bühne nach kurzer Zeit seiner Tätigkeit als Bundesminister für besondere Aufgaben und anschließend als Verkehrsminister wieder verlassen. Er muss trotzdem nicht darben. Ihm stand ein Netto-Übergangsgeld von mehr als 200 000 DM zu. Außerdem erwarb er sich durch seine nur 30monatige Amtszeit einen Pensionsanspruch von 3584 DM monatlich, der mit vollendetem 60. Lebensjahr fällig wird. Franz Müntefering, der von 1992 bis 1995 Arbeitsminister in der Landesregierung Nordrhein-Westfalen war, erwarb mit seinem Ausscheiden aus der Landesregierung einen Anspruch auf ein Übergangsgeld für drei Jahre von insgesamt 400 000 DM, obwohl auch er ohne Übergangszeit die gut dotierte Position des Bundesgeschäftsführers der SPD antrat; er verzichtete auf diesen seinen Anspruch.

Hier ist weniger das Verhalten der betroffenen Politiker zu tadeln oder zu loben, sittenwidrig sind solche von den Parlamenten beschlossenen Regelungen.

Eine Reihe von Abgeordneten geben sich mit solch bescheidenen Zugaben nicht zufrieden. Immer mehr Volksvertreter verschaffen sich einen Nebenjob. Mit wenig Arbeit verbundene Beraterverträge und Aufsichtsratsmandate sichern beachtliche Nebeneinkünfte. Aber auch als Sozius einer Anwaltskanzlei oder als Verbandsvorsitzender lässt sich das Abgeordneteneinkommen nicht unwesentlich auffüllen. Solch lukrative Tätigkeiten lassen sich bestens häufen. Graf Lambsdorff brachte es auf 13 Aufsichtsratsmandate. Wie hoch die Einkommen der Abgeordneten aus all ihren Nebentätigkeiten sind, bleibt Geheimsache. Bundestagsabgeordnete haben nur den/die Präsidenten/in des Deutschen Bundestags über Art und Höhe ihrer Einkommen zu informieren.

Die Bindung der Diätenerhöhung für Abgeordnete des Bundestags (1995) an die Jahresbezüge eines Richters an einem obersten Bundesgericht mag in Ordnung gehen. Eine hohe Vergütung ist für ihre zeitaufwendige und verantwortliche Tätigkeit geboten. Die Scheinheiligkeit der Diskussion um die Diätenerhöhung bestand darin zu verschweigen, dass die Richtertätigkeit eine Ganztagstätigkeit ist, die Nebentätigkeiten nur mit vorheriger Genehmigung zulässt, die Abgeordneten für sich aber das Recht beanspruchen und auch haben, unbegrenzt Nebentätigkeiten – auch zeitaufwendigen und gut honorierten – nachzugehen. Oft bleibt eine der „Nebentätigkeiten“ berufliche Haupttätigkeit. Skandalös und undiskutabel an den Diäten ist, dass Abgeordnete zwar die Rechte einfordern, den Pflichten aber sich entziehen. Sie messen mit unterschiedlichem Maß zum eigenen Vorteil. Nicht nur die Offenlegung der Nebenverdienste, wie sie die SPD fordert, das Verbot jeglicher Nebentätigkeit ist zwingend geboten, zumal bei der Höhe der eingeforderten Diäten und bei der von den Abgeordneten zu fordernden Leistung. Die Abhängigkeit vom Geld aber scheint die

Sinne vieler Abgeordneter bei der Entscheidung in eigener Sache zu verwirren.

Ganz ohne Zweifel ist auch bei den Beziehern niederer und mittlerer Einkommen ein Verlangen nach jährlich steigenden Einkommen vorhanden. Angesichts noch unbefriedigter Grundbedürfnisse ist dieser Wunsch an sich völlig natürlich. Aber auch da breitet sich die Sucht aus. Das Verlangen nach immer mehr bestimmt zunehmend Denken und Handeln.

Bedenken wir: Prominentenverhalten und Amigoaffären beschäftigen die Medien und füllen die Schlagzeilen der Tagespresse. Ob gewollt oder nicht gewollt, das Verlangen nach höheren Einkommen wird damit bei all denen angeheizt, die trotz allen Schuftens sich mit einem Bruchteil dessen begnügen müssen, was Manager, Politiker, Stars des Sports und der Kunst einheimsen. Amigo-, Korruptions- und Steueraffären mögen manch einen der Ausgegrenzten veranlasst haben, ebenfalls auf illegalem Weg zu Geld zu kommen.

Zum anderen heizen Lotto, Klassen- und Fernsehlotterien mit Gewinnchancen in zweistelliger Millionenhöhe oder lebenslänglichen Monatsrenten von 10 000 DM[60] den Geldrausch unentwegt an. „Kasse macht sinnlich."[61] Die täglichen Fernsehshows der Privatsender mit ihren Gewinnchancen tun ihr übriges. Allabendlich berichtet das Fernsehen über die Entwicklung des Dow-Jones-Index und des Dax. Nur wenige Zuschauer der „Nachrichten-Sendungen" dürften wissen, dass es sich dabei um die Durchschnittskurse der 30 wichtigsten Aktien in den USA bzw. der BRD handelt. Und für die, die es wissen und am Aktienhandel interessiert sind, sind diese Index-Nachrichten für die zu treffenden Kauf- bzw. Verkaufsentscheidungen nahezu unbrauchbar. Das zelebrierte Dow-Jones- und Dax-Ritual, allermeist widerwillig als Beilage zu den Abendnachrichten zur Kenntnis genommen, hat praktisch nur eine Funktion: Führerschaft und Machtstellung des Geldes und dessen Vermehrung tagtäglich in das Bewusstsein der Bevölkerung zu hämmern.

Mit dem Slogan „Leistung muss sich wieder lohnen" ertönte Anfang der 80er Jahre der Startschuss zur Raffgesellschaft. Raffen wurde „hoffähig". Parlament und Regierung belohnen die mit den hohen und höchsten Einkommen. Geflissentlich übersehen sie, dass die Einkommenshöhe nicht zwangsläufig den Leistungsgrad widerspiegelt. Oft ist das Gegenteil der Fall. Vom Markt wird Knappheit, nicht Leistung honoriert.

Der Stolz auf die vielbeschworene Leistungsgesellschaft als Markenzeichen der Bundesrepublik wird – wie beispielhaft aufgezeigt – als Götzenbild entlarvt. Michael Schumachers 35 Millionen-Jahresvertrag mit Ferrari (August 1995) setzte der Leistungsideologie die Krone auf. Seine Leistung: eine Sekunde pro Runde schneller als seine Konkurrenten. Ihrer aller Leistung für die Gesellschaft ist trotz ihrer Millioneneinkommen annähernd Null: Als Selbstzweck boomt der Autorennsport zur Freude der Fans und zum Nutzen des Werbefernsehens, unnötige Umweltverschmutzung ist der Preis der Raserei.

Subventionsbetrug ist an der Tagesordnung. Die Wirtschaftsprüfungsgesellschaft Arthur Andersen & Co. beklagt einen Sittenverfall bei deutschen Unternehmen. Die Prüfer befänden sich bei der „Aufweichung der Geschäftsmoral“ in einem „schwierigeren Umfeld“ als früher.

Ein hoher Staatsbeamter des Auswärtigen Amtes, Jürgen Sudhoff, wird seiner angeschlagenen Gesundheit wegen in den vorzeitigen Ruhestand versetzt, übernimmt tagsdarauf einen verantwortlichen und hochbezahlten Job im größten deutschen Industrieunternehmen und sattelt damit sein stattliches Ruhestandseinkommen mit einem dreistelligen Tausendmarkeinkommen aus Erwerbsarbeit auf. Monate später greift der Bundesaußenminister ein. Der arbeitsunfähige Spitzendiplomat darf aus beamtenrechtlichen Gründen nicht zu Daimler-Benz wechseln. Der Gesundheitszustand des Beamten aber wird nicht erneut überprüft! Seit Januar 1995 im vorzeitigen Ruhestand, kehrte er am 15. Oktober 1996 als Leiter der politischen Abteilung III im Auswärtigen Amt, zuständig für Japan, Australien und die gesamte Dritte Welt, ins Beamtenleben zurück. Hessens höchster Richter, Horst Henrichs, kassierte für eine Nebentätigkeit für die IG-Metall überzogene 1,34 Millionen DM. Unter dem Druck der Landtagsfraktionen von CDU und SPD trat er als Vorsitzender des hessischen Staatsgerichtshofs zurück, blieb aber Präsident des Frankfurter Oberlandesgerichts. Henrichs geht noch weiteren Nebentätigkeiten nach und beschreibt sich als einen, der doch nur tue, was alle tun. Als Landesbeamter Hessens, wo die Beamten schon mit 62 in den Ruhestand treten können, hat er sich entschlossen, dieses Recht in Anspruch zu nehmen. Laut Wochenmagazin Focus kassiert der „Raffke-Richter“ monatlich 10 050 DM als Pension!

Zwei kleine Steuerbeamte in Wolfratshausen bei München waren bescheidener. Sie sollen in Hunderten von Fällen 1,3 Millionen DM Steuern am Fiskus vorbeigeschleust und dafür von Steuerpflichtigen 100 000 DM Bestechungsgelder kassiert haben. Völlig frei erfundene Steuererstattungen für fingierte Personen sollen dem Hauptangeklagten weitere 200 000 DM eingebracht haben.

Das Schummeln bei der Steuererklärung (ist) zum Volkssport der Deutschen geworden. In einer Befragung der Kölner Forschungsstelle für Empirische Sozialökonomik gaben, wissend, dass Steuerhinterzieher die Allgemeinheit schädigen, 43 v.H. der Befragten an: „Wer bei der Steuer nicht mogelt, verdient nur Mitleid.“ Auch in dieser „Sportart“ sind Einkommensmillionäre – oft mit Unterstützung durch den Staat – ansteckende Vorbilder.

Steuervermeidung ist in Deutschland keine schwierige Gratwanderung. Das meiste daran ist legal oder ziemlich legal, weil „die Wege in die Steueroasen sechsspurig ausgebaut sind“,... ausgebaut vor allem für den, der einen mutigen Steuerberater hat. Längst gibt es einen ganzen Markt, der von Steuervermeidung lebt: Magazine machen Titelgeschichten über '50 legale Steuertips', große Banken konkurrieren um den Ruf, ihren Kunden die besten Schlupflöcher zu weisen, die ausgefuchstesten Steuerberater sind in Fachkreisen so berühmt, dass sie selbst alle Hände voll zu tun haben, ihre Millionenhonorare an der Steuer vorbeizuchauffieren.

Künstler und Spitzensportler legen ihren Wohnsitz ins Ausland und sparen ganz legal bis in die Hunderttausende an Steuern. Ein Tennisprofi soll nach nicht widerrufenen Zeitungsberichten durch ein raffiniertes Steuersparsystem nur 7,5 Prozent Steuern auf sein jährliches Millioneneinkommen in der Zeit entrichtet haben, in der er seinen Wohnsitz nach Monte Carlo verlegt hatte. Dass sich mit einem Standquartier im Ausland trefflich Steuern sparen lassen, nutzt wer nur kann.

Steuervermeidung ist das große Thema aller Besserverdienenden, insbesondere der Einkommensmillionäre. Dies versteht sich fast von selbst, wächst doch die mögliche Steuerersparnis mit der Höhe des Einkommens. Von Steuerberatern beraten, werden die legalen Lücken im Steuerrecht genutzt, um dem Staat ein Schnippchen zu schlagen. Nach dem Motto: „Aufwendungen im Inland, Erträge im Ausland“, werden in Luxemburg und in anderen Steueroasen (Schein)Firmen gegründet, in die die im Inland erzielten Gewinne legal am Fiskus vorbei „exportiert“ werden. Die Schlupflöcher dafür schafft der Gesetzgeber. Wer sie nicht nutzen kann, betreibt illegal und heimlich Geldflucht in sportlicher Manier. In Koffern und buchstäblich in Plastiktüten wird Geld in die Schweiz, ins Kleine Walsertal, zu den englischen Kanalinseln oder den niederländischen Antillen gebracht, um der Zinsabschlagsteuer zu entgehen. Die Europäische Kommission verhindert nicht, dass ein Mitgliedstaat Beihilfe zur Steuerhinterziehung für Bürger eines anderen Mitgliedstaats leistet. An die 330 Mrd. DM sollen allein von Deutschland nach Luxemburg am Finanzamt vorbei verschoben worden sein. Statt zu verhindern, dass dem Nachbarland Steuern hinterzogen werden und die wichtigsten Steuerzahler davonlaufen, wird in Europa der Krümmungsgrad von Gurken festgelegt.

Zu befürchten ist, dass all die zitierten Meldungen nur die Spitze eines Eisbergs streifen. Um so offenkundiger ist, dass wir auf der Spurensuche nach Habsucht fündig waren.

1.5 „Non olet"

„Es (Geld) stinkt nicht", hatte schon der römische Kaiser Vespasian im 1. Jahrhundert nach Christus seinem Sohn erklärt und damit die öffentlichen Einnahmen aus den Bedürfnisanstalten gerechtfertigt, als dieser ihm vorwarf, von den kleinen Leuten Geld einzutreiben.

Zwei Künstler aus Österreich, Robert Jelinek und Erich Pöttschacher, haben ein Unternehmen, das sich „Sabotage Communications" nennt. Künstler, die sich als Saboteure verstehen. Ihr jüngster Gag ist „*Cash*", ein Parfum, das nach Geld riecht, genauer gesagt: nach einer druckfrischen 100-Dollar-Note. Die Künstler haben Geld zu Parfum gemacht. Mit dem doppelbödigen Slogan „*Cash* has become the air we breathe" (frei übersetzt: „Geld ist die Luft, die wir atmen") wird der Duft beworben. Eine 100-Dollar-Note wurde auf ihre Geruchskomponenten hin analysiert und synthetisch nachempfunden. „Geld riecht nach Metall, Papier, Mahagoni und Druckerschwärze, ein schwer identifizierbarer Geruch, von dem man weder sagen kann, daß er gut, noch, daß er unangenehm ist.... *Cash* wurde von einer Firma erzeugt, deren tagesübliches Geschäft wohlriechende Parfums und Aromatisierungen von Lebensmitteln sind. Die gediegen-graue 50 ml-Spraydose ist eingedellt und enthält umgerechnet die olfaktorische Intensität von 230.000 Schilling. ...

Geld ist reine Repräsentation – auch wenn es etwas Anrüchiges repräsentiert, riecht man's nicht. Steht nicht derjenige, der Geld besitzt, im Geruch der Heiligkeit? Wer Geld hat, hat Ansehen und Macht; und schließlich ist der Zusammenhang zwischen Geld und sexueller Anziehungskraft ein zentraler Mythos der abendländischen Gesellschaft. ...

Mit *Cash* kann man nach Geld riechen, wer man schon nicht darin badet. Reichtum erwirbt man damit keinen, Erkenntnisgewinn vielleicht – irritiert wird nicht nur die Nase". [62]

1.6 225 Menschen zu 2,5 Mrd. Menschen

In dem Bericht über die menschliche Entwicklung 1998[63] ist unter dem Stichwort „Die Ultra-Reichen" zu lesen: „Aus neueren Schätzungen geht hervor, daß die 225 reichsten Personen auf der Welt über ein Gesamtvermögen von über 1 Billion (1000 Milliarden) US-Dollar verfügen. Dies entspricht dem jährlichen Einkommen der ärmsten 47 % der Weltbevölkerung (2,5 Mrd. Menschen).

Das unglaubliche Ausmaß des Wohlstands der Ultra-Reichen steht in einem bestürzenden Kontrast zu den niedrigen Einkommen in der Entwicklungswelt.

- Das Vermögen der drei reichsten Personen übersteigt das gesamte Brutto-Inlandsprodukt (BIP) der 48 am wenigsten entwickelten Länder.
- Das Vermögen der 15 reichsten Personen übersteigt das Gesamt-BIP von Afrika südlich der Sahara.
- Das Vermögen der 32 reichsten Personen übersteigt das Gesamt-BIP von Südasien.
- Das Vermögen der 84 reichsten Personen übersteigt das BIP von China, dem bevölkerungsreichsten Land mit 1,2 Milliarden Einwohnern.

Ein weiterer auffallender Gegensatz besteht zwischen dem Vermögen der 225 reichsten Menschen und den Mitteln, die erforderlich wären, um einen umfassenden Zugang zu sozialen Grundversorgungsdiensten zu gewährleisten. Um für alle Menschen auf der Welt elementare Bildung, Gesundheitsversorgung, reproduktive Gesundheit, ausreichende Ernährung, sauberes Wasser und Sanitätseinrichtungen auf Dauer bereitzustellen, wären rund 40 Mrd. US-Dollar pro Jahr erforderlich. Dies sind weniger als 4 % des Gesamtvermögens der 225 reichsten Personen auf der Welt.

2. Vision einer Gemeinwohl-Ökonomie

Den Spektakel um das Millennium haben Angela und Karlheinz Steinmüller[64] genutzt, um „Visionen" von 1900 bis 2100 – Jahr für Jahr – zusammenzutragen. Im Epilog sprechen sie vom „Supermarkt der Visionen" und weisen mit Juvenal („Difficile est satiram non scribere") darauf hin, daß es schwer sei, darüber keine Glosse zu schreiben. „Kurz vor dem Millennium werden wir im Visions-Supermarkt mit Vorhersagen überschüttet, Wirtschaft und Politik hängen an den Lippen der Propheten – schlimmer noch: Manager und Politiker stehen selbst, noch seriöser herausgeputzt als sonst, im Supermarkt und versuchen, uns Prophezeiungen anzudrehen: Globalisierung, Mobilität, Flexibilität, Kommunikation, Internet, Dienstleistungen, Freizeit, Fun. Die Zukunft als Werbespot. So haltbar wie Wahlversprechen".

Es werden Prophezeiungen und Zukunftsprognosen, Weissagungen und Phantasien munter in einen Topf verrührt. Aber um diese sensationsheischenden Eintagsfliegen geht es hier und auch den beiden Autoren nicht. Bekanntlich ist der Weg in die Zukunft mit falschen Prognosen gepflastert. Spannender wäre es, so meinen auch die Steinmüllers, Zukünfte aufzuspüren, die sozusagen ausgefallene, aber nachvollziehbare Konsequenzen heutiger Entwicklungen enthalten.

Hier der Versuch einer pragmatischen Begriffsbestimmung von sozialen Visionen: Gesellschaftliche Leitbilder, die auf einem Wertekonsens aufbauen und prinzipiell politisch realisierbar sind. Eine solche Vision enthält beispielsweise der Hirtenbrief der Katholischen Bischofskonferenz der USA vom 13. November 1986 „Wirtschaftliche Gerechtigkeit für Alle: Katholische Soziallehre und die amerikanische Wirtschaft"[65]. Die Bischöfe beginnen ihren Brief mit einer Beschreibung der heutigen Situation in der Wirtschaft und entwickeln, ausgehend von den Aussagen der Bibel und den Texten der katholischen Soziallehre, eine *moralische Vision* einer gerechteren Gesellschaft. Daran anschließend wenden sie diese Vision auf verschiedene Politikfelder an: Beschäftigung, Armut, Landwirtschaft und internationale Entwicklung. Sie schließen mit einem Aufruf zur Zusammenarbeit für ein „neues amerikanisches Experiment" und zu einem Engagement aller wirtschaftlichen Kräfte für eine Zukunft in Solidarität.

Dem „Gemeinsamen Wort" des Rates der Evangelischen Kirche in Deutschland und der Deutschen Bischofskonferenz zur wirtschaftlichen und sozialen Lage in Deutschland „Für eine Zukunft in Solidarität und Gerechtigkeit" (siehe Literaturhinweis Nr. 8) ging ein umfassender Konsultationsprozeß[66] voraus, darin finden sich Forderungen und Erwartungen in bezug auf das zu erwartende „Gemeinsame Wort" wie folgt:

- Notwendig sei eine „aus christlicher Sicht geprägte Vision". Es sollte eine ausreichende Antwort auf die Frage gegeben werden, „auf welcher Grundlage unser wirtschaftliches und soziales Zusammenleben in Deutschland und in der Welt gestaltet sein soll". Die Diskussionsvorlage gehe von der Ausbaufähigkeit der „Sozialen Marktwirtschaft" aus, was in der Konsequenz „zu einer Denksperre bezüglich darüber hinausgehender Visionen (führe) und impliziert, daß Vorstellungen, die über den vorgegebenen Rahmen ‚Soziale Marktwirtschaft' hinausgehen, überflüssig seien. Der erfolgte Zusammenbruch des real existierenden Sozialismus scheint durch den augenscheinlichen Sieg des Kapitalismus diesen Ansatz zu bestätigen". (Aus der Eingabe der BDKJ, Nr. 1462 in der Dokumentation).
- In der Eingabe Nr. 1175 eines Ökumenischen Arbeitskreises aus Starnberg heißt es: „Die Vision einer neuen Kultur der Arbeit und der Menschenwürde erfordert ein gemeinwohlorientiertes Umdenken. Sie folgt der sozial-kulturellen Logik und gerät somit in Konflikt mit der vorherrschenden betriebswirtschaftlichen Kapitallogik. Die politische Verwirklichung einer humanen Arbeitsgesellschaft wird nicht ohne eine Reform der bestehenden Reichtums-, Macht- und Herrschaftsverhältnisse möglich sein."

Das „neue amerikanische Experiment" steht unter dem Motto: „Partnerschaft für das Gemeinwohl'". In den Abschnitten 295 bis 325 wird gefordert, um das noch unvollendete „amerikanische Experiment" (Gerechtigkeit, allgemeine Wohlfahrt, Freiheit) zu vollenden, brauchen die USA heute mehr „Sinn für Partnerschaft und Teamgeist" und „Maßnahmen..., um die Teilnahme am wirtschaftlichen Leben auszudehnen,... die Verteilung wirtschaftlicher Macht zu erweitern und wirtschaftliche Entscheidungen mehr an die Verantwortung für das G e m e i n w o h l zu binden" (295–297).

Dies konkretisiert der Hirtenbrief an vier Bereichen:

- Eine partnerschaftlichere „Unternehmensorganisation" verlangt neue „Initiativen" einer stärkeren finanziellen und gestalterischen Mitbeteiligung der Arbeitnehmer am Unternehmen (300,301) – also unser deutsches Thema der Beteiligung der Arbeitnehmer am Produktivkapital und das der Mitbestimmung -, eine gerechtere Beteiligung der Manager und Investoren an den „Opfern" des „Wirtschaftswandels" (303), die Rechte der Arbeitnehmer, im Falle geplanter Betriebsschließungen „im voraus ... informiert zu werden", „mit dem Management über mögliche Alternativen zu verhandeln" und „für etwaige Umschulungs- und Umzugskosten angemessen entschädigt zu werden" (303), „starke und aufgeschlossene Gewerkschaften (304) sowie eine sorgfältige Überprüfung der „Aufgaben der Manager und Aktionäre" (305, 306).
- Auf der örtlichen und regionalen Ebene „bedarf es einer gemeinsamen Anstrengung" aller gesellschaftlichen Kräfte, um insbesondere in Gebieten mit hoher Arbeitslosigkeit neue Arbeitsplätze zu schaffen (307-311).
- Bei der Entwicklung nationaler Strategien muß der Staat seiner wirtschaftspolitischen Koordinierungsaufgabe nachkommen; er muß für die Rechte der „Armen und Schwachen" eintreten (312-321).
- Die „weltweit" gewordene „soziale Frage" verlangt, den „Horizont (zu) erweitern sowie unsere Zusammenarbeit und unsere Solidarität auf den ganzen Erdkreis aus(zu)dehnen" und „die Wirksamkeit internationaler Einrichtungen (zu) stärken" (322–325).

Der gerade referierte Hirtenbrief der US-Bischöfe beginnt mit den folgenden drei Fragen:

- „Was leistet die Wirtschaft f ü r die Menschen?
- Wie wirkt die Wirtschaft auf die Menschen?
- Und wie nehmen die Menschen an ihr teil?" (Abschnitt 1)

Einige Abschnitte weiter heißt es dann: „Die gegenwärtige wirtschaftliche Herausforderung weist viele Parallelen auf zur politischen Herausforderung, der sich die Gründer unserer Nation gegenübersahen.... Wir glauben, daß die Zeit für ein ähnliches Experiment auf dem Gebiet der wirtschaftlichen Rechte gekommen ist: Wir brauchen eine Wirtschaftsordnung, welche die Mindestforderung der Menschenwürde in der Wirtschaft für jeden einzelnen (auf der Welt) sicherstellt". (14)

2.1 Zum Begriff „Gemeinwohl"

In dem deutschen „Gemeinsamen Wort" heißt es im Abschnitt 112: „In dem Begriff der sozialen Gerechtigkeit drückt sich aus, daß soziale Ordnungen wandelbar und in die gemeinsame moralische Verantwortung der Menschen gelegt sind. Zur Verwirklichung von Gerechtigkeit gehört es daher, daß alle Glieder der Gesellschaft an der Gestaltung von gerechten Beziehungen und Verhältnissen teilhaben und in der Lage sind, ihren eigenen G e m e i n w o h l b e i t r a g zu leisten".

In der Pastoralkonstitution des 2. Vatikanischen Konzils über die Kirche in der Welt von heute „Gaudium et spes" (1965)[67] heißt es in Abschnitt 74: „Die politische Gemeinschaft besteht also um dieses G e m e i n w o h l s willen; in ihm hat sie ihre letztgültige Rechtfertigung und ihren Sinn, aus ihr leitet sie ihr ursprüngliches Eigenrecht ab. Das G e m e i n w o h l aber begreift in sich die Summe aller jener Bedingungen gesellschaftlichen Lebens, die den Einzelnen, den Familien und gesellschaftlichen Gruppen ihre eigene Vervollkommnung voller und ungehinderter zu erreichen gestatten".

Der Begriff G e m e i n w o h l (lateinisch: bonum commune = das gemeinsam Gute) umfaßt drei Bedeutungen, die Bernhard Sutor[68] wie folgt beschreibt:

- „Erstens ist gemeint der gemeinsame Nutzen, um dessentwillen eine Gemeinschaft überhaupt besteht, ihr Sinn oder Ziel. ... Jede Gemeinschaft hat ihr Gemeingut, ihren Sinn oder Zweck, der jedoch zunächst nur als Ziel gegeben ist und erst gemeinsam verwirklicht werden muß.
- Zweitens bedeutet Gemeinwohl in einem engeren, eingeschränkten Sinn die Ordnung einer Gemeinschaft, die Regeln, Institutionen und Organe, die notwendig sind, damit der gemeinsame Nutzen, das bonum commune im umfassenden Sinn, verwirklicht werden kann....
- Drittens wird der Begriff Gemeinwohl häufig nur in diesem letzteren Sinn gebraucht, nämlich als Ausdruck der Aufgabe, für die der Staat da ist.... Das Gemeinwohl in diesem Sinn besteht in der guten politischen Ordnung einer Gesellschaft, und es ist die notwendige Voraussetzung dafür, daß die Menschen und Menschengruppen ihren eigenen Interessen geordnet nachgehen und ihre gemeinsamen Werte verwirklichen können".

Das steckt vor allem in der immer wieder erhobenen Forderung – so auch im Gemeinsamen Wort der Kirchen – nach einem gesellschaftlichen „Grundkonsens einer zukunftsfähigen Gesellschaft".

2.2 Zwei Definitionen

Unter einer Gemeinwohl-Ökonomie soll ein System verstanden werden, in welchem die einzelnen Personen oder Familien, Gruppen oder kleinere Gemeinschaften die Produktionsmittel besitzen, die sie benötigen, um ihren Lebensunterhalt zu verdienen. Das kann eine Werkstatt oder ein Laden, eine Praxis, ein Bauernhof oder ein Auto sein. In einer Gemeinwohl-Ökonomie können sich selbstverständlich die einzelnen Menschen oder Familien mit anderen zusammenschließen und ihre Produktionsmittel – etwa in Form einer Genossenschaft – gemeinschaftlich besitzen und bewirtschaften. Die Gemeinwohl-Ökonomie orientiert sich an der Devise: Arbeitseinkommen optimieren – Kapitalertrag minimieren.

Unter einer Shareholder-Ökonomie soll ein System verstanden werden, in welchem wirtschaftliche Aktivitäten in erster Linie unternommen werden, um Gewinne für Anteilseigner zu erwirtschaften. Diese Ökonomie orientiert sich an der Devise: Arbeitseinkommen minimieren – Kapitalertrag maximieren.

2.3 Drei Prinzipien zur Koexistenz

Richard Douthwaite und Hans Diefenbacher[69] nennen drei Prinzipien, die beachtet werden müssen, wenn eine allmähliche Koexistenz beider Systeme erreicht werden soll:

1. Prinzip: Lokale Ressourcen nutzen

Es soll damit begonnen werden, lokal verfügbare Ressourcen zu nutzen, um so weit wie möglich die Bedürfnisse der Menschen am jeweiligen Ort zu befriedigen, anstatt für weit entfernte Märkte zu produzieren.

„Gegenwärtig beschäftigen sich Ökonomen, die die Wirtschaft in einer Region ankurbeln wollen, vornehmlich mit nur einer Überlegung: Welche Güter und Dienstleistungen können dort erstellt und auf Märkten *außerhalb* dieser Region verkauft werden? Mit anderen Worten: Wie können die Regionen dazu gebracht werden, gegeneinander in Wettbewerb zu treten? Die noch immer herrschende Wirtschaftstheorie der sogenannten Neoklassik besagt, daß mit dem Geld, das so verdient werden kann, die Menschen in der Region alle die Güter und Dienstleistungen kaufen können, die sie benötigen und die irgendwo auf der Welt billiger hergestellt werden können als in ihrer eigenen Region. Die Lehre der komparativen Kostenvorteile besagt weiter, daß, wenn jeder nur die Dinge produziert und anbietet, die er am kostengünstigsten herstellen kann, es am Ende allen besser geht, als wenn jeder versuchen würde, alles selbst zu machen.

Dieser indirekte Weg der Bedürfnisbefriedigung funktioniert so lange gut, solange die meisten Güter und Dienstleistungen, die die Menschen benötigen, noch immer in der eigenen Region erstellt wurden. Sobald hier jedoch ein bestimmter Anteil überschritten wird, kommt es zu einem qualitativen Umschlag. Heute sind die meisten Gemeinden – als Wirtschaftsraum betrachtet – fast zur Gänze abhängig von einem Angebot von Gütern und Dienstleistungen, das nicht aus dem Gebiet stammt. Aufgrund jenes qualitativen Umschlags wird dieser mit Spezialisierung verbundene indirekte Weg der Bedürfnisbefriedigung immer weniger zufriedenstellend, denn mit ihm gehen eine extreme Verschärfung des Wettbewerbs und eine zunehmende Instabilität der Weltwirtschaft einher“.[70]

Ein schon „klassisches“ Beispiel erläutert den Zusammenhang: Stefanie Böge hat sich mit einer scheinbaren Nichtigkeit wie dem Transport schwäbischer Erdbeerjoghurts befaßt. Da die Konkurrenz unter den Joghurt-Herstellern groß ist, sollte man meinen, daß hier möglichst viele Zutaten von dort kommen, wo man den Joghurt produziert. Das war in diesem Fall die Firma „Südmilch“ in Stuttgart. Irrtum: die Bakterienkulturen wurden aus Deutschlands Norden (sprich Niebüll) herangeschafft, die Aluminiumdeckel vom Niederrhein, die Erdbeermasse aus Polen. Anderes Zubehör stammte aus Österreich und Frankreich, aus Köln und Lüneburg; immerhin kam Milch und Zucker aus Baden-Württemberg. Summa summarum ergaben sich für die Transporte 7.695 Straßenkilometer, allesamt mit Lastwagen. Und anschließend wird das Produkt – wiederum per Lastwagen – bundesweit verteilt.[71]

Exkurs: Theorie der komparativen Kostenvorteile

Verfügen zwei Länder (oder Regionen, Kontinente) über unterschiedliche Produktionsbedingungen (Portugal: Wein; England: Textilien), so daß sich unterschiedliche Kosten der Umwandlung eines Gutes in ein anderes ergeben, so liegt es im Interesse beider Länder, Außenhandel zu betreiben. Jedes Land spezialisiert sich auf die Produktion jenes Gutes, bei dem es relativ am besten abschneidet. Ein Land, das gemäß den Lehren des „Gesetzes der komparativen Kosten“ handelt, verhält sich wie ein kluger Geschäftsmann, der von Dritten kauft, was er selbst nicht so günstig herstellen kann. Es ist effizienter Bananen in Kolumbien und Chemieprodukte in Leverkusen zu produzieren.

Richard Douthwaite und Hans Diefenbacher weisen jedoch darauf hin, daß in diesem Zusammenhang drei Überlegungen einer differenzierten Betrachtung bedürfen:

„Zum einen erweist sich bei einer näheren Analyse die vielgepriesene Effizienz des Welthandelssystems als grotesker Mythos. ... (Man) sollte sich fragen, ob ein System noch immer effizient genannt werden kann, das so viele Menschen dazu verdammt, ihr Leben in unfreiwilligem Müßiggang zu verbringen, und das eine dermaßen große Menge knapper Ressourcen auf Kosten zukünftiger Generationen verschwendet.

Zweitens: Selbst wenn eine regionale Spezialisierung gemäß der Theorie der komparativen Kostenvorteile Effizienzgewinne bringen würde, so wäre zumindest die Frage zu diskutieren, wieviel Ineffizienz man in Kauf nehmen sollte, um das Risiko zu verringern, daß das Lebensumfeld sehr vieler Menschen in einer Region durch die Instabilität verletzt oder gar zerstört wird. ...

Drittens schließlich: Bananen sind – für europäische Länder – keine lebensnotwendigen Produkte. ... Ziel ist die Minimierung der Abhängigkeit einer Region von Handelsbeziehungen über ihre Grenzen hinweg. Außenhandel... sollte zu einer Form wirtschaftlicher Aktivitäten führen, deren man sich bedienen kann, wenn man es möchte, und zwar zu jeweils unabhängig und selbständig festgelegten Bedingungen. Zum Außenhandel sollte man nicht gezwungen sein, um zu überleben“.[72]

2. Prinzip: Preise regional bestimmen

Die in der Shareholder-Ökonomie gültigen Marktpreise und Gewinnspannen sollten nicht ausschlaggebend dafür sein, was in den einzelnen Regionen produziert und auf den lokalen Markt gebracht wird. Douthwaite und Diefenbacher formulieren dies so radikal, weil nach ihrer Ansicht Marktpreise derzeit nicht als Ausdruck für den Wert eines Gutes oder einer Dienstleistung unter Einschluß der ökologischen und sozialen Aspekte angesehen werden können.

Die meisten Ökonomen und viele Politiker sind der Überzeugung, das der Markt darüber entscheiden solle, was, in welcher Menge, an welchem Ort und mit welcher Methode produziert werden sollte. Es gilt als „unökonomisch", wenn andere Faktoren berücksichtigt werden sollen. Diese Ansicht verknüpft den Preis eines Gutes mit seinem Wert. Wenn jedoch das Ziel der Wirtschaft der Mensch (und nicht der Profit) ist, dann muß gefragt werden, inwieweit der Einsatz von Mitteln den Zielen der Menschen dient? Wenn diese Menschen nun bestimmte Ziele haben, die von den Entscheidungsträgern der Shareholder-Ökonomie nicht mit einer hohen Priorität verfolgt werden, wie beispielsweise: zufriedenstellende Tätigkeiten für alle, Stabilität, ökologische Nachhaltigkeit, soziale Gerechtigkeit – also Ziele jenseits maximaler Erträge für investiertes Kapital -, in diesem Fall müßten auch die Erfolge eines Wirtschaftssystems an diesen Zielen gemessen werden.

Das zentrale Problem der Shareholder-Ökonomie ist die viel zu einseitige und eingeschränkte Perspektive der ökonomischen Entscheidungen, die obendrein auch noch auf möglichst kurzfristig zu realisierende Profite hin orientiert ist, während die Gemeinwohl-Ökonomie auch die langfristigen Aufgaben und lokale Bedürfnisse im Blick behält. Die meisten Menschen sind nicht nur am Profit interessiert, sondern an ihren Einkünften in einem umfassenden Sinne. Investoren betrachten nur einen kleinen Ausschnitt aus den Zahlungsströmen eines Unternehmens, an dem sie sich beteiligen: dies sind die Erträge ihres Kapitals. Aus der Sicht der Gemeinwohl-Ökonomie ist das der Schwanz, der mit dem Hund wedeln soll.

3. Prinzip: Ohne importierte Inputs – soweit wie möglich – produzieren

Die wichtigsten Produktionsprozesse in einer Region sollten möglichst ohne Inputs aus der Weltwirtschaft auskommen. Es ist auf jeden Fall sinnvoll, jenen Sektoren des Weltwirtschaftssystems, die sich als besonders risikoreich erwiesen haben, lokal tragfähige Alternativen gegenüberzustellen.

Dies gilt auch für den Finanzsektor. Wenn eine lokal tragfähige ökonomische Alternative entwickelt werden soll, so muß sie die negativen Folgen der unkontrollierbaren Entwicklungen auf den Finanzmärkten der Welt begrenzen, d.h. sie müßte versuchen, eine weitgehende Unabhängigkeit im monetären Bereich zu erreichen – mit höchster Priorität.

Das spricht für den Aufbau lokaler Währungen und eines eigenen Bankensystems, damit man unanfällig wird in Bezug auf die spekulativen Sprüngen auf den Weltfinanzmärkten. Dies ist für eine lokale Ökonomie deshalb so bedeutsam, weil auf diese Weise ein Wirtschaftsstil entsteht, in dem auch andere Bestandteile einer Gemeinwohl-Ökonomie sehr gut gedeihen könnten.

2.4 Vier Schritte zu einer Gemeinwohl-Ökonomie

Wer am Aufbau einer Gemeinwohl-Ökonomie interessiert ist, der sollte die folgenden vier grundlegenden Schritte beachten:

- Aufbau einer unabhängigen lokalen Währung oder Verrechnungseinheit, so daß in einer Gemeinde oder Region der Austausch von Gütern und Dienstleistungen unabhängig von der Landeswährung oder von Devisen der Weltfinanzmärkte funktionieren kann.
- Aufbau eines lokal unabhängigen Banken und Kreditwesens, so daß Ersparnisse der Region auch Projekten der Region zugute kommen – und zwar zu Kreditbedingungen, die diese Projekte durchführbar machen.
- Produktion von Energieleistungen aus lokal erneuerbaren Energieträgern, z.B. Sonnenenergie, die die Anforderungen der Region soweit wie möglich befriedigen.
- Produktion von naturbelassenen Nahrungsmitteln und von Kleidung – möglichst ohne Inputs aus dem Weltmarkt -, mit dem die Bedürfnisse der Region soweit wie möglich befriedigt werden können.

Auf diese vier grundlegenden Schritte wird in den nachfolgenden Abschnitten 2.8 bis 2.10 ausführlich eingegangen.

2.5 Fünf Punkte nachhaltiger Entwicklung

Wie aus den eben beschriebenen vier Schritten schon zu erahnen ist, geht es bei der Gemeinwohl-Ökonomie um den Aufbau einer möglichst hohen regionalen Selbständigkeit und zugleich um die Ziele einer nachhaltigen Entwicklung. Im Abschnitt 4 wird der Begriff der „Nachhaltigkeit“ noch ausführlicher reflektiert. An dieser Stelle sollen nur kurz die fünf Punkte referiert werden, die Douthwaite und Diefenbacher[73] als notwendig für eine ökonomisch nachhaltige Entwicklung formuliert haben:

- „Jede ökonomische Aktivität, jeder Produktionszyklus sollte in einer bestimmten Region auch für künftige Generationen fortsetzbar sein, ohne ökologische Zerstörungen oder andere Probleme hervorzurufen.
- Die Bevölkerung einer Region sollte deren ökologische Tragfähigkeit nicht überschreiten, und die Wirtschaft der Region sollte – wenn überhaupt – nur langsam wachsen. Auf keinen Fall darf Wirtschaftswachstum die Voraussetzung für Wohlstand und Vollbeschäftigung sein.
- In der Region sollten zumindest ausreichend Nahrungsmittel und Rohstoffe produziert werden, um ihren Bewohnern ein gutes Leben zu ermöglichen, ohne die ökologische Tragfähigkeit der Region zu überschreiten und ohne andere Regionen der Erde auszubeuten.
- Die Energie, die in der Region verbraucht wird, sollte so weit wie nur irgend möglich aus erneuerbaren Energieträgern dieser Region kommen.
- Um Ausbeutung oder Störungen des ökonomischen Gleichgewichts durch Einflüsse von außerhalb der Region zu verhindern, sollte jede Region zusätzlich eine eigene Währung oder Verrechnungseinheit – unter Umständen auch mehrere – und ein regional eigenständiges Banken- und Kreditsystem haben. Da die Interessen von Investoren außerhalb der Region nur schwer mit den Interessen der Menschen in Einklang zu bringen sind, die in dieser Region wohnen, sollte Kapital die Grenzen der Region möglichst nicht überschreiten; Zinssätze sollten durch Faktoren innerhalb einer Region bestimmt und nicht abhängig von globalen Finanzmärkten sein".

2.6 Sechs Leitbilder zur Zukunftsfähigkeit

In der bereits vorgestellten Studie von Misereor und BUND „Zukunftsfähiges Deutschland"[74] werden qualitative Zielvorstellungen in Form von Leitbildern (Visionen) vorgetragen. Von den acht dort entwickelten Konzepten sollen nachfolgend sechs in Kurzform vorgetragen werden:

Rechtes Maß für Zeit und Raum

Bis zum heutigen Tag bestimmt die Utopie vom größtmöglichen Fortkommen in der kürzestmöglichen Zeit die Verkehrs- und Raumordnungspolitik der meisten Staaten. Doch diese Politik verliert allmählich ihren

Glanz. Wo rastlose Mobilität regiert, dort keimt der Geschmack der Gemächlichkeit und Gelassenheit; wo der Nahraum durchstoßen, begradigt, betoniert und verlärmt wird, um raschen Zugang zur Ferne zu schaffen, da wächst die Aufmerksamkeit für den eigenen Ort; und wo der Siegeszug der Massenmotorisierung den Zugewinn an allgemeiner Mobilität durch Systemverstopfung wieder aufzehrt, da mischt sich im Seelenhaushalt der Beschleunigungsgesellschaft Vergnügen immer mehr mit Verdruß. Weil die Utopie von der fortschreitenden Raum- und Zeitüberwindung über die vergangenen Jahre so durchschlagend wirksam war, droht die Gesellschaft heute an ihrem Mobilitätsaufwand und –aufkommen zu ersticken. Dieser Zwiespalt bildet den Ausgangspunkt für politische Veränderungen, die auf die Zukunftsfähigkeit abzielen.

Weil neue Wünsche, etwa nach Zeitautonomie, intakter Natur und lebenswerten Städten, sich zunehmend im Kontrast zur rasenden Gesellschaft artikulieren, deshalb wird es möglich, öffentlich von Entschleunigung und der Regeneration der Orte zu sprechen: vom rechten Maß für Zeit und Raum. In immer weiteren Bevölkerungskreisen, in den mobileren Gruppen zumal, schiebt sich die Erfahrung in den Vordergrund, daß Beschleunigung und Fernverpflechtung jenseits einer bestimmten Schwelle keinen Zugewinn an Lebensqualität bedeuten, sondern kontraproduktive Wirkungen hervorbringen.

Wenn aber nicht mehr zu wenig, sondern zu viel Verkehr das Problem ist, dann steht die Suche nach einem schlanken Verkehrsapparat auf der Tagesordnung, der funktional, sozial angepaßt und zukunftsfähig ist. Das Herzstück einer solchen Verkehrs- und Raumordnungspolitik ist die Verkehrsvermeidung. Sie wird nur gelingen, wenn in Deutschland die Geschwindigkeiten gedrosselt und keine zusätzlichen Magistralen gebaut werden.

Langsamere Geschwindigkeiten und kürzere Distanzen könnten zu einer Befriedigung der Beschleunigungsgesellschaft führen, ja es könnte sich eine soziale Ästhetik herausbilden, die gelassene Zeitmaße und mittlere Entfernungsmaße als besonders gelungen empfindet. Langsam färbt sich so für unsere Zeit um, was Fortschritt bedeutet.

Welche gesellschaftlichen Projekte wären einer solchen Orientierung gemäß? Eine Stadtentwicklung, die auf Urbanität und kurze Wege setzt und Bodenspekulationen unterbindet, um so die Flucht ins grüne Umland zu beenden. Eine maßvoll motorisierte Automobilflotte, die anspruchsvollstes Design bietet, Spartechnologien zum Einsatz bringt und zunehmend erneuerbare Antriebsenergien nutzt. Eine Flächenbahn mit dichtem Schienennetz und bedarfsgerechten Bahnhöfen, Haltepunkten und Güterumschlaganlagen. In dicht besiedelten Gebieten soll kein Bürger weiter als drei Kilometer bis zum nächsten Bahnanschluß haben. Die ökologische Gestaltung der Kommunikationstechnologien, so daß physischer Verkehr zunehmend durch elektronischen Datenverkehr ersetzt werden kann. Unter gegebenen Randbedingungen ist von der Informationsgesellschaft keine automatische Einsparung von Verkehr zu erwarten. Erst wenn ernsthaft mit einer Begrenzung der mechanischen Raum-Zeit-Verdichtung begonnen wird, kann die elektronische Raum-Zeit-Verdichtung ihre ökologischen Möglichkeiten entfalten.

Eine grüne Marktagenda

Die Ökologiesierung der Marktwirtschaft schließt zwei Dimensionen ein: die Begrenzung marktwirtschaftlicher Mechanismen einerseits und ihre ökologisch zuträgliche Entfaltung andererseits. Wird nur eine dieser Dimensionen betont, entsteht ein unvollständiges Bild. Markteuphorikern, die die ökologische Frage auf einen Kampf um Zukunftsmärkte und –technologien reduzieren, entgeht leicht die schlichte Tatsache, daß ökonomischer Expansionismus und das Niederreißen sämtlicher kultureller Schranken durch weltwirtschaftliche Arbeitsteilung von ausnehmender Zerstörungskraft sind. Marktskeptiker hingegen erkennen oft nicht, welch schöpferisches Potential in der umweltgerechten Entfaltung von Marktkräften liegen kann. Nicht eine Marktgesellschaft, in der die Regeln von Angebot und Nachfrage sämtliche Bereiche menschlicher Existenz bestimmen, kann das Ziel sein, sondern eine Marktwirtschaft, die wieder eingebettet ist in ein größeres Ganzes, das wir Gesellschaft nennen und sich an deren Gemeinwohl orientiert.

Das Territorium, innerhalb dessen die Marktkräfte gelten sollen, kann zunächst einmal negativ abgegrenzt werden. So wie die soziale Marktwirtschaft aus der Erkenntnis geboren wurde, daß der Markt selbst keine Gerechtigkeit hervorzubringen vermag und ihm deshalb ein sozialer Rahmen gegeben werden muß, so ist auch die ökologische Blindheit des Marktes durch Gesellschaft und Politik zu korrigieren. Wer keine Gifte in der Muttermilch will, der muß die Herstellung dieser Gifte verbieten; wer Bodenerosion und Grundwasserbelastung reduzieren will, der muß gegen die industrielle Landwirtschaft und Massentierhaltung vorgehen; wer eine ökologische Verkehrswende will, der muß den Straßenneubau beenden und öffentliche Transportmittel begünstigen. Der Markt wird dies nicht leisten können. In seinem Kategoriensystem bestimmen andere Faktoren das Verhalten der Teilnehmer: Kosten und Nutzen, Gewinn und Verlust. Ist die ökologische Grundorientierung von Gesellschaft und Politik erst einmal bestimmt, der Rahmen also festgelegt, dann können marktwirtschaftliche Instrumente sehr hilfreich wirken und zur schnelleren Zielerreichung beitragen.

Von linearen zu zyklischen Produktionsprozessen

Heute ist beinahe der ganze Planet ein einziges Bau-, Ressourcen-, Treibstoff- und Abfallager. Es werden der Natur große Mengen wertvoller Dinge entnommen – erneuerbare wie auch nicht erneuerbare. Bereits in diesem Produktionsprozeß entstehen enorme Abfallmengen. Die entnommenen Materialien werden in einem mehrstufigen wirtschaftlichen Produktionsprozeß zu Konsum- und Investitionsgütern verarbeitet, die nach ihrem Gebrauch über kurz oder lang zu wertlosem Abfall werden und die ökologischen Prozesse beeinträchtigen, schädigen oder gar zerstören. Das Ganze geschieht unter Einsatz gewaltiger, meist fossiler, Energiemengen. Diese Wirtschaftsweise ist nicht zukunftsfähig. Vollzögen die Länder des Südens den Industrialisierungsprozeß nach, wie ihn der Norden in der Vergangenheit vorgemacht hat, wäre der globale Umweltkollaps programmiert.

Da das ökonomische Teilsystem die beiden anderen, Gesellschaft und Ökologie, zu zerstören droht, sind ganzheitliche Denkansätze erforderlich, und damit auch neue Wirtschafts- und Managementformen. Das wird kaum gegen die Unternehmen und wirtschaftlichen Institutionen gehen, sondern besser mit ihnen. Sie sollten aktiver Teil der grundlegenden systemischen Transformationsprozesse sein. Dazu braucht es eine neue Orientierung für das unternehmerische Handeln.

Vier Prinzipien sollten für die konkrete Um- und Neugestaltung unserer Wirtschaftsweise richtungsgebend sein:

- Die Natur kennt keine Abfälle. Alles kann anderswo im natürlichen System konstruktiv absorbiert und verwendet werden – jetzt oder zukünftig. Ebenso können in einer zukunftsfähigen Wirtschaftsweise sehr viele Abfälle wertvolle Stoffe für andere Produktionsvorgänge sein.
- Natürliche Prozesse werden von der Sonnenenergie angetrieben. Ebenso muß die Wirtschaft allmählich auf eine solarenergetische Grundlage gestellt werden.

- Die Natur erlaubt jedem Individuum einer Art eine unabhängige Aktivität, aber verknüpft auf kooperative Weise die Aktivitätsmuster aller Spezies. Zusammenarbeit und Wettbewerb sind verkettet und werden in einer dynamischen Balance gehalten – auch für Einzelunternehmen und die Gesamtwirtschaft eine vernünftige Orientierung.
- So wie die Natur für ihr Funktionieren von Vielfalt abhängig ist und auf Grund von Unterschieden gedeiht und blüht, gilt es, menschliche Lebens- und Wirtschaftsweisen ähnlich vielfältig auszugestalten.

Konkret bedeuten diese Prinzipien für unternehmerisches Handeln zunächst die Übernahme systemweiter Produktionsverantwortung: Wertstoffe und Produkte werden am Ende ihrer Gebrauchszeit von den Verkäufern oder Herstellern zurückgenommen. Dies stellt neue Anforderungen an die Produktgestaltung: Langlebigkeit, Schadstoffreiheit, Demontierbarkeit und Wiederverwertbarkeit werden neben Funktionalität und Ästhetik zu wichtigen Designkriterien. Produkte sollten zunehmend nach dem Baukastenprinzip konzipiert sein; durch den Austausch von Komponenten könnten so nachträglich Produktverbesserungen erzielt werden. Grundsätzlich gilt: Langlebigkeit kommt vor Recycling.

Effizienzorientiertes Umweltmanagement, ökologische Produktpolitik und Innovationsorientierung im Netzwerk sind wichtige Charakteristika des Unternehmens der Zukunft. Es wird sein Geld nicht mehr mit dem Absatz von Produkten verdienen, die auf schnellen Verschleiß ausgerichtet sind, sondern mit der Erzeugung und Betreuung von guten Produkten. Der Dienstleistungsanteil an der gesamten Wertschöpfungskette wird steigen. Solche Untenehmen brauchen Kundennähe und sind eher klein als groß, eher dezentral als zentral und eher kooperativ als hierarchisch gegliedert. Vor allem die Verbraucher sollten die Ökologisierung der Wirtschaftsweise, mit der von grünen Pionierunternehmen schon begonnen wurde, begünstigen und fördern, nämlich durch ihr Nachfrageverhalten.

Gut leben statt viel haben

Das Glück liegt nicht in der ständigen Steigerung der Bedürfnisse. Diese Überzeugung ist seit langem der Stachel im Fleisch der Wachstumsgesellschaft. In den Hoffnungen auf ökologisch segensreiche Wirkungen des Wertewandels macht er sich heute wieder bemerkbar. Doch der Wertewandel, der die Gegenwart prägt, ist zweideutig. Einerseits hat der distanzierte Konsument die Bühne betreten, jene Person, die zurückhaltend und selektiv kauft, mehr nach Qualität als nach Quantität sucht und auch, über den eigenen Nutzen hinaus, die Natur und das Gemeinwesen im Auge hat. Andererseits tritt der erlebnissüchtige Konsument auf, der Waren und Dienste nach ihrem Genuß- und Inszenierungswert verbraucht. In beiden Figuren kann sich schließlich das Ideal der Selbstverwirklichung verkörpern: der eine sucht sie im reflektierten Abstand zur Güterwelt, der andere bringt eben diese Güterwelt im konsumistischen Erlebniskitzel auf Touren.

Weil aber große Teile der Konsumgesellschaft einem Punkt der Sättigung zustrebten, ist in den letzten beiden Jahrzehnten das Verlangen nach einem Ende der Raubwirtschaft an der Natur zu einer Marktmacht aufgestiegen. Ökologie ist vom Nischendasein zu einem relevanten Nachfragefaktor geworden. Eine Anzahl von Branchen hat die neue Sensibilität zu spüren bekommen: der Lebensmittelhandel wartet verstärkt mit Bio-Produkten auf, die Elektrohersteller bieten stromsparende Geräte an, die Urlaubsindustrie denkt an sanften Tourismus, Autofirmen versuchen sich mit Öko-Argumenten, Kaufhäuser sortieren Wasch- und Reinigungsmittel aus, in Bekleidungsgeschäften finden sich Öko-Kollektionen, und auch bei Lacken und Farben, ebenso wie bei Kosmetika und Körperpflege werden neue Produktlinien aufgelegt. Die Verbraucher sind aber noch keineswegs mit der ökologischen Qualität der Produktpalette zufrieden. Viele Verbraucher wünschen mehr Informationen über das Umweltengagement von Unternehmen. Erst wenn der Konsument über unabhängige Verbraucherberatung und ökologische Gütesiegel die Instrumente in die Hand bekommt, wirklich eine Wahlentscheidung zu treffen, ist der Weg von der Überflußwirtschaft zur Einflußwirtschaft geöffnet.

Sicher läßt sich kritisieren, daß der Verhaltenstyp „ökologischer Konsument" noch immer in eine verschwenderische Wirtschaft eingebettet ist. Auch üben die meisten umweltbewußten Konsumenten keineswegs in allen Verhaltenskategorien Konsequenz. Vielmehr stellt sich ein jeder sein eigenes Bündel an guten Taten zusammen und entpflichtet sich an anderer Stelle. In immer weiteren Bevölkerungskreisen wird jedoch die Bereitschaft erkennbar, sich auch beim Konsum als Bürger zu verstehen, der maßgeblich an der Gestaltung einer zukunftsfähigen Gesellschaft mitwirken will, die ohne Naturausbeutung und in Fairneß gegenüber der Dritten Welt existieren kann. Vier Kriterien spielen dabei eine Rolle: Sparsamkeit, Regionalorientierung, gemeinsame Nutzung, Langlebigkeit.

- Sparsamkeit, jene alte Regel haushälterischen Denkens, bekommt einen neuen Klang – nicht als Pfennigfuchserei, sondern als Achtsamkeit für die Masse an Natur, die jemand für sich privat „verbraucht", obwohl sie im Prinzip ein Gemeingut darstellt.
- Regionalorientierung beim Einkauf oder beim Wochenendausflug ergibt sich aus dem Interesse, ein Leben zu führen, das den Anfall von Transportkilometern in erträglichen Grenzen hält. Das tut nicht nur der Umwelt, sondern auch der regionalen Wirtschaft und nicht selten der Qualität der Waren gut.
- Gemeinsame Nutzung ist die Devise derjenigen, denen aufgefallen ist, daß zwischen Ressourcenverbrauch und individuellem Gütereigentum ein Zusammenhang besteht. Waschmaschinen, Autos, Rasenmäher oder Skiausrüstungen stehen für den größten Teil ihrer Lebenszeit nutzlos herum. Um die Gebrauchsintensität zu erhöhen und die Ressourcenintensität abzusenken, liegt es nahe, organisatorische und technische Lösungen ins Auge zu fassen, die Nutzung und Eigentum voneinander trennen. Car-Sharing-Organisationen, Leihstationen für Werkzeuge und Haushaltsgeräte, Mietdienste für Ausrüstungen sind Beispiele für eine nicht an Besitz orientierte Logistik.
- Es führt schließlich kein Weg daran vorbei, die Nutzungsdauer der in Umlauf gesetzten Produkte zu verlängern. Wer mit seinen Gegenständen Freund werden will, tut gut daran, auf ihre Qualität in der Zeit zu achten; da kommt das Interesse an Ästhetik mit dem Interesse an Ökologie überein. Jenseits eines gewissen Niveaus werden die Dinge zu Zeitdieben. Ihre Überzahl verstopft den Alltag, zerstreut die Aufmerksamkeit und verzettelt die Energien.

Für eine lernfähige Infrastruktur

Die gegenwärtige materielle Infrastruktur Deutschlands ist Ausdruck einer Wirtschaft, die sich in erster Linie am Durchsatz von Masse orientiert. Ein Blick in die Landschaft zeigt uns Gebäude, Straßen, Brücken, Schienen, Flughäfen, Stromnetze und vieles mehr. Unter der Erde verbreiten sich Kanäle und Rohrsysteme. Diese gebundenen Stoffmengen sind in hohem Maße umweltrelevant. Sie wurden natürlichen Lagerstätten entnommen, bearbeitet, transportiert und belegen Fläche; ihre Nutzung – etwa bei Kraftwerken, Gebäuden oder Straßen ist mit Emissionen aller Art verbunden; und früher oder später als Bauschutt oder Sonderabfall.

Die staatliche Infrastrukturplanung weist auch heute noch in die gleiche Richtung. An vielen Orten werden neue Flughäfen errichtet oder erweitert, Straßen gebaut, Leitungen und Stromnetze verlegt und Flächen freigegeben, die in den nächsten Jahren zur Bebauung animieren sollen. Die Infrastruktur wird, so offizielle Verlautbarungen der Regierung, für den internationalen Wettbewerb fit gemacht. Sie soll die Produktionsstätten eines größer werdenden Marktes untereinander verbinden und als Drehscheibe für den weltweiten Handel dienen. Diese tonnenschwere und am Massenumsatz orientierte Infrastruktur ist nicht zukunftsfähig – und zwar weder ökologisch noch ökonomisch. Ein modernes Verständnis von Infrastruktur setzt vor allem auf menschliche Fähigkeiten und die Ausschöpfung regionaler Innovationspotenziale. Ziel ist die Sicherung der ökologischen, sozialen und technologischen Basis eines Standortes. Demgegenüber steht die Forderung nach sicherer Energieversorgung mit weniger Kraftwerk; Mobilität mit weniger Straßen; Wohnen mit weniger Umweltverbrauch.

Im Energiebereich ist das neue Denken am weitesten ausgeprägt. Verschiedene Energieversorger – vor allem Stadtwerke – nehmen Schritt für Schritt Abstand vom reinen Absatzdenken und bieten Energiedienstleistungen an. Die Grundüberlegung ist einfach: die Energieverbraucher verlangen in Wahrheit nicht Brennstoffe oder Strom, sondern eine bestimmte Dienstleistung, nämlich angenehm beheizte und gut beleuchtete Räume, gekühlte Lebensmittel, arbeitende Maschinen und Geräte. Ein Energiedienstleistungsunternehmen fragt nun: Wie kann die nachgefragte Dienstleistung mit einem möglichst geringen Einsatz an Primärenergie bereitgestellt werden? Die Antwort wird dann oft lauten: durch optimal gedämmte Gebäude, moderne Heizungsanlagen, Energiesparlampen, verbrauchsarme Geräte und Maschinen, kurz: durch ein systematisches Nachfragemanagement. Das Energiedienstleistungsunternehmen der Zukunft wird also für den Kunden nicht nur die Energien bereitstellen, sondern ihn umfassend beraten und betreuen, von der Planung von Energiesparmaßnahmen über deren Finanzierung und Realisierung bis zur Wartung von Gebäuden, Anlagen und Geräten. Der Staat freilich muss das Geldverdienen mit Energieeinsparung attraktiv machen. Die Beschäftigungseffekte und der volkswirtschaftliche Nutzen werden positiv sein, da an die Stelle von hoher Kapitalintensität eine hohe Personalintensität (Beratungsleistungen, Handwerk, Anlagenbau) treten wird.

Internationale Gerechtigkeit und globale Nachbarschaft

Die Suche nach Zukunftsfähigkeit ist die Suche nach Naturverträglichkeit und Gerechtigkeit. Beide Ziele gehören untrennbar zusammen. Gerechtigkeit ist die zentrale Kategorie für friedensfähige Nord-Süd-Beziehungen, und ohne die wird der Menschheit der Schutz ihrer natürlichen Lebensgrundlagen nicht gelingen. Volle Gerechtigkeit wird es nur als Annäherungen geben. Vor allem lässt sich benennen, was erkennbar nicht gerecht ist. Die Behebung offenbaren Unrechts ist darum die aussichtsreichste Annäherung an das,was von Gerechtigkeit erwartet wird. Für das Nord – Süd – Verhältnis bedeutet das zuallererst: die Industrieländer schädigen die Armen im Süden weit weniger durch das, was sie ihnen an Hilfe vorenthalten, als durch das, was sie für sich selbst in Anspruch nehmen. Das heißt keineswegs, dass finanzielle Unterstützung aus dem Norden zur Armutsbekämpfung in den Ländern des Südens fortan überflüssig wäre. Gerade sie ist erforderlich, um Menschen ein würdigeres Dasein zu ermöglichen und um friedensfähige Beziehungen zwischen Norden und Süden zu erreichen.

Als Daumenregel kann heute gelten: das Fünftel der Menschheit, dass in den Industrieländern lebt, verursacht etwa 80 Prozent der Klimaschäden. Wenn sich jedoch das Tempo fortsetzt, mit dem sich die knapp 20 Schwellenländer (einschließlich China und Indien) gegenwärtig industrialisieren, werden bereits in wenigen Jahrzehnten die Länder des Südens zwei Drittel der klimaverändernden Spurengase in die Atmosphäre schikken. Die Industrieländer müssen also mit der ökologischen Erneuerung beginnen, und dies aus drei Gründen: sie haben erstens in den beiden Jahrhunderten ihrer Industrialisierung bereits starke Umweltschäden verursacht und bleiben einstweilen die größten Schädiger der Natur. Zweitens verfügen die Industrieländer für die notwendigen Veränderungen über erheblich mehr technische und finanzielle Mittel als die allermeisten Länder des Südens. Drittens ist ihre Lebensweise in den Ländern des Südens zum Vorbild geworden und wird dort kaum abgelegt werden, solange ihre Urheber nur kosmetische Änderungen vornehmen.

Gegenwärtig ist Technologie – Transfer das Zauberwort. Von den Zukunftstechnologien erwarten sich die Oberschichten im Süden den entscheidenden Schub: wirtschaftlichen Aufschwung, Überwindung der Armut, ökologische Unbedenklichkeit. Im Blick sind vor allem Großtechnologien, die eine schnelle Industrialisierung, zentrales Wirtschaften und intensive Exportorientierung ermöglichen. Damit würde die unhaltbar gewordende Lebens- und Produktionsweise des Nordens auf immer größere Teile der Menschheit übertragen – und mit ihr die ökologischen und sozialen Probleme, die sie hervorrufen. Alternatives Denken, gerade in den Ländern des Südens, setzt demgegenüber auf Dezentralisierung und Subsidiarität als entscheidende Kriterien eines ökologischen Wirtschaftens und eines partizipatorischen Gesellschaftsaufbaus. Die produktive Auseinandersetzung um eine zukunftsfähige Lebensweise steht also dem Süden nicht anders als dem Norden bevor.

Umso wichtiger ist es, gerade beim Technologie-Transfer zu fragen: Wem kommt zugute, was als fortschrittliche Technologie etikettiert wird? Die Antwort muss aus den betroffenen Ländern selbst kommen. Engagierte Menschen aus den Industriestaaten können aber den Aufbau von sozial – ökologischer Gegenmacht unterstützen.

2.7 Tätigkeiten aktivierende Komplementär-Währungen

Jeden Tag werden im Rahmen von Finanztransaktionen zwischen den verschiedenen Währungen ca. 2000 Milliarden US-Dollar um den Erdball bewegt. Lediglich zwei Prozent dieser gigantischen Summe dienen der Bezahlung von Gütern und Dienstleistungen. Beim Rest handelt es sich um Spekulationsgeld, das auf der Suche nach höchstmöglichem Profit in andere Währungen, Wertpapieren, Derivaten etc. oder Investitionsobjekten transferiert wird.

Börsennotierungen verzeichnen innerhalb kürzester Zeit abenteuerliche Kursschwankungen. In dieser Situation setzt sich ein Finanzfachmann, Bernard A. Lietaer, mit der Problematik des existierenden Geldsystems auseinander. Der Autor hat über 25 Jahre in verschiedenen Positionen des Geld- und Finanzwesens gearbeitet: In seiner Führungsposition in der Belgischen Zentralbank zeichnete er verantwortlich für die Einführung des ECU, des Konvergenzmechanismus, der zur europäischen Einheitswährung führte. 1990, als er Geschäftsführer und Währungshändler des erfolgreichsten Offshore-Währungsfonds wurde, erhob ihn Business Week zum Welt-Top-Währungshändler. Über zwölf Jahre war er Berater multinationaler Konzerne in vier Kontinenten und wechselte dann die Seite, indem er lateinamerikanische Entwicklungsländer bei der Optimierung ihrer Devisengeschäfte beriet. Er war der Präsident des umfassendsten und kosteneffektivsten elektronischen Zahlungssystems der Welt.

Seine siebte Buchveröffentlichung enstand während eines Forschungsauftrages am Institute for Sustainable Resources an der Universität Berkley und einer Gastprofessur an der Sonoma State University in Kalifornien. Diese Buch trägt den Titel „Das Geld der Zukunft“[75] mit dem Untertitel: Über die destruktive Wirkung des existierenden Geldsystems und die Entwicklung von Komplementärwährungen.

Was ist Geld?

Im ersten Teil seines Buches beschäftigt sich Lietaer mit den Grundlagen, indem er die Frage stellt: Was ist Geld? Er bietet nach der entsprechenden Hinführung zunächst eine Arbeitsdefinition an, die wie folgt lautet: „Geld ist eine *Übereinkunft* innerhalb einer *Gemeinschaft*, etwas als *Tauschmittel* zu verwenden“. Unter dieser Begriffsbestimmung findet sich ein Foto von Bewohnern der Insel Yap mit mehreren – etwa einen Meter großen – „Geldsteinen“, wobei die hier präsentierten „Münzen“ eher als „Kleingeld“ eingestuft werden können, denn einzelne Geld-Steine können ein Durchmesser von bis zu vier Metern erreichen.

Jeder der drei *kursiv* gedruckten Begriffe ist wichtig bei dieser Definition. Als *Übereinkunft* hat Geld vieles gemeinsam mit anderen sozialen Vereinbarungen, wie beispielsweise Verträge oder Gesetze. Alle diese Konstrukte stehen zwar zunächst nur auf dem Papier, sind aber trotzdem real, weil sie in den Köpfen der Menschen existieren. Eine Übereinkunft über das Geld kann formell oder informell zustande kommen, frei oder unter Zwang, bewusst oder unbewusst.

Als Übereinkunft ist Geld immer nur innerhalb einer bestimmten *Gemeinschaft* – oder eines staatlichen Gebildes – gültig. Manches „Geld“ gilt nur in einer kleinen Gruppe von Bekannten (wie Geschenkgutscheine), nur für einen bestimmten Zeitraum (wie Zigaretten nach dem Zweiten Weltkrieg) oder nur bei den Bewohnern eines bestimmten Landes oder einer Region (wie das meiste „normale“ Geld gegenwärtig).

Schließlich ist die dritte Funktion, die einen gewählten Gegenstand zum Geld macht, seine Verwendung als *Tauschmittel.* Unser gegenwärtiges Geld erfüllt jedoch eine Vielzahl anderer Funktionen, es dient als Wertaufbewahrungsmittel, Spekulationsinstrument, als Vermögensspeicher und Recheneinheit.

Zusammenfassend kann man sagen, das einem „Ding“ die „Magie“ des Geldes verliehen wird, sobald eine Gemeinschaft überein kommt, dieses

„Ding“ als Tauschmittel zu verwenden. Jedes Geld dient im Kern dazu, den Austausch zwischen Menschen zu vereinfachen.

Unser gegenwärtiges Geld weist vier Schlüsselmerkmale auf:

- Es ist mit einem Nationalstaat verbunden und wird damit zur Währung.
- Es ist „FIAT“- oder „ungedecktes“ Geld, das heißt:
- es wird aus dem Nichts geschaffen durch Bankdarlehen
- gegen die Zahlung von Zinsen.

Für uns ist es zwar selbstverständlich, dass nationale Währungen auf der ganzen Welt verbreitet sind. Wir sollten dabei aber nicht übersehen, dass das Konzept des Nationalstaats selbst erst zwei Jahrhunderte alt ist. Und außerdem stand immer noch eine andere transnationale Währung zur Verfügung, nämlich das Gold. Nur in den letzten drei Jahrzehnten des 20. Jahrhunderts, stand noch eine nationale Währung – der US-Dollar – als globale Währung zur Verfügung.

Woher kommt das Geld?

Wer diese einfache Frage stellt, betritt den Bereich der Magie. Geld wird buchstäblich aus dem Nichts geschaffen. Auf den ersten Blick sieht es so aus, als würden die Druckerpressen der Zentralbanken die nationalen Währungen schaffen. Aber das ist nicht der Ort, an dem Geld geschaffen wird. Jeder Dollar, jeder Euro und jede andere in Umlauf befindliche nationale Währung hat als Bankdarlehen begonnen. Wenn sie beispielsweise zum Kauf eines Hauses eine Hypothek über € 100.000 erhalten, so überweist ihre Bank diesen Kredit in der genannten Höhe auf ihr Konto und schafft diese hunderttausend Euro buchstäblich aus dem Nichts. Dieses Geld zirkuliert solange, bis eines Tages jemand das Darlehen zurückbezahlt. Dann verschwindet das Geld, kehrt wieder in das Nichts zurück, aus dem es geschaffen wurde.

Dieser zauberhafte Vorgang der Geldschöpfung wird im Englischen mit dem passenden, aus dem lateinischen abgeleitet Begriff „fiat money“ bezeichnet („FIAT“ = Geld ohne Edelmetalldeckung). „Fiat lux“ – „Es werde Licht“, waren nach der Genesis die ersten Worte, die Gott sprach. Wir haben es hier mit einer wahrhaft göttlichen Funktion zu tun, etwas aus nichts (ex nihilo) durch die Kraft des Wortes zu schaffen. Die vielen technischen Details bei der Schaffung von Geld verschleiern – wie das Tuch des Zauberers – wie viel ungedecktes Geld jede Bank schaffen kann.

Damit ein auf Bankdarlehen gegründetes Währungssystem ohne Edelmetalldeckung überhaupt funktionieren kann, muss Knappheit künstlich erzeugt, systematisch eingeführt und erhalten werden. Dieses ist einer der Gründe, warum unsere heutigen Währungssysteme nicht selbstregulierend sind, sondern aktive Zentralbanken benötigen, die für die Knappheit sorgen müssen.

„Am wenigsten klar von den genannten vier Merkmalen sind die Auswirkungen, die es mit sich bringt, wenn Zinsen auf die Darlehen erhoben werden, durch die Geld geschöpft wird. Doch die folgen von Zinsen für die Gesellschaft sind weitreichend und schwerwiegend. Es lohnt sich deshalb, sie genauer zu untersuchen. Zinsen haben drei Konsequenzen... und zwar:

- Zinsen fördern indirekt den Wettbewerb zwischen den Beteiligten des Systems,
- Zinsen verstärken die Notwendigkeit des unbegrenzten wirtschaftlichen Wachstums, auch wenn der tatsächliche Lebensstandard stagniert,
- Zinsen tragen zur Konzentration von Reichtum bei, weil sie die große Mehrheit zugunsten einer kleinen Minderheit belasten“.[76]

Im folgenden Kapitel befaßt sich Lietaer mit dem Informationszeitalter und prognostiziert, daß die „Cybersphäre“ in absehbarer Zeit dazu führen wird, daß Unternehmen ihr eigenes „Geld“ auf den Markt bringen werden. Dies hat wiederum massive Konsequenzen für Banken und andere Finanzinstitute – aber auch für die nationalen Währungen.

In fünf Zukunftsszenarien versucht er sodann komplexe Ereignisketten und Beziehungen zu durchdenken:

- die „offizielle Zukunft“, sie ist einfach eine Fortführung vertrauter Entwicklungen der letzten Jahre nach dem Motto „Mehr vom Bisherigen“.
- Das Jahrtausend der Konzerne: eine Welt, in der private Unternehmenswährungen die Rolle der uns bekannten Landeswährungen übernehmen.
- Schutzgemeinschaften: das Szenarium einer Welt, in der sich – nach dem Zusammenbruch der offiziellen Währungen – neue, lokale, auf kleine Gruppen beschränkte Währungen entwickeln.
- Die Hölle auf Erden: das Szenarium einer Welt, in der sich – nach dem Zusammenbruch des offiziellen Währungssystems – keine neue Gesellschafts- und Währungsform durchsetzen kann.
- Nachhaltiger Wohlstand: das Szenarium einer Welt, in der verschiedene Währungsinnovationen einen Währungszusammenbruch verhindern

und eine „integrierte Wirtschaft“ schaffen, in der sich alte und neue Währungssysteme einander angleichen und erfolgreich ergänzen[77].

In den nachfolgenden Überlegungen geht es nicht darum, dass die vorhandenen nennt Landeswährungen durch andere Währungsform ersetzt werden oder verschwinden, sondern vielmehr um die Möglichkeit, dass sich andere Währungssysteme parallel zu den existierenden entwickeln und die bisherigen Systeme ergänzen. Tatsächlich geschieht dies bereits an vielen Orten dieser Welt.

Zunächst gilt es deshalb die Frage zu klären:

Was ist eine Komplementär-Währung?

Die positiven Eigenschaften der bestehenden Währungssysteme müssen nicht vollkommen über Bord geworfen werden. Es sollten ihnen aber neue Möglichkeiten zur Seite gestellt werden. Die Chance, die Lietaer in seinem Buch beschreibt, wirkt so ungewöhnlich wie die Krise selbst. Der Schlüssel liegt für ihn in der Einführung von Komplementär-Währungen – parallel zu den bestehenden Währungssystemen.

„Eine Komplementär-Währung beruht auf dem Abkommen zwischen einer Gruppe von Menschen und/oder Unternehmen, eine neue Währung als Tauschmittel zu akzeptieren. Die Bezeichnung ‚Komplementär-Währung‘ stammt daher, daß es nicht darum geht, die herkömmlichen Landeswährungen zu ersetzen. Komplementär-Währungen sollen vielmehr solche sozialen Funktionen erfüllen, die für das offizielle Währungssystem nicht vorgesehen sind“[78].

Die Kombination von konventioneller Währungswirtschaft und einer „Gemeinwohl-Ökonomie“ auf der Grundlage von Komplementär-Währungen könnten gemeinsam und gleichzeitig jene Wirtschaftsform bilden, die Lietaer als „integrierte Wirtschaft“ bezeichnet. Die „integrierte Wirtschaft“ umfaßt die traditionellen Wirtschaftsformen und zugleich die vielfältigen Formen der „Gemeinwohl-Ökonomie“. Schon heute existieren weltweit etwa 1900 Komplementär-Währungssysteme, die in den verschiedenen lokalen Ökonomien diverser Länder zum praktischen Einsatz kommen.

An dieser Stelle könnten die zahlreichen unkonventionellen Währungen vorgestellt werden, die zur Zeit existieren. Dies tun wir jedoch im Abschnitt 3 unter der Überschrift „Praxis“, der von Günter Hoffmann zusammengestellt wurde. Dort wird sowohl auf heutige Systeme als auch auf historische Beispiele verwiesen.

Tauschringe beispielsweise bringen eigene Währungen in Umlauf. „Batzen“, „Tiden“ oder „Peanuts“ heißen diese Verrechnungseinheiten, mit denen man alle Leistungen bezahlt und selbst bezahlt wird. Fast 300 solcher Tauschringe erproben in Deutschland dieses zinsfreie Geldsystem ohne Rückfall in den komplizierten Naturaltausch. Daneben haben sich rund 50 Seniorengenossenschaften etabliert, die in sehr ähnlicher Weise arbeiten: heute verdiente „Zeitpunkte“ können später ausgegeben werden, um im Alter soziale Dienstleistungen in Anspruch nehmen zu können. „Batzen“, „Tiden“ und „Peanuts“ können nicht in D-Mark umgetauscht werden – sie stellen Komplementär- Währungen dar, die das bestehende Geldsystem nicht außer Kraft setzen, aber ergänzen. Ein Ursprung komplementärer Währungen liegt in „Local Exchange and Trading Systems“ (LETS), die sich besonders in angelsächsischen Ländern ausgebreitet haben. 1983 entstand das erste LET-System in Comox Valley (Kanada), wo „Grüne Dollars“ als Computergeld erfunden wurden.

Wirtschaftliche Krisen drängen viele Menschen an den Rand der Gesellschaft: auf der einen Seite ist ihr Portemonnaie leer – auf der anderen Seite liegen Talente und Arbeitskraft brach, wenn Arbeitslosigkeit Menschen aus dem Erwerbsleben reißt. Sie verfügen über weniger herkömmliches Geld und können so auch weniger Güter und Dienstleistungen nachfragen. „Das LET- System führt nun diese Gruppen auf einem lokalen Markt zusammen, indem seine neue Währung Tauschvorgänge in Gang setzt und damit schlummernde Potentiale weckt, die sich in der formellen Wirtschaft nicht mehr entfalten können. So erfüllen LETS und Tauschringe eine wichtige ökonomische und soziale Funktion: sie schaffen ein neuartiges, nachfragewirksames Einkommen und geben Menschen die Chance, durch eine kreative Tätigkeit im (noch) „informellen“ Sektor der Wirtschaft Fuß zu fassen.[79]

Was ist eine Tätigkeiten aktivierende Komplementär-Währung?

Die Ausgangsfrage lautet: Wie kann man Millionen zusätzlichen Menschen auf diesem Planeten einen Lebensunterhalt bieten, wenn die Shareholder-Ökonomie keine zusätzlichen Arbeitsplätze schafft?

In Regionen mit hoher Arbeitslosigkeit haben die Bewohner bereits gezeigt, daß die Lebensbedingungen erheblich verbessert werden können: Sie führten eigene Komplementär-Währungen ein, statt nur auf staatliche Unterstützung zu warten. Auf solche Lösungen hat man in der Vergangenheit bereits zurückgegriffen. Etwa in den 30er Jahren, als solche Initiativen in den USA, Westeuropa, Kanada und anderen Gebieten ergriffen wurden, um gegen die Weltwirtschaftskrise anzukämpfen.

Komplementär-Währungen konnten als eine Art Puffer eine Region vor Erschütterungen schützen, die durch Zusammenbrüche und Krisen des offiziellen Währungssystems hervorgerufen wurden. Historische und aktuelle Beispiele bieten die im 3. Abschnitt von Günter Hoffmann zusammengestellten Praxismodelle.

Es sind vor allem drei Entwicklungen, die die Arbeitslosigkeit zum wichtigsten Problem, mit dem sich Europa in Zukunft auseinander setzen muss, macht:

1. Der langfristige Trend, der bereits in den vergangenen Jahrzehnten zu beobachten war, der darauf hindeutet, dass immer weniger Arbeitskräfte gebraucht werden, um die Produktionsprozesse auf globaler Ebene zu ermöglichen.
2. Mit dem Ausbau der Cyberwirtschaft wird sich dieser Prozess auch auf den Großhandel, den Einzelhandel und große Teile des Dienstleistungssektors ausweiten.
3. Der Euro und die Erweiterung der Europäischen Gemeinschaft schränkt die traditionellen Strategien zur Beseitigung der Arbeitslosigkeit weiter ein.

Um also das Problem der Erwerbs – Arbeitslosigkeit in den Griff zu bekommen, muss man

1. die Entwicklung von der Erwerbs – Arbeitsgesellschaft zur Tätigkeitsgesellschaft verwirklichen, in dem alle dem Gemeinwohl dienenden Tätigkeiten anerkannt und in die Wertschöpfungskette integriert und finanziert werden sowie
2. den Komplementär-Währungen eine offizielle Rolle zur Mit – Finanzierung dieser Tätigkeiten einräumen.

Diese Maßnahmen werden die europäischen Regierungen praktisch nichts kosten, denn sie müssten nur die bürokratischen Hürden bei der Schaffung und Verwendung dieser Komplementär-Währungen beseitigen.

Die europäischen Regierungen könnten aus zwei Gründen an einer forcierten Förderung dieser Gedanken interessiert sein:

1. Mit Hilfe der öffentlich anerkannten Komplementär-Währungen könnten die staatlichen Einnahmen (Steuern) erheblich verbessert werden sowie
2. die Finanzierung der sozialen Sicherungssysteme auf eine neue, solide Grundlage gestellt werden.

Der wohl schwierigste Teil ist nicht etwa die Verbreitung dieser Idee. Auch die Schaffung der Währung selbst stellt kein großes Problem dar. Am schwierigsten dürfte sein, dass die Komplementär-Währung im jeweiligen Land oder in der Region akzeptiert und verwendet wird. Deshalb beschäftigen wir uns in den nächsten beiden Abschnitten mit dem Aufbau einer unabhängigen lokalen Komplementär-Währung und ebenso mit dem Aufbau eines unabhängigen komplementären Banken – und Kreditsystems.

2.8 Aufbau einer unabhängigen lokalen Währung

„Grundlegend für eine Verbesserung der wirtschaftlichen Unabhängigkeit ist die Einführung eines lokalen Zahlungssystems. Dies ist deswegen von entscheidender Bedeutung, weil das Ausmaß der Handelsaktivitäten derzeit in fast allen Bereichen der industrialisierten Welt wesentlich von der Geldmenge bestimmt wird. Sofern der Geldfluss in einer bestimmten Region nicht angemessen ist, werden sogar Arbeiten unerledigt bleiben, die die Ortsansässigen selbst, ohne Hilfe von außerhalb, übernehmen könnten. So könnte ich zum Beispiel das Material stellen, dass ich zum Streichen meines Hauses benötige, und ein Nachbar, ein guter und erfahrener Maler, der zeitweise zu wenig Aufträge hat, würde diese Arbeit gerne für mich erledigen. Wenn ich jedoch kein Geld – im Normalfall: keine Landeswährung – zur Verfügung habe, um ihn zu bezahlen, kann ich seine Dienste auch nicht in Anspruch nehmen, es sei denn, wir würden einen Tauschhandel vereinbaren. Das wiederum könnte sich als schwierig erweisen, weil ich vielleicht nichts hätte, was ich ihm als Gegenleistung anbieten könnte und was in etwa dem Wert seiner Arbeit entspräche. Letztlich müsste ich – ziemlich unsachgemäß – mein Haus selbst streichen.

Die herkömmliche Lösung dieses Problems besteht in dem Versuch, mehr Geld in der Landeswährung zu verdienen. Als Einzelperson könnte mir das gelingen, indem ich für jemand anderen in der Gemeinde arbeite; aber wenn die Gemeinde als Ganzes die Produktion von Gütern und Dienstleistungen, die ihre Einwohner für einander leisten, auf Dauer steigern will, muss auf Dauer auch eine größere Geldmenge in Umlauf gebracht werden. Dies kann durch eine Steigerung des Exports von Waren und Dienstleistungen aus der Region geschehen. Aber abgesehen von den Risiken einer zunehmenden Abhängigkeit, denen wir uns dabei aussetzen, wird das neue Geld genauso schnell abfließen wie es hereingekommen ist, so dass der Export vermutlich erheblich gesteigert werden müsste, bevor wir einen merklichen Zuwachs bei der lokal verfügbaren Geldmenge verzeichnen können.

Eine bessere Alternative erscheint daher, den durch die Außenverflechtungen resultierenden schnellen Geldfluss an Landeswährung zu drosseln, indem in der Region eine größere Menge jener Mittel hergestellt wird, die bislang von irgendwoher außerhalb erworben wurden. Das ist auf jeden Fall schon einmal eine nützliche Strategie. Aber selbst wenn ein Teil der Importgüter durch regionale Produkte ersetzt wird, bleibt jedoch die Abhängigkeit zwischen dem Grad der wirtschaftlichen Aktivität und dem Geldfluss von außen bestehen; lediglich das Verhältnis zwischen beiden hat sich verändert. Durch eine Verringerung der Geldströme, die aus der Region fließen, kann sich eine Region mit einer bestimmten Menge an Geldzuflüssen auf ein höheres Niveau wirtschaftlicher Aktivitäten begeben; die Wechselwirkung zwischen diesen beiden Größen kann sie jedoch nicht prinzipiell außer Kraft setzen.

Die beste Strategie würde daher darin bestehen, die internen wirtschaftlichen Transaktionen vom externen Geldfluss unabhängig zu machen, indem eine spezielle Währung verwendet wird, um die internen Transaktionen abzuwickeln. Denn tatsächlich ist die einzige Rolle, die die nationale Währung bei Transaktionen zwischen Nachbarn spielt, die eines Maßstabs: Sie dient als Skala, auf welcher der Wert der Arbeit des Mannes, der mein Haus streicht, mit dem Wert der Arbeit verglichen werden kann, die ich für ihn oder für einen anderen meiner Nachbarn leiste. Dieser Maßstab bietet die Möglichkeit einer Gewähr, dass niemand mehr erhält, als er oder sie einbringt. Familien und kleine, stabile Gemeinschaften brauchen aber kein Geld zur Bemessung der Arbeit ihrer Mitglieder, um auf diese Weise zu gewährleisten, dass jeder seinen Teil für die Gemeinschaft leistet: sie unterstützen sich gegenseitig, ohne aufzurechnen, in dem Vertrauen, das sich letztlich alles ausgleicht. Eine ganze Reihe nicht nur klösterlicher Gemeinschaften und Kommunen wirtschaften auch heute auf diese Weise. In größeren Gruppen jedoch sehen die meisten Menschen die Notwendigkeit, Leistungen und die Gegenleistungen gegeneinander mit Hilfe einer „objektiven Verrechnungseinheit“ aufzurechnen. Gerade in fortgeschrittenen Industriegesellschaften ist die zuweilen nicht nur von Feministinnen vorgebrachte Forderung nach einem angemessenen Lohn für Hausarbeit die logische Konsequenz der gesellschaftlichen Geringschätzung, die dieser Arbeit in einem auf Erwerbsarbeit ausgerichteten Wertgefüge entgegengebracht wird"[80].

Was also spricht für den Aufbau von unabhängigen, lokalen Komplementär-Währungen?

- Zunächst die Tatsache, dass über diesen Weg eine Vielzahl menschlicher Tätigkeiten aktiviert und finanziert werden könnte, die sonst nicht eingefordert oder nur über die Ebene der „kostenfreien" Selbst- und Nachbarschaftshilfe zu erhalten wären. Die unabhängige lokale Komplementär-Währung schafft Arbeit und damit Einkommen.
- Je mehr Menschen über zusätzliche Einkünfte verfügen, umso größer wird die Angebots- und Nachfragepalette nach Gütern und Dienstleistungen, die mit Hilfe der Komplementär-Währung nachgefragt werden könnten.
- Die Geldmenge würde den Bedürfnissen gerechter angepaßt. Das Geld einer Komplementär-Währung entsteht dadurch, dass Menschen etwas für andere Menschen tun. Die Geldmenge wäre damit immer adäquat. Beispielsweise wird in Tauschringen dadurch Geld „geschöpft", indem sie ihren Mitgliedern gestatten ihr Konto zu überziehen. Allerdings werden dafür keine Zinsen erhoben. Mithin muß die Summe aller „Kredite" per Definition mit der Summe aller Guthaben identisch sein. Die Mitglieder eines Tauschringes entscheiden autonom über die Höhe des Kreditlimits.
- Lokale Komplementär-Währungen können niemals zu Instrumenten der wirtschaftlichen Macht werden, weil in der Regel jeder durch seine eingebrachten Tätigkeiten selbst dieses „Geld" erzeugen kann.

Der Aufbau einer Gemeinwohl-Ökonomie bedarf der Möglichkeit, eigene Verrechnungseinheiten, eigene Währungen zu schaffen. Da kommt dann schnell die Befürchtung auf, dass dies zu einer bunten Vielfalt von Währungen zur gleichen Zeit führen wird. Dies ist richtig so. Aber wir haben auch eine Buntheit von Tarifen im Telefonsystem oder bei den Stromtarifen. Dies macht das Leben nicht immer leichter, doch bedeutet es in unserem Kontext auch Machtverteilung. Von den Banken „privat" geschaffenes elektronisches Geld existiert bereits seit vielen Jahren und wird in Zukunft eine immer größere Bedeutung gewinnen. „Plastic money" ermöglicht den Einkauf weltweit – und ohne staatliche Proteste, denn es ist im Interesse der Shareholder-Ökonomie. Folgerichtig wird der Staat auch Komplementär-Währungen der Gemeinwohl-Ökonomie zulassen müssen. Für dieses Recht wird sicher noch gekämpft werden müssen.

Wie alle Währungen, so muss auch die Komplementär-Währung vertrauenswürdig sein, sonst wird sie nicht akzeptiert und verwendet werden. Für den erfolgreichen Aufbau einer unabhängigen lokalen Komplementär-Währung muss man deshalb drei Punkte beachten:

1. den richtigen Zeitpunkt,
2. die entsprechenden Führungsqualitäten und
3. ein bindendes Design.

Die alten Griechen hatten zwei Götter für die Zeit, Chronos und Kairos. Wie zwei ungleiche Brüder aus derselben Familie deckten sie zwei Seiten einer Medaille ab:

- die quantitative Dimension, die Chronos-Zeit, lässt sich mit Uhren messen – wir sprechen auch von Chronometern – in Stunden, Minuten oder gar tausendstel Sekunden;
- die qualitative Dimension, die Kairos-Zeit, bezieht sich auf den günstigsten Augenblick, dem Willen, auch dem Ungeplanten, seine Bedeutung einzuräumen und seinen Wert anzuerkennen.

In der griechischen Mythologie wurde Kairos durch eine männliche Gestalt mit einem langen Zopf dargestellt. Kairos tauchte unvermittelt und völlig unvorhersehbar auf, um uns eine günstige Gelegenheit zu zeigen oder einen unwiederbringlichen Augenblick zu bescheren – und die Bedingung: man musste in der Lage sein, diesen besonderen Zeitpunkt, wenn Kairos vor einem stand, überhaupt zu erkennen und zu handeln, indem man ihn sofort an seinem Zopfe festhielt – um so diese Gelegenheit im wahrsten Sinne des Wortes zu ergreifen. Mit anderen Worten: je nach Zeitpunkt können die selben Initiativen derselben Menschen ganz unterschiedliche Ergebnisse haben.

Führungsqualitäten bilden vielleicht den wichtigsten Faktor für die Einführung einer lokalen Komplementär-Währung. Man benötigt eine einzelne Person oder eine Gruppe mit der richtigen Mischung aus Fantasie, Initiative und Ausstrahlung. Außerdem muss der Prototyp der Währung den lokalen Gegebenheiten angepasst werden. Fehlt eine der drei genannten Qualitäten, so bleibt es entweder beim guten Willen oder das Projekt scheitert wie schon viele andere zuvor.

Auch bei einer Komplementär-Währung geht es um Vertrauen und damit ebenso um die Vertrauenswürdigkeit der Menschen, die das System vertreten.

Schließlich geht es um das richtige Design, das heißt, die richtige Wahl der passenden Komplementär-Währung. Jedes der bekannten Systeme weist Eigenschaften auf, die man je nach Gegebenheiten als Vor – oder Nachteile interpretieren kann.

2.9 Aufbau eines unabhängigen Banken- und Kreditsystems

Wer ernsthaft an den Aufbau einer Gemeinwohl-Ökonomie denkt, der muss nicht nur ein entsprechendes zentrales Nervensystem aufbauen, sprich: Komplementär – Währungen, sondern auch für entsprechende Knotenpunkte sorgen; dies bedeutet den Aufbau eines unabhängigen lokalen Banken – und Kreditsystems.

Der erste Schritt besteht eindeutig in der Gründung einer Einrichtung, die die Funktion einer Kreditgenossenschaft übernehmen kann. Wir können hier an Beispielen aus Entwicklungsländern lernen, etwa der Grameen Bank aus Bangladesch. Professur Muhammad Yunus, ihr Gründer, ging viele Male mit Tagelöhner und Kleinhandwerkern zu Banken, um Kreditanträge zu stellen. Hier bekam er die immer gleiche Auskunft, dass diese Menschen nicht kreditwürdig seien. Aber da er persönlich die Bürgschaft übernahm, wurden die Kleinkredite schließlich gewährt. Damit war die Idee der Grameen-Bank geboren.

Nach über 1 Million ausgezahlter Kleinkredite und mit einer Rückzahlungsquote von über 98 Prozent hat Yunus gezeigt, dass die Geschäftspolitik der konventionellen Banken falsch ist. Mittlerweile hat die Grameen Bank über 1000 Zweigstellen und arbeitet in mehr als 32.500 Dörfern. So hat die Grameen Bank beispielsweise ein weltweit einzigartiges innovatives Telefonnetz gefördert: es wurden sogenannten „Telefon-Ladies“ 60.000 Handys auf Kreditbasis zur Verfügung gestellt. Die Frauen gehen damit von Haus zu Haus, damit die Menschen telefonieren können. Die Bewohner von 68.000 Dörfern sparen damit den Bustransfer in die Stadt zu einer öffentlichen Telefonzelle, und die „Telefon-Ladies“ bezahlen mit den eingenommenen Kommissionen den Kredit zurück. Die Grameen Bank hat bewiesen, dass die Armen mit Geld umgehen können. Ihre Finanzstatistik zeigt, dass die Armen kreditwürdiger sind als die Reichen. Das Geheimnis von Grameen ist die Einrichtung von Schuldner-Zirkeln. Muhammad Yunus ist der Ansicht, dass die Arbeit vom Eigentum an den Produktionsmitteln nicht getrennt werden sollte. Er will die Erkenntnis in die Köpfe aller Menschen bringen, dass jeder Mensch seinen eigenen Arbeitsplatz schaffen kann. Er ist der Überzeugung, dass die Menschen mit ihren eigenen Produktionsmitteln arbeiten müssen, wenn wir die Katastrophen der kapitalistischen Entwicklung vermeiden wollen.

„Im Februar 1997 fand in Washington D.C. der Microcredit Summit statt, an dem fast 3000 Menschen teilnahmen, die sich für die Förderung des Kleinkreditgedankens einsetzen, darunter 500 Kleinkreditprojektträger sowie zahlreiche Staatsoberhäupter. Zu diesem Zeitpunkt war diese Idee bereits in mehr als der Hälfte der Länder der Welt verbreitet, jedoch oft erst in kleinen Testprojekten“[81].

Es empfiehlt sich also, eine gemeinsame Finanzierungsinstitution zu gründen. Ob eine lokale Bank oder ein Versicherungsverein, , eine Kreditgenossenschaft oder eine andere Form der Organisation gewählt wird, ist zweitrangig. Diese alternative Bank sollte sich als Beteiligungsunternehmen betrachten, sie sollte sich um die soziale und ökologische Rendite eines Projektes ebenso kümmern wie um dessen finanziellen Erfolg. Nur wenn genügend solcher alternativer Banken vorhanden sind, in die die Menschen ihr Vertrauen setzen, wird es möglich sein, das eigenständige lokale Ökonomien wieder neu entstehen.

2.10 Aufbau einer lokalen Ökonomie

Als Reaktion auf die wirtschaftliche Globalisierung entwickeln sich mehr und mehr Selbstorganisationen auf lokaler Ebene. Wenn eine lokale oder regionale Gemeinwohl – Ökonomie langfristig als tragfähige Säule parallel zur globalen Ökonomie etabliert werden soll, muss sie zu einem vernetzten System mit einer breiten Basis ausgebaut werden. Ökologische Landwirtschaft mit Direktvermarktung, lokale Energieerzeugung aus erneuerbaren Energien wie kleine Wasserkraftanlagen, Windparks, Biogasanlagen; lokale Dienstleistungsunternehmen, Gemeinwohl-Unternehmer etc. – in einer Gemeinwohl – Ökonomie wird der Dienstleistungscharakter der Unternehmen wieder stärker im Vordergrund stehen. Das bedeutet, dass ein Unternehmen vorrangig in Bezug auf seine Leistungen für das Gemeinwesen beurteilt werden wird, und nicht – wie dies heute geschieht – überwiegend oder ausschließlich an seinem Profit, den es für die Kapitaleigner abwirft. Unter diesen Bedingungen würde ein völlig anderer Personenkreis in das Wirtschaftsleben eintreten.

Wenn die lokale Gemeinwohl – Ökonomie gestärkt werden soll, muss man sich einen neuen Typus von Unternehmer ausdenken, den Gemeinwohl – Unternehmer. Sein Hauptanliegen müsste es sein, den Menschen in der Region zu dienen und nicht, für Eigentümer und Investoren Gewinne zu erwirtschaften. Daher dürfte dieser Typ von Unternehmer auch Spenden sammeln, um seinen Haushalt auszugleichen; Mitarbeiter könnten auf der Basis der Bezahlung durch Komplementär – Währungen und Landeswährung angeworben werden. Über dieses Modell soll der vierte Abschnitt reflektieren.

Günter Hoffmann

3. „Ohne Moos geht's los"

3.1 Die Tauschringe – Die Bedeutung des Projekts für die Debatte um neue Tätigkeits- und Beschäftigungsmodelle

Berlin, im Herbst 1995: Die Vertreter von fünfzig Zeitbörsen und Tauschkooperativen versammeln sich zum ersten bundesweiten Treffen der Tauschringe. Unter dem Motto „Ohne Moos geht's los" diskutieren sie über ihre Erfahrungen, die Möglichkeiten der Zusammenarbeit und die nächsten Arbeitsschritte.

Die Delegierten repräsentieren eine soziale Initiative, der im Herbst 1995 etwa 3.000 Mitglieder angehören. Berufstätige und Arbeitslose, Hausfrauen, Rentner und Studenten, die sich in Gemeinden und Stadtvierteln zusammengefunden haben, um Nähen, Schweißen, Tapezieren, Dienstleistungen allerart über einen Tauschring zu organisieren – auf Non-Profit-Basis und im Ringtausch-Verfahren. Die Leistungen rechnen sie über D-Mark-alternative Verrechnungseinheiten ab: Kreuzer bei den einen genannt, Batzen, Torfdollars, Talente bei anderen. Wer also z.B. eine Stunde lang einem anderen Tauschring-Mitglied beim Ausfüllen der Steuererklärung hilft, erhält eine Gutschrift, die ihn zum Bezug einer Dienstleistung berechtigt, die ein anderes Tauschring-Mitglied anbietet – Babysitten z.B., Hemden schneidern oder Fahrrad reparieren.

Tauschringe sind der Versuch, eine neue lokale Wirtschaft im Stadtviertel entstehen zu lassen – neben der DM-Ökonomie und ergänzend zu deren Markt. Einen Kreislauf, in dem die Bürger Fähigkeiten einbringen können, die im Marktsektor nicht gefragt sind, wofür sie im Gegenzug Dienste und Güter in Anspruch nehmen dürfen, die sie sich für DM kaum leisten könnten oder würden. Vor allem aber sind die Tauschringe als ein Forum ausgewiesen, auf dem „anders" getauscht werden soll: gerechter, kreativitätsförderlicher und dabei auf eine Weise, daß die Prinzipien gegenseitiger Hilfe und Solidarität das Streben nach Leistungsäquivalenz überlagern. Das, kurz gesagt, ist der sozialphilosophische Kern des Konzepts Tauschring.

Das Bundestreffen 1995 war ein Meilenstein einer Bewegung, die 1992 in Halle an der Saale mit der Gründung des döMak Tauschrings ihren Anfang genommen hatte. Mitte der neunziger Jahre gründeten sich dann in vielen Städten Deutschlands ähnliche Vereinigungen, um bargeldlos Leistungen und Güter in einem zweiten, ergänzenden Kreislauf zur D-Mark-Ökonomie zu tauschen. Heute, fünf Jahre später, sind es bereits 340 Zeitbörsen, Kooperationsringe und Seniorengenossenschaften, in denen der Ringtausch praktiziert wird.

1996 reiste ich als Journalist und Tauschring-Mitglied ein erstes Mal durch die Republik, um über Idee und Wirklichkeit des bargeldlosen Tausches zu berichten. Die gesammelten Reportagen veröffentlichte ich 1998 unter dem Titel „Tausche Marmelade gegen Steuererklärung" (1). Ein Buch, das sich, in der gebotenen kritischen Distanz, als Plädoyer für die Tauschringe bezeichnete: nicht als Allheilmittel gegen die Arbeitslosigkeit und gegen die „Krise des Sozialstaates" (wie die Abkehr vom Sozialstaatsgedanken beschönigend genannt wird), aber dafür, dem Experiment im Rahmen der dringend nötigen sozialen Initiativen für neue Beschäftigungs- und Tätigkeitsmodelle eine echte Chance zu geben.

Was schon damals den Beobachter beeindruckte – und sich als nachhaltige Stärke des Projektes erweisen sollte -, war die Vielfalt der Herkünfte, Interessen und Milieus, die die Tauschring-Szene bindet. Da fanden sich Menschen aus unterschiedlichen Schichten – Rentner und Studenten, die kaum eine D-Mark übrig hatten, genauso wie Akademiker, Geschäftsleute, Facharbeiter oder Hausfrauen. Entsprechend unterschiedlich waren auch die Gründe, die die Mitglieder zum Engagement in den Tauschringen bewegten: Bei den einen standen die wirtschaftlichen Aspekte im Vordergrund. Andere suchten eine erweiterte Form der Nachbarschaftshilfe zu verwirklichen. Dritte gingen in die Tauschringe wie in ein Ehrenamt. Wieder andere suchten nach einem Forum, auf dem sie ihre Kreativität einbringen konnten.

Manchmal fanden all diese unterschiedlichen Typen auch in einem Tauschring zusammen. Andererseits war und ist nicht zu verkennen, daß viele Tauschringe, je nach Mitgliedschaft und sozialem Umfeld, ausgeprägte Profile ausweisen. Im hessischen Dietzenbach z.B. ist es eine Seniorengenossenschaft, in der Menschen mit großem Engagement neue Formen der Altenarbeit und der kommunalen Beteiligung erproben. Einen anderen Typus, Vereinigungen mit einem hohen Anteil Arbeitsloser und Sozialhilfeempfänger, findet sich zahlreich in den neuen Bundesländern. Dort, wo die Menschen von der dauerhaft hohen Arbeitslosigkeit doppelt schwer betroffen sind. Einmal, weil die Rate höher liegt als in den alten Ländern, dann, weil sie als Bürger der DDR Arbeitslosigkeit nicht gekannt hatten. Andererseits konnten die Tauschringe dort an die lebendige Tradition der gegenseitigen Hilfe und Nachbarschaftshilfe anknüpfen, mit der sich die DDR-Bürger gegen bürokratische Mißwirtschaft und die Versorgungsengpässe zu wehren wußten. Wieder ein anderes Profil zeigen die Tauschringe in Städten, in denen die Alternativkultur der achtziger Jahre ihre Spuren in der Stadtlandschaft hinterlassen hat und Gerechtigkeitsideen gut verankert sind, die aus der Tradition christlicher, linker oder freiwirtschaftlicher Sozialkritik stammen ...

Dennoch stimmen die Tauschringe in ihrer Grundorientierung überein – und das nicht nur in den „Geschäftsbedingungen" des Tausches. Gemeinsam ist ihnen, daß sie ein praktisch vollzogener Einspruch gegen die gesellschaftliche Ausgrenzung von Fähigkeiten sind – eine Selbsthilfemaßnahme in einer Gesellschaft der Dauerarbeitslosigkeit und des Professionalismuswahns. Nur was einen Marktwert hat, ist etwas wert – dieses weiter an Boden gewinnende Credo der Gesellschaft der Jahrtausendwende will man in den Tauschringen nicht akzeptieren. Auch wenn sie nicht als ein politisches Projekt zu qualifizieren sind (obwohl einzelne ihrer Wortführer durchaus gesellschaftspolitische Ziele verfolgen), ihre sozialpolitische Brisanz läßt sich nicht leugnen: Die Organisierung eines alternativen Tauschsystems ist stets ein Stück gelebte Sozialkritik.

Das ist nicht allein die Beschreibung ihrer gesellschaftlichen Funktion, es bezeichnet auch ihr Selbstverständnis. Von diesem her sind die Tauschringe gewiß mehr als Notgemeinschaften – ihnen geht es auch um andere (neue alte) Werte des gemeinschaftlichen Zusammenwirkens. Was ihre Betreiber eint, ist der Gedanke, daß ganz so, wie eine Arbeit, die ausschließlich als Mittel zum Lebensunterhalt fungiert und nicht auch der Selbstverwirklichung dient, eine inhumane Arbeit ist, so auch ein Tausch höchst fragwürdig ist, der nicht auch die sozialen Bedürfnisse des Menschen befriedigt, und das in solidaritätsförderlicher Weise. In diesem Sinne hat z.B. der ehemalige Jugendpfarrer Helmut Becker, Gründer des döMak Tauschrings Halle, die Aufgabe der Tauschringe beschrieben: es gehe darum, „im positiven Sinne wieder bürgerliche Gesellschaft zu realisieren – durch ein gesundes Eigeninteresse".

Ob und wie das gelungen ist, dazu gibt es heute einige Erfahrungen. Fünf Jahre nach ihrem ersten Bundestreffen scheint es also an der Zeit, die Frage nach den Erfolgen und Kapazitäten des Projekts Tauschring im Lichte der praktischen Erfahrungen neu aufzuwerfen und das Thema im Kontext der Projekte für neue Lebens- und Tätigkeitsmodelle zu erörtern. Bevor wir in den folgenden Abschnitten die Idee und ihre Realisierung an Hand einiger ausgesuchter Beispiele näher untersuchen werden, wollen wir den Rahmen der Bilanz abstecken:

Zunächst einmal ist bemerkenswert, daß die Tauschringe sich als ein arbeitsfähiges Projekt, ja als Institution erwiesen haben und nicht nach einem kurzen Frühling wieder von der Bildfläche verschwunden sind. Das ist alles andere denn selbstverständlich, denn viele derartige Experimente überleben keine fünf Jahre. Gewiß, manche Tauschringe sind in die Krise geraten oder zerfallen, andere bewegen sich in einer Art splendid isolation, so daß Außenstehenden das Mittun schwer gemacht wird. Für viele der Projekte aber gilt, was Stefan Purwin, einer der Gründer und treibenden Kräfte des Tauschrings im Berliner Stadtteil Kreuzberg, über das Projekt sagt: „Der Tauschring ist eine feste Instanz im Stadtteil geworden. Er hat ein Netz geschaffen, eine Verknüpfung von sozialem Miteinander und ökonomischem Handeln auf einer gleichberechtigten Ebene, die man sonst in der Ökonomie nicht findet." Auch numerisch ist ein Fortschritt zu verzeichnen: Als am 29. September 2000 das 5. bundesweite Treffen der Tauschringe in Karlsruhe abgehalten wurde, zählten die Initiativen bereits über 35.000 Mitglieder.

Diese Konsolidierung ist um so bemerkenswerter, als die Tauschringe – ganz im Gegensatz zu vielen Wirtschaftsunternehmen, aber auch Beschäftigungsinitiativen – ohne staatliche Hilfen auskommen mußten. In einigen Fällen haben Kommunen Beteiligungsbereitschaften signalisiert (s.u. Kap.5), ansonsten ist das beste, was man den staatlichen Ämtern nachsagen kann, daß sie die Tauschringe im wesentlichen haben machen lassen (nach einigen anfänglichen Knüppelwürfen seitens einiger Finanzämter).

Als zweites gehört zu einer Bilanz, daß die Probleme, auf die die Tauschringe eine Antwort geben wollen, in der Periode seit ihrer Gründungsphase nicht geringer und auch nicht weniger schwerwiegend geworden sind – im Gegenteil. Lassen wir die Jahre Revue passieren, dann fällt auf: Die Tauschringe sind in Deutschland zu einem Zeitpunkt entstanden, als offenkundig wurde, daß die politische Klasse klammheimlich Abschied von der „Vollbeschäftigung" als sozialer Zielvorstellung genommen hatte, sich der Verantwortung, neue Wege zu gehen, aber nicht stellte. Als Konzept und als Praxis suchen die Tauschringe eine Antwort auf die wachsende Diskrepanz zwischen Zeit und Geld zu geben, auf das Paradox, daß die Menge unbefriedigter Bedürfnisse im Elementarbereich ebenso wächst wie die Anzahl der Menschen mit wertvollen Fähigkeiten, für die die Gesellschaft keine Verwendung findet. Damit stellt sich die Frage nach den gesellschaftlichen Alternativen bzw. den nötigen Modifikationen an einer Wirtschaftsweise neu, deren sozialphilosophische Zentrallegitimation – wir zitieren sozusagen die Lehrbuchfassung – so lautet: „Die moralische Vorzugswürdigkeit der Marktwirtschaft liegt darin, daß sie das beste bisher bekannte Mittel zur Verwirklichung der Solidarität aller Menschen darstellt." (2)

Schwer wiegt in diesem Zusammenhang, daß die neue Bundesregierung keine gesellschaftliche Aufbruchstimmung verbreitet hat. Ganz im Gegenteil hat die rot-grüne Koalition ein außerordentliches Talent unter Beweis gestellt, soziale Fragen als finanztechnische Probleme auszugeben. Wie jüngst ein prominenter langjähriger Beobachter und Kommentator des politischen Geschehens in einem Blatt schrieb, daß von dem Verdacht der Sympathie mit der Regierung oder gar Linksorientierung gänzlich frei ist: „Schröder betreibt keine rot-grüne Regierungspolitik" (3). Von innovativen Projekten in den Bereichen Arbeits- und Sozialpolitik, aber auch in der Gesundheits- und Rentenpolitik ist in den ersten beiden Regierungsjahren so wenig zu spüren gewesen, daß die Vision eines neuen Gesellschaftsvertrags als politische Antwort auf die globale Revolution, die in Wahlkampfzeiten noch an die Wand gemalt wurde (4), sich bereits jetzt als Makulatur erwiesen hat.

Die Rahmenbedingungen für Projekte wie die Tauschringe sind also in den letzten Jahren nicht günstiger geworden. Umso schwerer wiegt ihre Bedeutung als ein Stück reale Praxis, die Erfahrungen zu machen ermöglicht. Von „einem Lehrstück in Sachen alternativer Ökonomie" spricht treffend Klaus Kleffmann, der Gründer und Leiter des Tauschringarchivs (der zentralen Anlaufstelle der Tauschringe) – ein Mann übrigens, der als ehemaliger mittelständischer Unternehmer die Wirtschaft auch von der anderen Seite her kennt...

Es ist natürlich nicht zu bestreiten: 35.000 Menschen, die Transaktionen in Tauschringen abwickeln, sind eine kleine, fast exotische Gruppe. Doch um ihre Arbeit im Kontext der Diskussion über neue Tätigkeits- und Beschäftigungsmodelle würdigen zu können, wäre zu bedenken: Projekte, die auf eine Förderung von Eigeninitiative und bürgerschaftlichem Engagement zielen, auf einen Zuwachs an sozialer Gerechtigkeit, eine gerechtere Verteilung der Arbeit, nachhaltiges Wirtschaften, die Stärkung der

Tätigkeitsgesellschaft, gibt es seit Jahren viele. Gut durchdachte Vorschläge von Expertenseite zu Themen wie Bürgergeld und Bürgerarbeit, Stärkung der ehrenamtlichen Tätigkeit, neue Formen der Verteilung von Lebensarbeitszeit ebenso. Leider sind die allermeisten dieser Konzepte bis auf den heutigen Tag auf dem Papier geblieben. Das ist in der Regel nicht die Schuld der Projektschmiede, sondern ein Zeichen, daß die Politik ihren Gestaltungsaufgaben nicht nachkommt. Dabei weiß jeder, der sich einmal die Mühe macht, z.B. mit Arbeitsmarktexperten oder Sozialamtsleitern zu sprechen, daß dort die Gewißheit vorherrscht, daß die Krise mit herkömmlichen Mitteln nicht zu lösen ist ...

Doch leider: Es gibt eine Welt der Experten, der Forschungen und Symposien, und es gibt eine Welt der Macher und Entscheider. Ein Reich der Appelle – und ein Reich der Handlungen, in denen Politiker allzuoft mit jeder Geste dementieren, was sie vorher fordern. Es gibt die Welt der Konferenzen und es gibt die Welt der Betroffenen ...

Keine Frage: Konzepte sind nötig, Enquetekommissionen und wissenschaftliche Studien. Doch was nützt immer mehr Faktenwissen, z.B. über Arbeitslosigkeit und ihre psychischen Folgen, wenn das nötige Orientierungswissen fehlt – oder der Umsetzungswille. Was soll ein Patient mit einem Befund, wenn er keine angemessene Behandlung bekommen kann? Wohlgemerkt: Wir sprechen nicht von den Arbeitslosen und Sozialhilfeempfängern, es ist die Gesellschaft selbst, die der Patient ist und der Hilfe bedarf.

Tauschringe sind nicht als Teil der Expertenkultur entstanden und nicht als staatliches Vorzeigeprojekt. Sie sind ein in Selbstorganisation verwirklichter kleiner Schritt auf dem Weg von der Utopie anderer Tätigkeits- und Tauschformen zur Wirklichkeit – und das ist keine geringe Leistung. Aus der bisherigen Geschichte der Tauschringe lassen sich also wertvolle Hinweise gewinnen. Kein Wunder, daß Sozialwissenschaftler sie gerne als Beleg für ihre Thesen heranziehen – leider nicht immer mit dem nötigen Wissen über Strukturen und Vorgänge. Allerdings sind inzwischen an Universitäten auch Studien erarbeitet worden, in denen die Arbeit einzelner Tauschringe adäquat durchleuchtet wurde (s. Kap. 3.4).

Während sich bei näherem Hinsehen bereits eine Reihe Stärken und Schwächen der Tauschringe zeigen, sind die Grenzen ihrer Leistungsfähigkeit nicht gut zu erkennen, denn ihr Potential ist bei weitem nicht ausgeschöpft. Das zeigt sich, wenn Bürger mit dem Projekt bekannt gemacht werden: Vom persönlichen Nutzen, den ihm eine Teilnahme bringen würde, ist eigentlich jeder überzeugt. Ein anderes Indiz: Als das Projekt Tauschring im August 2000 im ARD-Mittagsmagazin vorgestellt wurde, gab es in den folgenden Wochen zehn Neugründungen ...

Im folgenden untersuchen wir die Idee und Wirklichkeit der Tauschringe an Hand einiger herausragender Beispiele. Am Ende werden wir noch einmal auf die Frage nach ihrer sozialen Brisanz zurückkommen.

3.2 Von Altenpflege bis Umzugshilfen – Das Prinzip Tauschring

Eine alltägliche Erfahrung

Anfang August rief mich meine Kollegin Margit Hesse entnervt an: In vier Tagen wollte sie in Urlaub fahren. Der Flug war gebucht, und sie hatte Vorsorge getroffen: Eine Nachbarin würde während ihrer Reise die Katzen versorgen, die Blumen gießen und nach der Post schauen. Doch die hilfsbereite Dame war plötzlich erkrankt und ins Krankenhaus eingeliefert worden. Damit stand auch Margits Reise auf dem Spiel – ob ich einen Menschen wüßte, der ihre Wohnung betreuen würde, anderenfalls könnte sie nicht wegfahren ...

Ein Problem, das jedem vertraut ist: Wer kümmert sich um die Wohnung, die Blumen, die Post, wenn ich wegfahre? Oder: Wer hilft mal eben beim Andübeln eines Regals? Wer kann seinen Wagen ausleihen? Wer für einen Abend auf die Kinder aufpassen? Wer macht die Einkäufe, wenn ich mit Grippe im Bett liege und allein wohne? Schwierigkeiten gibt es in solchen Situationen häufig – und das nicht allein in den Großstädten, wo die Mobilität groß ist. Eine intakte Nachbarschaftshilfe ist heute nicht mehr die Regel. So bleibt den Hilfesuchenden oft nur der Griff zum Telefon und die Bestellung einer Firma, die alleine schon für die Anfahrt horrende Summen verlangt. Oder aber – der Blick in die Tauschring-Zeitung. Tauschringe sind mehr als Nachbarschaftshilfe – doch gerade zur Lösung der genannten Probleme haben sie sich als bestens geeignet erwiesen.

Wäre Margit Hesse Mitglied in einem Tauschring gewesen, hätte sie frühzeitig in der Tauschring-Zeitung annonciert: „Fahre für drei Wochen in Urlaub. Suche für diese Zeit eine Betreuung für meine Katzen und die Wohnung, Rücksprache unter Telefon ...“. Oder aber, wie in diesem Notfall, hätte sie in der Marktzeitung oder in dem örtlichen Branchenbuch des

Tauschrings nach Angeboten schauen können – und wäre sicherlich auch kurzfristig fündig geworden. Dienstleistungen im Bereich „Wohnung und Haushalt“ werden in den Tauschringen nämlich häufig angeboten. Womit sich natürlich die Frage nach den Kosten oder Gegenleistungen stellt, die für solche Dienste zu erbringen sind – und nach den „Geschäftsbedingungen“ eines solchen Tausches.

Die Spielregeln

Bleiben wir bei unserem Beispiel: Auf Margit Hesses Anzeige meldet sich Karl Meier. Mit ihm vereinbart sie den Preis für das dreiwöchige Hüten von Wohnung und Katzen: 200 Kreuzer oder Batzen (oder wie immer die Verrechnungseinheit ihres Tauschrings heißt), regelt die Modalitäten und überläßt ihm den Wohnungsschlüssel. Nach ihrer Urlaubsreise, bei der Rückgabe der Schlüssel, stellt sie Karl Meier einen Verrechnungsscheck über den Betrag von 200 Kreuzern aus. Dieser wird ihm auf seinem Konto gutgeschrieben – nicht bei der Deutschen Bank, sondern bei der Tauschringzentrale.

Sein Guthaben von 200 Kreuzern kann Karl Meier nutzen, um einen Dienst in Anspruch zu nehmen, der im Tauschring angeboten wird: Hilfe bei der Wohnungsrenovierung z.B., Haareschneiden, Mieten einer Ferienwohnung an der Ostsee... Frau Hesse wiederum, deren Konto mit 200 Kreuzern im Saldo steht, müßte ihre Schulden natürlich auch begleichen. Das wird sie in der Regel nicht im direkten Tausch tun, wie man es in der Nachbarschaftshilfe kennt (also indem sie ihrerseits später mal Karl Meiers Wohnung hütet), sondern indem sie Dienste oder Güter innerhalb des Tauschrings anbietet. Mit ihren brillanten Sprachkenntnissen könnte sie Sprachunterricht geben oder hätte ihren Wagen während der Urlaubszeit vermieten können – und mit den so verdienten Kreuzern ihre Schulden tilgen können.

So und ähnlich läuft es in einem Tauschring – nach einfachen Prinzipien. Der Wert der erbrachten Leistung oder Ware wird auf einem Verrechnungskonto bei der Tauschringzentrale gutgeschrieben, umgekehrt wird das Konto desjenigen, der die Leistung beansprucht hat, mit dem gleichen Betrag belastet.

Die Tauschringzentrale gibt eine Marktzeitung heraus, in der neben aktuellen Nachrichten aus der Tauschring-Bewegung die Angebote und Nachfragen ihrer Mitglieder veröffentlicht werden. Die Tauschring-Zentrale verbucht auch die eingehenden Gut- und Lastschriften auf den entsprechenden Konten, weist auf Kontoüberziehungen hin und schlichtet gegebenenfalls Streitigkeiten. Ungewöhnlich für den Menschen, der an das Bankgeheimnis gewöhnt ist: In den Tauschringen sind alle Kontostände öffentlich. Jeder kann Einsicht in die Schulden oder Guthaben des Tauschpartners nehmen. Ein selten beanspruchtes Recht, mit dem die Tauschringe einem möglichen Mißbrauch vorbeugen wollen.

Die Zentrale führt das Konto und veröffentlicht die Angebote, die Initiative zum Tausch aber liegt grundsätzlich beim Einzelnen. Grundsätzlich werden alle Leistungen bargeldlos über eine eigene Währungseinheit verrechnet. Damit Leistungen nicht nur abgerufen werden und sich einzelne Tauschring-Mitglieder so einseitig auf Kosten der anderen bereichern können, haben alle Tauschringe eine Schuldenobergrenze festgelegt, und die Mehrzahl hat auch ein Guthabenlimit eingeführt. Diese Limits liegen bei den meisten Tauschringen zwischen 25 und 35 Arbeitsstunden oder einem entsprechenden Äquivalent in der Alternativwährung (ca. 500 bis 700 Verrechnungseinheiten) und dienen der Förderung der Tauschaktivitäten: Wer das Schuldenlimit erreicht hat, muß erst selbst wieder aktiv werden, um Hilfe beanspruchen zu können; wer am Guthabenlimit angelangt ist, muß erst einmal einen Dienst in Anspruch nehmen, bevor er selbst wieder einen leisten darf.

Zinsen auf die Schulden zahlt niemand – gutgeschrieben aber werden auch keine. Nur eine kleine Gebühr wird monatlich vom Konto abgezogen. Ein Beitrag zur Vergütung der in der Tauschzentrale arbeitenden Mitglieder, für ihre Bürodienste, Öffentlichkeitsarbeit, Kontoführung, Herausgabe der Marktzeitung, Organisation der Flohmärkte... Auch sie erhalten für ihre Dienste freilich kein Bargeld, sondern Zeitgutschriften entsprechend der im Tauschring jeweils gängigen Währung.

Wichtig ist auch der Unterschied zum erwerbsorientierten Sektor: Tauschringe arbeiten grundsätzlich auf Non-Profit-Basis. Sie erzielen aus ihrer Vermittlungstätigkeit selbst keinen Gewinn. Auch zahlen sie in der Regel, als Selbsthilfeprojekte unter dem Dach von Wohlfahrtsverbänden, Kirchen oder Nachbarschaftsvereinen, selbst keine Steuern. Die Tauschring-Mitglieder sind allerdings für die Regelung ihrer steuerlichen Angelegenheiten, die ihnen eventuell aus ihren Tauschleistungen entstehen, selbst verantwortlich. Ob Umsatz- und Einkommenssteuer für aktive Mitglieder in Tauschringen anfallen, ist zur Zeit noch umstritten. Bisher haben die Finanzämter Tauschleistungen nicht der Besteuerung unterworfen. „Zu unbedeutend seien die Umsätze", heißt es aus örtlichen Finanzamtskreisen.

Tauschringe stehen allen Personen offen. Wer Mitglied werden will, muß in Sachen Weltanschauung, politische Überzeugung usw. kein Bekenntnis ablegen und auch keine Rechenschaft über die Motive geben, die ihn zum Handel bewogen haben. Die Interessenten müssen sich während der öffentlichen Bürozeiten – meist gegen Vorlage des Personalausweises – anmelden, die Satzungen und Statuten anerkennen und den jährlichen Mitgliedsbeitrag zwischen 20 und 40 DM entrichten. Damit erhalten sie ihre Kontonummer, die für Mitglieder kostenlose Marktzeitung – und die Tauschaktivität kann beginnen. Mit den DM-Beiträgen werden übrigens die Kosten für Telefon, Porto, Druck oder Kopien für die Marktzeitung beglichen.

Neben den Floh- oder Tauschmärkten, ist die Marktzeitung das bedeutendste Vermittlungsinstrument für die Tauschpartner. Dort werden die aktuellen Angebote und Nachfragen der Mitglieder veröffentlicht. Die ständigen Angebote werden von großen Tauschringen in eigenen Branchenbüchern aufgelistet.

Angeboten werden kann prinzipiell jede Dienstleistung und jedes Gut. Die tatsächlichen Angebote liegen allerdings in einem eingeschränkten Spektrum: Altenpflege, Bau-, Umbau- oder Renovierungsarbeiten, Babysitting, Busfahrten, Büroarbeiten, Computerkurse, Druckereierzeugnisse, Elektroarbeiten oder Solaranlagen, Fahrdienste, Fahrradreparaturen, Ferienwohnungen, Gartenarbeiten, Haareschneiden, Kleintransporte, Lebensmittel, Massagen, medizinische Betreuung, Möbelverkauf- oder Restauration, Näharbeiten, Nahrungsmittel, Reisen, Sprachkurse, Übernachtungen bis zu Umzugshilfen. Ein Problem, unter dem insbesondere die kleineren Tauschringe zu leiden haben, ist derzeit ein Überangebot von Hilfen rund um den Haushalt und Dienstleistungen wie Fußpflege und Massage.

Die komplementären Nebenwährungen

döMak, Kreuzer, Talente, Peanuts, Tiden ... die Namen, die die Tauschringe den Verrechnungseinheiten gegeben haben, sind je nach Ort und Stadtteil verschieden und orientieren sich häufig an regionalen Begebenheiten. Allen Verrechnungseinheiten gemein ist, daß sie nicht konvertibel zur D-Mark sind. Ein Anreiz, in den Ringen zu tauschen: Guthaben oder auch Schulden dürfen nicht mit D-Mark beglichen werden.

Zwischen den Tauschringen gibt es allerdings einen deutlichen Unterschied in der Frage, nach welchen Kriterien die Leistung zu berechnen ist. Dabei lassen sich grundsätzlich zwei Strömungen unterscheiden:

Die Tauschringe, in denen die Leistung mittels einer sog. Zeitwährung berechnet und grundsätzlich im Verhältnis 1:1 getauscht wird, werden auch als „Zeitbörsen“ bezeichnet. Bei ihnen ist eine Stunde Babysitting ebensoviel wert wie eine Stunde Sprachunterricht oder Computereinführung. Dabei haben die jeweiligen Tauschringzentralen für eine Stunde Arbeitsleistung jeweils einen Richtwert festgelegt: in Berlin-Kreuzberg z.B. sind es 20 Kreuzer, in Bremen 6 Tiden, in Eschwege 20 Werra-Thaler.

In den Tauschringen der anderen Richtung (etwas mißverständlich oft als „DM-orientiert“ bezeichnet) handeln die Mitglieder das Entgeld für ihre Leistungen untereinander frei aus. Dabei dient die DM als Orientierungsmarge für die Verrechnungseinheit. Die Tauschringe geben allerdings die Empfehlung aus, eine Spanne von 2:1, allerhöchstens 3:1 nicht zu überschreiten.

Beide Lösungen können einige plausible Argumente für sich geltend machen:

- Warum soll eine Stunde Fensterputzen weniger oder mehr wert sein als eine Stunde Massage, Tapezieren oder Computereinführung – sagen die einen. Gerecht ist das nicht. Darum – grundsätzlich 1:1.
- Warum soll eine Arbeitsstunde, die mehr Anstrengung kostet, vielleicht auch mehr Verantwortung beinhaltet und auch mehr Ausbildung braucht, nicht auch entsprechend höher bewertet werden – sagen die anderen. Gerecht ist das nicht. Darum – freie Vereinbarung der Leistung zwischen den Einzelnen.

Der Weg, den die Zeitbörsen beschritten haben – fast zwei Drittel der Tauschringe in Deutschland arbeiten mittlerweile nach ihren Prinzipien – birgt gewiß ein größeres Moment an Utopie. Demgegenüber verweisen die Befürworter der differenzierenden Leistungsbewertung insbesondere auf die Notwendigkeit, breite Schichten anzusprechen und die Tauschringe auch für Gewerbebetriebe attraktiv zu gestalten.

Allerdings sind die Differenzen in der Praxis nicht gar so groß. Gemeinsam ist allen Tauschringen ein gewisser egalitärer Ansatz: Kein Experte würde z.B. auf die Idee kommen, für einen medizinischen Vortrag oder einen Computerlehrgang im Rahmen eines Tauschrings einen Verrechnungssatz zu verlangen, den er in der freien Wirtschaft erhalten würde – also vielleicht das zehnfache zu nehmen wie für eine Stunde Putzen.

Wer die Mitglieder sind

35.000 Menschen sind es heute, die den Ringtausch zwischen Obersdorf und Flensburg, zwischen Aachen und Frankfurt/Oder praktizieren. Das mitgliederstärkste Projekt ist das LETS München mit über 1000 Mitgliedern, danach folgen mit Abstand der Bremer Tauschwatt Tauschring mit 520 und der Aachener Oecher-Talent e.V. Tauschring mit 420 Mitgliedern.

Da es keine Gesamtstatistik der Tauschringe gibt, sind wir bei der Frage nach den Berufen, den Lebens- und Familienständen der Mitglieder auf Beobachtungen sowie auf Untersuchungen angewiesen, die zu einzelnen Tauschringen teils an Universitäten durchgeführt wurden – aber nicht repräsentativ für alle Tauschringe sind.

So gibt es z.B. für den Freiburger Talente Tauschring e.V. – (Thema des 4. Kapitels) – eine detaillreiche Untersuchung von Fabian Betz (5). Danach sind 24 Prozent der Mitglieder selbständige Gewerbetreibende und Freiberufler, 36 Prozent Angestellte (aber keine Beamte), 8 Prozent Studierende, 5 Prozent Schüler, 3 Prozent Rentner, 15 Prozent Hausfrauen und -männer, 9 Prozent Arbeitssuchende. 54 Prozent der Mitglieder sind Frauen, 80 Prozent sind zwischen 26 und 45 Jahre alt, 53 Prozent haben einen Hochschulabschluß.

Doch Freiburg ist eine Universitätsstadt und eine Traditionshochburg der grün-alternativen Szene. So aufschlußreich die Zahlen also auch sind, in vielen Tauschringen ist die Zusammensetzung der Mitgliedschaft eine andere. Nach meinen Beobachtungen und Gesprächen mit Tauchring-Aktivisten aus allen Teilen Deutschlands möchte ich die These wagen, daß, bis zur oberen Mittelschicht, tatsächlich alle Schichten vertreten sind. Dennoch sind einige Auffälligkeiten festzustellen:

- Die stärkste Gruppe ist die der Berufstätigen und Freiberufler. Unterrepräsentiert sind die Arbeiter.
- ungefähr ein Drittel der Mitglieder dürfte „nicht erwerbstätig" im Sinn eines DM-Erwerbs sein. Dabei bilden Studenten, Hausfrauen und Rentner den größten Anteil.
- Unterrepräsentiert dürften die Arbeitslosen sein. Allerdings gibt es in den Neuen Bundesländern einige Tauschringe, in denen bis zu 50 Prozent der Mitglieder Arbeitslose oder Sozialhilfeempfänger sind. So z.B. in den im Berliner Osten gelegenen Bezirken Mahrzahn und Hellersdorf sowie in Wittenberge.

- Eine besondere, seltene Gruppe bilden die Gewerbebetriebe in den Tauschringen: Biobauern und Lebensmittelläden, Reiseunternehmen und Restaurants, Druckereien und Werbeagenturen, Schreinereien, Gärtnereien und Weinbauern.
- Überrepräsentativ vertreten sind Personen mit einer wechselhaften Erwerbs- und Arbeitsbiographie, im Sinne des „postmodernen Lebensbiografiegestalters“ (um es mit den Worten mancher Soziologen zu sagen).
- Der Frauenanteil liegt häufig bei 60 Prozent – und in kleineren Kommunen zum Teil sogar höher.
- Alle Altersklassen sind vertreten; die Mehrzahl der Mitglieder sind zwischen 30 und 50 Jahre alt.

Noch einmal: Das typische Tauschring-Mitglied gibt es nicht. Das hängt nicht nur mit den differierenden Umfeldern zusammen, in denen die Tauschringe aktiv sind, es liegt auch an der Vielfalt der Bedürfnisse, auf die die Tauschringe eine Antwort sind: Nicht wenige Mitglieder sind eher aus sozialen und ideellen Gründen aktiv und betreiben den Tausch wie eine ehrenamtliche Aktivität. Andere erwerben sich durch den Tausch Leistungen, die sie sich im Rahmen der DM-Ökonomie nicht leisten könnten. Wieder andere wollen Arbeiten ausführen lassen, die sie selbst ungern tun – um die gewonnene Zeit für die eigenen Talente zu nutzen. Vielen ist an einem Nebeneffekt des Tausches gelegen: an der Kommunikation und am Aufbau neuer kommunikativer Netze. Für andere wiederum ist der kreative Aspekt das wichtigste: Ihnen geht es darum, Kenntnisse und Fähigkeiten einzubringen, für die der Markt gerade keine Verwendung hat. Und dann gibt es da noch Notlagen wie die von Margit Hesse. Womit wir wieder bei unserem Beispiel wären.

Mehr als Nachbarschaftshilfe

Margit Hesse hatte einen Menschen gesucht, der während ihrer Reise ihre Wohnung betreut. Da sie im Haus nur einen Nachbarn näher kannte, der aber krank wurde, war sie selbst in Schwierigkeiten geraten. So kam sie auf die Tauschringe: Wo eine intakte Nachbarschaftshilfe Gutes leisten würde, sind auch die Tauschringe richtig am Platz.

Nur – eine intakte Nachbarschaftshilfe findet sich immer weniger. Außerdem hat der Tauschring gegenüber der Nachbarschaftshilfe zweifellos einige Vorzüge: In einem Tauschring ist der Mensch freiwillig Mitglied – anders als in einer Großfamilie und anders als in einer Nachbarschaft. Er kann tauschen, aber er muß es nicht. Er kann sich seine Tauschpartner selbst wählen. Vor allem aber: Jede Leistung wird fein und säuberlich aufgelistet und im Rahmen des Tauschrings auch abgerechnet. Es bleibt nichts offen zwischen zwei Personen, die im Rahmen des Tauschrings miteinander ins Geschäft gekommen sind – keine direkte Verpflichtung und kein schlechtes Gewissen. Dennoch ist der Tausch, verglichen mit dem Marktsektor, eine ganze Portion persönlicher und gemeinschaftsförderlicher.

Dennoch sind Tauschringe mehr als eine Form von Nachbarschaftshilfe in der postmodernen Gesellschaft. Sie sind außerdem Projekte der ökonomischen Selbsthilfe, Keimzellen einer lokalen Zweitökonomie, eine Form von bürgerschaftlichem Engagement und dabei ein gelebtes Stück Sozialkritik. Wir werden auch in den beiden folgenden Kapiteln immer wieder darauf stoßen, in denen wir exemplarisch zwei Tauschringe vorstellen: einen, der als Zeitbörse arbeitet, und einen, in dem der Wert der Leistung zwischen den Tauschpartnern frei vereinbart wird.

3.3 Zeit-Währung als Zweit-Währung – Fünf Jahre Zeitbörse in Berlin

LETS and more

Ihr Name stand schon häufiger in der Marktzeitung. Dort wurde sie immer wieder als „Rotpatscherin“ geführt. So werden im Tauschring die Mitglieder genannt, deren Kontostand das zulässige Limit von 500 Kreuzern überschritten hat. Als ich Agi Thomas treffe und sie nach ihren Erfahrungen aus der Tauschpraxis frage, ist ihr Erfahrungsschwall kaum zu stoppen.

Seit vier Jahren ist die gelernte Floristin Mitglied im Tauschring. Die Leistungen, die sie anbietet, reichen von Gartenarbeit über Nähen – Vorhänge und Bezüge – und Transporte mit dem Wagen. Mittlerweile hat sie „unendlich viele Kreuzer“ angehäuft. Nicht daß sie keine Leistungen von anderen Mitgliedern beanspruchen will, aber im Augenblick hat sie durch private Umstände wenig Zeit. Ein Haarschnitt oder eine Massage, das sind Dienste, die sie im Tauschring gerne in Anspruch nimmt, „weil D-Mark kann und würde ich dafür nicht ausgeben“.

Seit zwanzig Jahren wohnt Agi Thomas mit ihrer Familie im Berliner Bezirk Kreuzberg. Einst ein Arbeiterviertel, dann eine Hochburg der linksalternativen und autonomen Szenen, ist Kreuzberg heute, zehn Jahre nach dem Ende der DDR und im Zuge der Tauglichmachung Berlins zur deutschen Hauptstadt, ein Bezirk im Umbruch. In manchen Ecken beginnen exklusive Eigentumswohnungen und Läden das öffentliche Bild zu bestimmen. Doch alles in allem nimmt die Armut zu: Unter allen 23 Berliner Stadtteilen ist Kreuzberg, mit seinen 170.000 Einwohnern, der Bezirk mit dem niedrigsten durchschnittlichen Haushaltsnettoeinkommen: 2.250 Mark beträgt es, Tendenz sinkend. Franz Schulz, der grüne Bezirksbürgermeister, mußte Anfang 2000 konstatieren, daß die Kreuzberger Arbeitslosenquote inzwischen bei mehr als 30 Prozent liegt...

Über ihren Mann hatte Agi Thomas das erste Mal von den Tauschringen gehört. Der hatte auf einer Reise nach Kanada von den LETS gehört, dem Local Exchange Trading System (Örtliches Austausch- und Handelssystem). LETS sind Kooperationsringe, die den bargeldlosen Austausch von Leistungen und Produkten zwischen Privatpersonen, Organisationen und Kleinunternehmen auf lokaler Ebene organisieren.

Der Begriff LETS taucht zum ersten Mal 1983 bei dem von Michael Linton gegründeten Netzwerk in Coxmox Valley (British Columbia) in Kanada auf. Nach Linton müssen folgende sieben Kriterien erfüllt sein, wenn ein Tauschring sich als LETS bezeichnen will:

1. Keine Gewinnerzielungsabsichten bei den Organisatoren.
2. Kein Zwang zum Kauf oder Verkauf.
3. Sämtliche Konten starten mit einem Null-Saldo.
4. Keine Bargeldein- oder -auszahlungen.
5. Offenlegung der Kontenstände und des jeweiligen Umsatzvolumens zwischen den Mitgliedern.
6. Wertmäßige Koppelung der lokalen Verrechnungseinheit an die jeweilige Landeswährung.
7. Keine Zinskosten bzw. Zinseinnahmen.

In Nordamerika, Großbritannien, Australien und Neuseeland aktiv, also in einer anderen politischen und sozialen Kultur – arbeiten die LETS auf einer ähnlichen Basis wie die Tauschringe in Deutschland. Eine Reihe von Tauschring-Initiatoren und -Mitgliedern hierzulande haben Anstöße und Ideen von den LETS aufgenommen. (6) So auch Agi Thomas: „Als ich dann von diesem Projekt im Nachbarschaftshaus Urbanstraße hörte, war ich fast schon überzeugt." Dieses Projekt – das war der Tauschring Kreuzberg.

Arbeit = Arbeit

Im Frühjahr 1995 wurde der Kreuzberger Tauschring als einer der ersten Zeitbörsen in der Bundesrepublik gegründet. „Zeitbörse" werden Tauschringe genannt, in denen die Leistung ausschließlich nach der Zeit berechnet wird, in der sie erbracht wird. Eine Stunde Fensterputzen ist ebensoviel wert wie eine Stunde Autoreparatur, dreißig Minuten Computerberatung gilt soviel wie dreißig Minuten Babysitting... Ein Experiment, das vorher bereits in England und St. Louis (USA) praktiziert worden war – Time-Dollar heißt dort die Verrechungseinheit.

Diesen Weg gingen auch die Kreuzberger – 1:1, heißt ihre Devise, Stunde gleich Stunde, Arbeitszeit gleich Arbeitszeit. Den Wert der unterschiedlichen Arbeiten haben die Tauschring-Initiatoren gleichgesetzt: Jede Leistung wird mit 20 Kreuzern pro Stunde berechnet. „Das ist die Grundlage für die Einigung – aber auch für viele der Grund, im Tauschring mitzumachen", sagt Klara Brendle, Mitbegründerin des Tauschrings: „Ein Protest gegen soziale Ungleichheit, Aktienspekulation und Kommerzialisierung des öffentlichen Sektors. Die Mitglieder wollen diesen Praktiken ein Stück Gerechtigkeit entgegensetzen."

Ähnlich sieht es Agi Thomas, die das Prinzip 1:1 für unverzichtbar hält. Dabei weiß sie genau, welche Leistungen und Ausbildungszeiten es kostet, Computerspezialist oder Masseurin zu werden. Doch Tauschgerechtigkeit verwirklich sich für sie nur über die Leistungsbemessung nach Zeit: „Wenn ich putze oder renoviere, bin ich danach auch ganz fertig." Gleichzeitig verweist sie aber auch darauf, daß die Tauschpartner viel großzügiger mit ihren Kreuzern umgehen als mit der DM. „Auch wenn ein Transport nur 35 Minuten dauert und ein Haarschnitt nur 25 Minuten, natürlich bekommst du den Stundensatz, die 20 Kreuzer...". Übrigens eine Praxis, die in fast allen Zeitbörsen üblich ist.

Die Aufhebung des Bankgeheimnisses ist im vorigen Kapitel bereits erwähnt worden – auch in Kreuzberg werden die Konten öffentlich geführt. Wer mit einem anderen ins Geschäft kommen will, kann sich über dessen Kontostand informieren. Das Kontolimit jedes Mitglieds liegt bei 500 Kreuzern, plus und minus – d.h. in einer Spanne von 1.000 Kreuzern kann jeder tauschen. Im monatlich erscheinenden Straßenkreuzer werden die „kritischen" Konten veröffentlicht: Als „Gelbpatscher" werden die Konten bezeichnet, die im „gelben Bereich" (zwischen 300 und 500 Kreuzer im Plus oder Minus) liegen; als „Rotpatscher" diejenigen, die das Limit von 500 Kreuzern im Minus – oder, wie Agi Thomas, im Plus überschritten haben. Das ist vielleicht nicht nach jedermanns Geschmack, aber es ist als eine Aufforderung gedacht, mit diesen Teilnehmern vorrangig zu tauschen, damit sie aus ihren Minus- bzw. Plusständen wieder herauskommen. Tatsächlich kann ein Tauschring nur funktionieren, wenn die Mitglieder sich immer wieder in den Kreislauf von Angebot und Nachfrage einbringen.

Alle Konten werden mit monatlich fünf Kreuzern belastet. Dieser Beitrag wird den Organisatoren gutgeschrieben: den Mitgliedern der Bürogruppe, den Zuständigen für die Öffentlichkeitsarbeit, den Verantwortlichen für die Markttage, genannt TauschRausch, sowie der Zeitungsgruppe.

1999 hatte der Tauschring rund 4.500 Tauschaktivitäten zu verzeichnen, das wurde auf der diesjährigen Mitgliederversammlung bekannt gegeben. Der Umsatz betrug knapp 180.000 Kreuzer. 384 Mitglieder zählte die Zeitbörse im letzten Jahr, heute sind es nur noch etwas mehr als 300. Das liegt daran, daß sich die Zeitbörse von jenen Mitgliedern trennte, die in den letzten zwei Jahren keine Mitgliedsbeiträge gezahlt hatten – und keine Tauschaktivitäten mehr entfalteten. Ein Problem, das auch anderen Tauschringen zu schaffen macht. Viele Mitglieder treten ein, begeistert von der Idee, ergreifen aber letztlich keine Initiative zur Kommunikation und zum Tauschen.

42,3 Jahre beträgt das Durchschnittsalter der Mitglieder. Das ist die einzige aktuelle und genaue Angabe, die die Tauschring-Zentrale zu ihren Mitgliedern machen kann. Seit April 1996 hat sie keine Untersuchung zur Mitgliederstruktur durchgeführt. Damals war fast ein Drittel der Mitglieder selbständig; jedes zweite ging einer Berufstätigkeit nach, davon allerdings nur wenige in einer festangestellten Vollzeitbeschäftigung; jedes neunte Mitglied war arbeitslos, ca. ein Fünftel bildeten Schüler, Studenten und Auszubildende. Wenig vertreten waren Hausfrauen, Sozialhilfeempfänger und Rentner. Fast die Hälfte der Mitglieder lebte in Ein-Personen-Haushalten. Ebenfalls knapp die Hälfte gab an, monatlich nur bis zu 1.000 DM (ohne Mietkosten) zur Verfügung zu haben. Sabine Budtke, die die Ergebnisse in ihrer Diplomarbeit präsentiert und analysiert hat, hat auch auf einige der sich daraus ergebenden Probleme hingewiesen: „Tauschringe scheinen insbesondere für Arbeitslose und Sozialhilfeempfänger attraktiv, werden von denen aber wenig genutzt.“(7)

Was hat sich seither geändert? Dazu Stefan Purwin: „Rein gefühlsmäßig würde ich sagen, es treten immer mehr Personen ein und werden auch aktiv, die sonst von der Gesellschaft ausgeschlossen sind.“ Diese Menschen wissen es zu schätzen, daß sie im Tauschring vollkommen gleichberechtigt sind, meint Purwin: „Wenn wir uns hier als ein Sozialprojekt für Benachteiligte darstellen würden, dann würden diese Personen sicherlich nicht kommen ...“.

Monatlich erscheint, für die Mitglieder kostenlos, der Straßenkreuzer, die Zeitung des Tauschrings, mit den aktuellen Angeboten und Nachfragen. Inzwischen wurde auch die 4. Ausgabe des lokalen Branchenbuchs veröffentlicht, in dem über 500 ständige Angebote – von A wie Auto bis W wie Wohnen – aufgelistet sind.

Ein Problem, unter dem fast alle Tauschringe leiden, findet sich auch in Kreuzberg: Es gibt dreimal soviel Angebote wie Nachfragen und einen starken Überhang an Angeboten rund um den Haushalt nebst Massagen und medizinischer Betreuung. Bei diesen Diskrepanzen mag es verblüffen, daß die Berliner Tauschringe keine Waren und Dienstleistungen untereinander tauschen: In 16 Bezirken der Hauptstadt gibt es inzwischen 20 Tauschringe, doch an einer Vernetzung fehlt es. Momentan sieht es allerdings nicht danach aus, als würde sich daran bald etwas ändern: Die meisten Berliner Tauschringe, auch der Kreuzberger, folgen der Philosophie, nur ein Tausch im überschaubaren, fast nachbarschaftlichen Kontext würde der Idee der Tauschringe entsprechen ...

So denkt man allerdings nicht überall in Deutschlands Tauschringen. Seit kurzem gibt es einen nationalen Ressourcen-Tauschring, dem inzwischen schon 65 Tauschringe angehören (allerdings nicht der Kreuzberger). Das Projekt, organisiert über das Tauschring-Archiv in Lotte/Osnabrück, vermittelt den bundesweiten Austausch von Leistungen. Momentan liegen die Tauschvorgänge zum größten Teil noch im Bereich des Reisens und Übernachtens – aber der Anfang für ein überregionales Netzwerk ist gesetzt.

TauschRausch und Zukunftskonto

„Auch nach fünf Jahren ist der TauschRausch immer noch das Herzstück des Kreuzberger Tauschrings“, schwärmt Stefan Purwin, „sein kommunikatives Zentrum“. Einmal im Monat finden die Aktiven sich auf dem Gelände des Nachbarschaftshauses zusammen, um über ihre Erfahrungen zu sprechen, Dienstleistungen und Produkte anzubieten und Neuinteressierten näheres zum Tauschring zu vermitteln.

Es ähnelt einem Flohmarkt: Auf den Tischen im Wintergarten des Hauses türmen sich Haushaltsgegenstände, Kleidungsstücke, Spielsachen, Bücher, Schallplatten, Modeschmuck... Alle Produkte sind in Kreuzer ausgezeichnet. Auch Kuchen, Frikadellen und Getränke rechnen die Mitglieder in Kreuzern ab. Für ein Paar guterhaltene Langlaufski bezahle ich 30 Kreuzer. Nicht in bar, sondern über einen Verrechnungsscheck, auf dem Name, Kontonummer und Betrag eingetragen werden; die Mitarbeiter der Bürogruppe übernehmen nach dem Ende des TauschRausches die Verrechnung.

Warum der TauschRausch immer noch so beliebt ist, frage ich Klara Brendle. „Inzwischen kommen die Personen weniger über die Medien. Mehr über Freunde, Bekannte. Das ist eine Akzeptanz, die viel mehr Wert ist, als wenn sie über die Presse, von außen vermittelt ist. Auf dem TauschRausch haben sie es nicht mit Anzeigen zu tun, sondern mit Menschen. Die Kommunikation wissen sie zu schätzen."

Seit einiger Zeit wird im Straßenkreuzer intensiv über ein neues Projekt diskutiert: das Solidar- und Zukunftskonto. Anlaß dazu war ein Unfall: Eine alleinstehende Rentnerin und aktive Tauscherin erlitt einen komplizierten Armbruch und benötigte sofort Hilfe. Die Idee: Tauschring-Mitglieder zahlen freiwillig Kreuzer-Beiträge auf ein Konto ein. Die Beträge werden dazu verwandt, Mitglieder zu unterstützen, die in Not geraten sind. Dabei geht es nicht nur um ältere Menschen: „Erstes Ziel ist es, die Betroffenen dabei zu unterstützen, selbst wieder auf die Beine zu kommen. Doch wenn sie es nicht schaffen, z.B. längerfristig krank oder bettlägerig sind, kann der Tauschring auch Versorgung und Pflege organisieren", sagt Stefan Purwin zu den langfristigen Zielen.

Eine zweite Gruppe, die in den Genuß von Zuwendungen kommen soll, allerdings in Form von Kreuzer-Krediten, sind Projektgründer innerhalb des Tauschrings: Dazu liegt ein Antrag der Arbeitsgemeinschaft „Ökologischer Landbau" vor. Sie wollen außerhalb Berlins Landwirtschaft betreiben, um den Tauschring mit Gemüse und Obst versorgen zu können. Auch die Elterninitiative, die einen heruntergekommenen öffentlichen Kinderspielplatz säubern und umgestalten will, könnte durch einen Kreuzer-Zuschuß gefördert werden.

Inzwischen ist das Projekt Solidar- und Zukunftskonto so gut wie beschlossen. Es signalisiert eine neue Qualität von sozialem Handeln innerhalb der Tauschringe. Noch einmal Purwin: „Das Zukunftskonto lebt ja auch nur, wenn Menschen sich für Projekte innerhalb des Stadtteils einsetzen. Wenn sie sagen, ich nehme im Stadtteil etwas in die Hand und bekomme Unterstützung vom Tauschring."

Kommunikativ, gerecht, alternativ

Viele der Dienste, die Agi Thomas über die Tauschleistung in Anspruch nimmt und nehmen wird (denn sie muß ihr Guthaben ja abbauen), würde und könnte sie sich nicht in D-Mark leisten. „Du weißt, wenn Du sonst einen Computerkurs machen oder Fußreflexmassage haben willst, mußt du sehr viel Geld bezahlen." Doch sind es nicht primär wirtschaftliche Gründe, die hinter ihren Tauschaktivitäten stehen: „Wenn ich in der Zeit, die ich im Tauschring Leistungen erbringe, einer gewerblichen Arbeit nachgehen würde, könnte ich mich auch über Wasser halten. Aber das Tauschen mit anderen Personen macht einfach mehr Spaß. Die Kommunikation nimmt beim Tausch einen großen Raum ein, und man lernt ständig neue Menschen kennen."

Gerechtigkeit und Kommunikation: Bei allen Gesprächen, die ich mit Mitgliedern von Tauschringen führte, konnte ich immer wieder feststellen, daß darin die Hauptfaszination besteht. Menschen treten meist ein und tauschen, weil es in den Kooperationsringen anders zugeht als auf dem Markt: direkter, persönlicher und mit einem anderen Kriterium für die erbrachten Leistungen. Das ist in allen Tauschringen so.

Was die Kreuzberger von anderen, allerdings nur ungefähr einem Drittel der Tauschringe unterscheidet, ist der Tausch nach dem Prinzip „Stunde gleich Stunde, gleich welche Arbeit". Aber auch das gehört zu ihrem Profil: trotz breitgestreuter Mitgliedschaft eine gewisse Neigung, sich als Dorf im Dorf zu organisieren. Auch der Mitgliedschaft von Gewerbebetrieben in Tauschringen stehen sie ablehnend gegenüber. Einem Tauschring, der das anders hält, widmen wir uns im nächsten Kapitel.

3.4 Neue Arbeit und Talente – Am Beispiel eines Freiburger Tauschrings

Gewerbetreibende ziehen mit

„Die Tauschringe müssen aus ihrer Nischenexistenz heraus. Sie haben langfristig nur eine Überlebenschance, wenn Kommunen, Geschäfte, Handwerker und Dienstleister auch Mitglieder werden. Es muß auch gelingen, die Bedürfnisse des alltäglichen Bedarfs über die Tauschaktivitäten zu befriedigen", sagt Klaus Kleffmann, ein Mann, der als Leiter des

Tauschring-Archivs in Osnabrück, einen Teil der bundesweiten Koordinations- und Vernetzungsarbeiten leistet.

Das Problem wurde bereits angesprochen: Allen Tauschringen ist gemeinsam, daß sie immer noch unter einem Überangebot von Dienstleistungen und Waren rund um den Haushalt leiden – zum Teil sind es 70 Prozent aller Angebote, die in diesen Sektor fallen. Nachfragen können nicht befriedigt werden, weil zu viele Mitglieder gleiches oder ähnliches anbieten. Doch was nutzen 500 Kreuzer oder tausend döMak auf dem Konto, wenn die Wohnung renoviert, das Auto in Schuß, der Computerkurs absolviert ist? Oder – was tun, wenn die Bedürfnisse doch viel stärker in den Bereichen Arbeiten, Ernährung oder Kleidung liegen?

Es ist nicht zu bestreiten: Solange der Tausch auf Dienstleistungen zwischen Privatpersonen beschränkt ist, stoßen die Tauschringe rasch an ihre Grenzen. Daraus entstand die Idee, das Gewerbe in die Tauschgeschäfte einzubeziehen. Einige Tauschringe (Aachen, Bremerhaven, Dresden, Hildesheim, Freiburg, Oldenburg, Bonn, Köln, Leipzig, Hamburg, Magdeburg und Offenburg) haben mit der Mitgliedschaft von Gewerbebetrieben bereits – überwiegend positive – Erfahrungen gesammelt.

Die Vorteile, die das private Mitglied von einer Einbeziehung von Gewerbe-Betrieben und Handelsunternehmen in den Tauschhandel hat, liegen auf der Hand: in Hamburg kann es z.B. Kopien und Druckerzeugnisse, in Leipzig in einem Öko-Baumarkt, in Radolfzell Kleidung im Second-Hand Laden, in Prinzhöfte Gartenbauarbeiten, in Kassel den Mittagstisch und in Bremen Schuhe reparieren lassen.

Wo auf der anderen Seite der Vorteil liegt, den ein Gewerbe-Betrieb von der Beteiligung an Tauschring-Geschäften haben könnte, ist ebenfalls nicht schwer zu entdecken: „Für mich bietet die Mitgliedschaft im Talente-Tauschring die Möglichkeit, zusätzliche Produkte absetzen zu können. Und ich weiß, daß sich viele Mitglieder diese nur leisten, weil sie auf Talente-Basis bezahlen können", sagt der Biobauer Fritz Kraus. Neben dem Absatz seines Bio-Gemüses, Obst und seiner Fleischerzeugnisse auf den lokalen Märkten, in Restaurants und Hotels, vertreibt er auch „ein Gemüseabo" an die Tauschring-Mitglieder – auf Talente-Basis natürlich. Durch die Mitgliedschaft in Tauschringen könnte sich für das Gewerbe also ein zusätzlicher Markt eröffnen. In Zeiten wie diesen, da das Gewerbe vielerorts Umsatzrückgänge durch mangelnde Kaufkraft der Konsumenten hinzunehmen hat, wäre das eine Möglichkeit, den Umsatz wieder zu steigern und Arbeitsplätze zu erhalten.

Die Erfahrungen aus der Praxis zeigen, daß die angeschlossenen Gewerbe-Betriebe einen großen Zuspruch mit ihren Produkten haben. Solange sie jedoch untereinander nicht vernetzt sind, haben sie in den privaten Tauschringen Schwierigkeiten, ihre gesammelten Talente auch wieder auszugeben. Einer der Gründe, weshalb sich das Interesse an Mitgliedschaften bisher in Grenzen hält.

Auf der anderen Seite gibt es auch in den Tauschringen Vorbehalte gegen die Beteiligung von privaten Dienstleistern und Gewerbetreibenden. In vielen Tauschringen wird befürchtet, die Beteiligung von erwerbsorientierten Betrieben würde zur Kommerzialisierung des Ringtausches führen und ein Ende des Nachbarschaftsgedankens bedeuten. Eine Gefahr, die sicherlich ernst zu nehmen ist.

Ein ungeklärter, sicherlich nicht zu unterschätzender Aspekt betrifft auch die Steuer. Tauschringe sind, anders als Barter-Clubs (die den bargeldlosen Tausch zwischen Gewerbe-Betrieben organisieren), Non-Profit-Unternehmen. Die Frage ist, wie der Fiskus auf Tauschringe reagieren würde, die – wenn auch ohne Gewinnabsicht – dazu übergingen, Tauschgeschäfte zwischen Gewerbetreibenden zu vermitteln …

Ende 1999 wurde in Freiburg ein Konzept vorgestellt, das die Debatte um die Beteiligung von Gewerbetreibenden zu beleben verspricht: das ReWir-Projekt. Dabei geht es um die Organisierung eines Zusammenspiels zwischen Tauschringen, örtlichen Geschäften, Dienstleistern und Gewerbe in der Absicht, damit langfristig auch neue Beschäftigungsinitiativen realisieren zu können.

Entstanden ist das Konzept aus einer Zukunftswerkstatt, die 1998 von der Stiftung Bauhaus Dessau durchgeführt worden war. Tauschringaktivisten (vor allem aus den Regionen Wittenberg, Dessau, Halle, Leipzig und Freiburg), Kirchenvertreter, Politikwissenschaftler, Soziologen und Volkswirte hatten sich getroffen und über die Möglichkeiten regionaler Wirtschaftskreisläufe diskutiert. Dabei wurde das ReWir-Projekt entworfen, ein Kürzel für „Regionales Wirtschaften".

Die Idee: Kleine und mittlere Unternehmen, Geschäfte und Dienstleister zeichnen Gutscheine auf ihre Produkte und stellen sie dem ReWir-Projekt zur Verfügung. Mit den Gutscheinen werden gemeinnützige Arbeiten finanziert, außerdem können Tauschring-Mitglieder sie gegen Talente erwerben.

Der Vorteil für Tauschring-Mitglieder liegt auf der Hand: sie könnten auf diese Weise Güter erwerben und Dienste in Anspruch nehmen, die im

Tauschring nicht angeboten werden. Für die Firmen sind die Gutscheine eine Werbemaßnahme, bei der sie zunächst einmal vorwiegend jene ihrer Produkte und Dienstleistungen anbieten, für die im Rahmen der DM-Ökonomie eine eingeschränkte Nachfrage besteht: Bäckereien können nach 17 Uhr auch ihre Brötchen loswerden, Restaurants in Talente-Hours ihre Küche auslasten, Hotels ihre leeren Zimmer gegen Talente vermieten, Busunternehmen unbesetzte Plätze anbieten.... Natürlich besteht dabei auch die Hoffnung, über die Einlösung der Gutscheine neue Kunden zu gewinnen, die auch zusätzlich einige DM dalassen. Die Ziele der Initiatoren sind allerdings weiter gesteckt: Ihnen geht es letztlich um eine Belebung der Nachfrage nach alltäglichen Leistungen und Gütern im lokalen und regionalen Rahmen sowie um Vorstöße in Richtung „Neue Arbeit".

Bis dahin ist es ein weiter Weg. Doch in Freiburg sind die ersten Schritte zur Realisierung des Projekts mittlerweile getan. Die Bank für Gemeinwirtschaft leistete eine Anschubfinanzierung. Ein Testversuch wurde gestartet, bei dem ein Bioladen, ein Schuhgeschäft, ein Café, ein Sportgeschäft und das „Haus der 1000 Alltagshilfen" Gutscheine zwischen 5 und 10 D-Mark zeichneten. Diese wurden über die Marktzeitung des Tauschrings angeboten – sie konnten gegen Talente getauscht und in den Geschäften eingelöst werden.

Norbert Baier, Mitinitiator des Projekts, erzählte mir, daß er allein bisher dreißig Firmen und Geschäften das Projekt vorgestellt hat. „80 Prozent nahmen die Idee positiv auf, fünf Geschäfte haben sofort Gutscheine gezeichnet." Im Augenblick konzentrieren sich die Initiatoren auf die Fertigstellung des „Treffpunkt Freiburg": ein Bürgerhaus, ausgebaut mit Hilfe von Sponsorenförderung, das auch Sitz des Projekts werden soll. Mit der Stadt Freiburg sind die Organisatoren auch im Gespräch. Sie versuchen eine Bezuschußung des Re-Wir Projekts zu erreichen, vor allem aber eine Einbeziehung kommunaler Dienste: die Stadt könnte Gutscheine ausstellen, die zur Benutzung der Schwimmbäder, städtischer Verkehrsunternehmen und anderer kommunaler Einrichtungen zu bestimmten Zeiten berechtigen würden ...

Das ReWir-Projekt ist eine ungewöhnliche Initiative, die, wie es scheint, augenblicklich eher in die Rubrik „Social Sponsoring" fällt denn in die Abteilung Tauschringe. Die nächsten Monate werden zeigen, ob und wie das Projekt in Schwung kommt und welches Potential es birgt. In der ehemaligen Bundestagsvizepräsidentin Hildegard Hamm-Brücher hat es eine prominente Fürsprecherin: „Ich möchte Sie, die Unternehmer, Initiativen,

Kirchen, Kommunen und sozialen Einrichtungen ermutigen, an diesem Vernetzungsprojekt teilzunehmen", sagt sie bei der Vorstellung des Projekts. „Unsere auseinanderdriftende Gesellschaft braucht Solidarität und Zusammenhalt, andernfalls wird sie nicht nur materiell, sondern auch geistig und moralisch verarmen."

Das Kindergarten-Projekt

Der Freiburger Talente-Tauschring e. V. , gegründet 1999, ging aus dem Talent-Experiment Hochschwarzwald hervor, den ich in meinem Buch Tausche Marmelade gegen Steuererklärung porträtiert habe (S.26ff). Daß die Organisatoren des Talente-Tauschrings heute so engagiert an der Realisierung des ReWir-Projekts arbeiten, hängt auch mit den Erfahrungen zusammen, die das Vorläufer-Projekt sammeln konnte.

Die Geschichte ist so aufschlußreich, daß sie hier skizziert sei: Angeregt durch die LETS-Systeme in Kanada und England sowie das – auf ähnlicher Basis arbeitende – Talentexperiment im schweizerischen Aarau hatte ein Gruppe um den Solaringenieur Paulus Straub im November 1994 das Talent-Experiment Hochschwarzwald mit Sitz in Lenzkirch-Saig gegründet. Das Experiment entwickelte sich schnell und hatte bald auch eine Vorbildfunktion für andere Tauschringe. 1997 erzielte man bei rund 300 Mitgliedern einen Umsatz von 160.000 Talenten. Auch in der Integration von Gewerbebetrieben machten die Talent-Tauscher so große Fortschritte, daß man von Ansätzen zu einer lokalen Nebenökonomie sprechen kann. Neben Privatpersonen zählten auch landwirtschaftliche Betriebe und Winzer zu den Mitgliedern des Tauschrings, dazu eine Nudelfabrik, Bioläden und Restaurants, eine Gärtnerei und eine Imkerei, ein Sägewerk, eine Druckerei und eine Schreinerei.

Das interessanteste Projekt wurde mit Hilfe des Tauschrings in Neustadt verwirklicht, einer Stadt mit rund zehntausend Einwohnern im Schwarzwald:

Eine Elterninitiative wollte dort einen Kindergarten gründen, doch das Geld war zu knapp, um die nötige Infrastruktur aufzubauen. Also gründeten sie den Verein s'kleine Volk und wurden Mitglied im Talent-Experiment Hochschwarzwald. (Ähnliches geschah ungefähr zur gleichen Zeit in Prinzhöfte – siehe Kapitel 5). Dank Mitgliederspenden und dank der Unterstützung der „Gemeinschaftsbank Verleihen und Verschenken" (GLS) genügten die D-Mark gerade noch für den Kauf des Hauses und des Grundstücks. Alle Renovierungsarbeiten, ob Dachausbau oder Streichen, neue Holzfußböden oder Elektroarbeiten aber wurden in Talenten vergolten. So gelang es ihnen, den Kindergarten auf die Beine zu stellen.

An der Abtragung der Schulden arbeiteten die Betreiber, indem sie das Haus am Wochenende für Feiern oder Seminare vermieteten – gegen Talente. Vor allem aber zahlen Eltern Teile der Kindergartenbeiträge in der Tauschring-Währung. Von den 175 DM Monatsgebühren konnten 50 Mark in Talenten beglichen werden ... Andererseits bekam auch die Kindergärtnerin zehn Prozent ihres Lohns in Talenten ausbezahlt. Das Finanzamt akzeptierte dieses Verfahren, weil Steuern, Krankenkassen- und Sozialversicherungsbeiträge auch auf diesen Teil des Lohns gezahlt wurden – in D-Mark. Für die Betreiber des Kindergartens bot die Teilentlohnung der Betreuerin in Talenten einen Vorteil: Sie konnten sie mit mehr Stunden beschäftigen, als sie es sich sonst hätten leisten können. Für die Kindergärtnerin, auch sie Mitglied im Talent-Experiment, entstanden zumindest keine Nachteile, denn es gab reichlich Dienstleistungen und Produkte in der Region, für die sie mit Talenten bezahlen konnte.

1999 wurden die Kinder schulpflichtig – und der Kindergarten wurde aufgelöst. Ende des Jahres verkaufte der Verein das Haus und konnte damit seine verbliebenen Talentschulden begleichen.

Das Kindergarten-Projekt war ein wichtiger Erfolg für das Talent-Experiment und die Tauschring-Bewegung in Deutschland. Natürlich gibt es zu denken, daß dem Reformprojekt der Nachwuchs fehlte. Doch hat sich an dem Experiment gezeigt, welches Potential die Tauschringe bergen – welche Veränderungen mit Bürgerengagement und alternativer Verrechnungseinheit möglich sind, ohne daß die Träger in die Schulden-Zinsen-Zinseszinsen-Falle gelaufen sind.

Profil des Talente-Tauschrings

Während das Kindergarten-Projekt zu einem erfolgreichen Abschluß fand, geriet der Hochschwarzwälder Tauschring in die Krise. Gruppendynamische Schwierigkeiten, das Scheitern des GIB-Projekts (der Versuch, die größtenteils privaten Angebote des Tauschrings mit den kommerziellen Angeboten eines Barter-Clubs zu vernetzen), der Rückgang des Elans des Leitungsgremiums zeigten Spuren. Mitte 1998 zogen sich Straub und drei andere Kerngruppenmitglieder aus der Verwaltungsarbeit und aus dem fünfköpfigen Leitungsteam zurück.

Mitte 1999 wurde, mit einer neuen Kerngruppe, der Tauschring neu formiert. Auf einer Mitgliederversammlung wurde beschlossen, daß ehemalige Talent-Experiment Hochschwarzwald in den Verein Talente-Tauschring e.V. umzufirmieren. Um die Strukturen möglichst transparent und demokratisch zu gestalten wurde der Tauschring in einen eingetragenen Verein überführt, in deren Folge regelmäßige Mitgliederversammlungen, Vorstandswahlen und -entlastungen und die Kassenprüfung durch das Amtsgericht nötig werden. Sitz des Vereins wurde Freiburg.

Mit rund 250 Mitgliedern gehört der Tauschring zu den zehn mitgliederstärksten Tauschringen in Deutschland – und ist wahrscheinlich auch der mit dem größten Einzugsgebiet. Es erstreckt sich rund um Freiburg über rund 100 km in Ost-West Richtung und 70 km in Nord-Süd Richtung. Laut Vorstandsmitglied Norbert Baier strebt der Tauschring langfristig tausend Mitglieder an. Denn nach den Erfahrungen des Schweizer Talent-Experiments spielt sich erst ab dieser Größe ein ausgeglichenes Verhältnis zwischen Angebot und Nachfrage ein.

Die Talent-Marktzeitung ist das Forum für Angebot und Nachfrage des Tauschrings. Zusammen mit seinen Kontoauszügen erhält jedes Tauschringmitglied alle zwei Monate dieses Blatt. Die Bilanz des Tauschrings wird Ausgabe für Ausgabe vor den Mitgliedern offengelegt. Inzwischen ist die Angebotspalette so breit geworden, daß – neben den aktuellen Angeboten in der Marktzeitung – auch ein Talent-Branchenbuch veröffentlicht wurde: eine Liste der ständigen Dienste und Produkte, die Mitglieder des Tauschrings anzubieten haben. Allerdings leidet auch der Freiburger Tauschring unter der bereits angesprochenen Diskrepanz: Nach Norbert Baier standen im April 2000 547 Angebote 172 Nachfragen gegenüber.

Im Unterschied z.B. zum Kreuzberger Tauschring, der auf dem Prinzip „eine Stunde Arbeit gleich eine Stunde Arbeit“ basiert, gehört der Freiburger zu den sog. DM-orientierten Tauschringen. Das heißt, die Höhe der Vergütung für eine Leistung wird zwischen Anbietern und Interessenten frei ausgehandelt. Dabei dient die D-Mark als eine Orientierungsmarge für die Verrechnungseinheit Talente. Diese DM-Orientierung ist ohne Zweifel einer der Gründe dafür, daß sich auch die Gewerbe-Betriebe mit dem Tauschring leichter tun. Anders als bei der Mehrzahl der Tauchringe in Deutschland ist außerdem das mögliche Guthaben im Talente-Tauschring e.V. nach oben nicht begrenzt. Das war notwendig, um die Angebote der Handwerker und Gewerbetreibenden in den Tauschring integrieren zu können. Denn eine Holzlieferung, ein größerer Druckauftrag oder die Planungsarbeiten eines Architekten können leicht den Wert von 500 Talenten überschreiten.

Dank einer Mitgliederbefragung, die Fabian M. Betz für seine Diplomarbeit durchgeführt und ausgewertet hat (8) können wir uns von den Mitgliedern des Talente-Tauschring e.V., ihren Einstellungen, Lebensumständen und Tauschpraktiken, ein genaues Bild machen. Zur sozialen Zusammensetzung – und zur Frage ihrer Repräsentativität – haben wir bereits im zweiten Kapitel geschrieben (s. S. 16).

Aufschlußreich sind besonders die Antworten auf die Frage nach den Eintrittsmotiven der Mitglieder. Die Rangliste der wichtigsten:

1. Weil ich die Idee vom bargeldlosen Waren- und Gerätetausch nutzen will.
2. Um eine andere, menschlichere Wirtschaftsform zu leben.
3. Aus Neugierde, Spaß, Faszination an der Idee.
4. Um mit einem 'anderen' Geld zu experimentieren und darauf aufmerksam zu machen.
5. Um Nachbarschaftshilfe zu geben und zu bekommen.
6. Um Leistungen in Anspruch nehmen zu können, die ich mir sonst nicht leisten könnte.
7. Um Geld zu sparen.

Auffällig ist das hohe Gewicht sozialpolitischer Motivationen bzw. Begründungen gegenüber ökonomischen, konsumorientierten und auch hedonistischen. In dieser Ausprägung mag das eine Freiburger Spezialität sein (wie auch die hohe Zahl von 71 Prozent der Freiburger Mitglieder, die ihre politischen Vorstellungen eher von den Grünen als von anderen Parteien vertreten sehen). Nach meinen Beobachtungen dürfte das Ergebnis tendenziell allerdings für die allermeisten Tauschringe repräsentativ sein.

Das relativ niedrige Gewicht ökonomischer Gründe korrespondiert mit den Antworten auf die Frage nach der tatsächlichen wirtschaftlichen Bedeutung der Talenteinnahmen und -ausgaben im Vergleich zum DM-Haushalt: Beim größten Teil der Tauschring-Mitglieder liegt dieser Anteil unter fünf Prozent, während er nur in Einzelfällen 20 Prozent und mehr beträgt. Zu berücksichtigen wäre dabei allerdings, daß, wie in allen Tauschringen so auch in Freiburg, die Tauschaktivität sehr ungleich verteilt ist: rund 27 Prozent der Mitglieder sorgen für 80 Prozent des Tauschumsatzes.

Aufschlußreiche Ergebnisse liefert Fabian Betz Studie auch zum Thema „Zufriedenheit mit den getauschten Leistungen" – eine Frage, die sich Außenstehende oft stellen, da sie mangelnde Qualität fürchten. Auch in diesem Punkt bestätigt die Freiburger Umfrage, was Beobachtungen andernorts vermuten ließen: Im wesentlichen sind die Mitglieder zufrieden, nur über Unpünktlichkeit wird geklagt. Eine Unsitte, die allerdings auch bei kommerziell tätigen Handwerkern, Telekommunikationsunternehmen usw. üblich ist...

***

Der Freiburger ist einer der Tauschringe, die durch die Beteiligung von Gewerbe-Betrieben neue Weg gegangen sind. Doch auch eine andere Beteiligung spielt in den Plänen zum ReWir-Projekt eine bedeutende Rolle: das Mittun der städtischen Ämter. Dazu, zur Beteiligung der Kommunen, gibt es, wie im folgenden Kapitel zu zeigen sein wird, andernorts bereits Erfahrungen.

3.5 Vom Tauschring zur lokalen Zweitökonomie – eine Herausforderung für die

Kommunen

Schriesheim oder: Eine Initiative der Kommune

Auf der Suche nach kommunalen Beteiligungen an den Tauschringen stieß ich auf die kleine 13.000 Einwohner zählende Weinstadt Schriesheim an der Bergstraße. Was wieder einmal zeigt: Oft sind es eben nicht die Großstädte, in denen neue Ideen blühen.

In Schriesheim organisierte die Gemeinde – mit konservativer Gemeinderatsmehrheit (CDU und „Freie Wählervereinigung“) – 1998 eine erste Zukunftskonferenz u. a. mit dem Ziel, Generationen und Kulturen zusammenzuführen. Wie Robert Eszterle, stellvertretender Hauptamtsleiter der Stadtverwaltung mir berichtete, bildete sich aus dieser Konferenz eine Arbeitsgruppe, in der er selbst schließlich die Gründung eines Tauschringes initiierte. Das war das erste Mal in der Geschichte der Tauschringbewegung, daß eine Kommune den Grundstein für eine Tauschring-Gründung legte – und bis heute ihre komplette Infrastruktur gewährleistet.

Durch seinen direkten Kontakt zu Bürgermeister Peter Riehl sorgte Eszterle dafür, daß dem Tauschring ein Büro im Rathaus eingerichtet wurde. Außerdem stellte die Gemeinde Computer, Telefon und Kopierer zur

Verfügung. Stellungnahmen und Informationen des Tauschrings werden im amtlichen Mitteilungsblatt abgedruckt.

Bei der Gründung des Tauschrings gingen Eszterle und seine Freunde sehr geschickt vor. „Die Eröffnungsveranstaltung haben wir extra drei Wochen vor der Kommunalwahl in Baden-Württemberg 1999 abgehalten. Mit dem Resultat, daß sich die Parteien darum gerissen haben, ein gutes Bild abzugeben." In der Tauschring-Landschaft ein Kuriosum: Die Fraktionsvorsitzenden der Parteien boten den Bürgern Tauschleistungen an. Wer Mitglied im Tauschring wurde, konnte sich vom Bürgermeister den Rasen mähen lassen, vom Stadtrat zum Arzt gefahren werden, vom Ortsvorsteher und Architekten eine Beratung für Wohnungsumbau annehmen oder von einer alternativen Stadtführung der Grünen profitieren ...

Der Tauschring wurde gegründet, zog ins Rathaus ein und die Schriesheimer begannen von dort den Ringtausch zu organisieren – allerdings ohne die Angebote ihrer Stadtoberen anzunehmen...

Die Anfänge in Schriesheim sind also gemacht. Ein nächster, entscheidender Schritt wäre, daß die Stadt und die örtlichen Vereine selbst dem Tauschring beitreten würden. Dann könnten z.B. Kindergartengebühren oder Eintrittsgelder fürs Schwimmbad mit Talenten beglichen werden. Mit derlei kommunalen Angeboten im Tauschring würde dieser eine neue gesellschaftliche Bedeutung erhalten. Die kommunalen Angebote wiederum würden an Attraktivität gewinnen – gerade auch für die weniger privilegierten Schichten, die sich durch die verstärkte Kommerzialisierung des öffentlichen Raumes immer seltener die Eintrittsgebühren für soziale und kulturelle Veranstaltungen leisten können.

Soweit, daß die Stadt Mitglied im Tauschring würde, ist man in Schriesheim noch nicht. Robert Eszterle sieht zwar Sinn und Bedarf, aber ihn schrecken zur Zeit noch die versicherungstechnischen Probleme, die er als ungelöst sieht. Ein Blick nach Dietzenbach (siehe Kapitel 6) zeigt, daß sich durchaus ein Weg finden ließe.

Man darf gespannt sein, wie sich der Tauschring in Schriesheim weiterentwickelt. Zumal man dort auch auf anderen Gebieten bereits einige Schritte in Richtung Bürgergesellschaft getan hat. Das marode Waldschwimmbad, für dessen Sanierung und Unterhalt die Gemeinde kein Geld mehr hatte, wurde über einen eigens gegründeten Bürgerverein renoviert; inzwischen zählt der Verein tausend Mitglieder und betreibt das Bad. Der ehrenamtlich tagende Kulturkreis gründete ebenfalls einen Verein, der heute das kommunale Museum betreibt. Robert Eszterle, erzählt auch von den „Sternguckern“, wie er sie nennt, die beim Bürgermeister vorstellig wurden. Sie erhielten von ihm ein Gelände mit der Möglichkeit der Bebauung zugewiesen. Heute steht dort eine kleine selbstorganisierte Sternwarte, Eigentümer ist zwar die Stadt – betrieben aber wird sie von einem Verein, der für den Unterhalt sorgt, Führungen für Schulklassen veranstaltet...

Der Schriesheimer Weg, die Gründung eines Tauschrings durch eine Kommune, ist neu. Kommunale Beteiligungen an den Tauschringen gab es allerdings schon vorher.

Baden-Baden macht den Anfang

Baden-Baden, an den Ausläufern des Schwarzwalds gelegen, gehört zu den Städten mit den höchsten Steuereinnahmen in Deutschland. Zwischen Kasino, Schloß und Kurpark scheint wenig Platz für großstädtische Probleme wie Massenarbeitslosigkeit und soziale Armut. Baden-Baden hat mit seinen Eingemeindungen gerade einmal soviel Einwohner, wie der Berliner Bezirk Neukölln Sozialhilfeempfänger hat: 50.000.

Baden-Baden ist die erste Stadt in Deutschland, die Mitglied in einem Tauschring wurde. 1997 war das, und wurde in der Tauschringlandschaft wenig beachtet. Andere Ereignisse schienen damals bedeutsamer: Der döMak-Tauschring Halle erhielt von der damaligen Bundestagsvizepräsidentin Hildegard Hamm-Brücher die Theodor Heuss-Medaille verliehen. Dafür, daß er „trotz der überall spürbaren Einbrüche in das soziale Netz sozialen Zusammenhalt und Solidarität praktiziert, erfahren und gelebt“ und dabei „neue Konzepte und Ressourcen“ entwickelt hatte. 1997 war auch das Jahr, in dem der damalige Sozialreferent der Lutherstadt Wittenberg in einem vielbeachteten Versuch die Vernetzung von Tauschring und Kommune anstrebte – vergeblich.

In Baden-Baden also beginnt die Geschichte der kommunalen Beteiligungen. In der dritten Ausgabe des TAUSCHRAUSCH, der Marktzeitung der Talente Tausch Börse Baden-Baden, war zu lesen: „Die Stadt Baden-Baden ist Mitglied in der Tauschbörse geworden. Bürgermeister Kurt Liebenstein hat seine Überlegungen in die Tat umgesetzt, und so gibt es in dieser Ausgabe interessante Angebote und Nachfragen seitens der Stadt.“

Das war im April 1997, gerade einmal sechs Monate nach der Gründung des Tauschrings, die bereits unter der Schirmherrschaft des Kulturbürgermeisters stattgefunden hatte. Bereits bei der Gründung hatte die Stadt dem Tauschring die kostenlose Überlassung eines Büros mit Infrastruktur wie Telefon und Kopierer angeboten, was die neuen Ringtauscher gerne annahmen.

Nachdem sie Mitglied geworden war, schaltete die „Stadt Baden-Baden, Konto-Nr. 036“ selbst Anzeigen im TAUSCHRAUSCH: „Biete Raum (max. 150 qm) incl. Vor- und Nachbereitung der Nutzung, max. 8 Std. ohne Bewirtung für 30 Talente und mit Bewirtung für 72 Talente.“ Oder: „Suchen Hilfe beim Renovieren des ehemaligen Schülerhorts in der Stefaniestraße.“ „Wer führt Aufsicht bei Ausstellungen?“ „Suchen PlakatverteilerInnen für Veranstaltungen des Amtes ...“

Mitglieder des Tauschrings meldeten sich auf die Angebote und sanierten – auf Talente Basis natürlich – den Schülerhort, den die Stadt ursprünglich abreißen wollte, weil sie kein Geld für die Sanierung und den Unterhalt hatte. Auch die Plakat- und Postverteilung wurde von Mitgliedern des Tauschrings übernommen, ebenso wie die Aufsicht bei Ausstellungen... So flossen zum ersten Mal in der Geschichte der Tauschringbewegung Talente zwischen Stadt und privaten Tauschring-Mitgliedern.

Ute Hermel, Mitbegründerin der Talente Tausch Börse Baden-Baden und aktiv beteiligt an den Vorbereitungen des 5. Bundestreffens der Tauschringe im September 2000, schildert die weitere Entwicklung: „Zum gleichen Zeitpunkt ist ein öko-pädagogischer Kindergarten in den Tauschring eingetreten, dann das Theresienheim, ein städtisches Altenheim, das pflegebedürftige Menschen betreut. Da die Alten keine Talente als Gegenleistung einbringen können, haben unsere Mitglieder gesagt, o.k. wir erledigen für sie die Besorgungen, gehen einkaufen, machen Fahrdienste und Fußpflege ... Dafür bietet das Theresienheim die Möglichkeit, am Mittagstisch teilzunehmen und mit Talenten zu bezahlen.“

Inzwischen haben die Mitglieder der Talent-Börse schon wieder weitergehende Überlegungen. Nach dem Abzug der französischen Truppen sind in Baden-Baden sechs- bis achthundert Wohnungen freigeworden. In diesem Komplex sieht Ute Hermel große Gestaltungsmöglichkeiten für den Tauschring: von der Sanierung der Wohnungen über den Aufbau eines Nachbarschaftszentrums bis hin zum generationsübergreifenden Wohnen. Erste Gespräche mit der Stadtverwaltung und dem Deutschen Sozialwerk wurden bereits geführt. Interesse ist da, und der Tauschring, mit seinen inzwischen rund 150 Mitgliedern, in der Stadt als soziale Größe akzeptiert.

Die kommunale Beteiligung steckt in Baden-Baden noch in den Anfängen. Aber sie ist, wie das folgende Beispiel zeigt, inzwischen kein Einzelfall mehr.

Vorbild Witten

Am 25. August 2000 unterschrieben Vertreter der Stadt Witten die Aufnahmebedingungen für den Tauschring, und die Kommune erhielt eine Kontonummer. Der Sprecher der Stadtverwaltung, Jochen Kornpemaß, gab eine Presseerklärung heraus: „Die neue Kooperation der Kommune mit dem Tauschring hat nach Auffassung aller Beteiligten Vorbildfunktion für andere Städte und die über 400 (es sind zur Zeit 340; der Verf.) Tauschringe in der Bundesrepublik."

Die Tausch- und AktivitätenBörse für Witten und Umgebung, der die Kommune beitrat, war 1996 unter dem Dach des Deutschen Paritätischen Wohlfahrtsverbandes gegründet worden. Heute zählt sie 190 Mitglieder, darunter auch zahlreiche Vereine sowie einzelne Betriebe. Immerhin weist inzwischen ein Computerbetrieb auch seine Talente-Einnahmen in der Steuererklärung aus.

Elke Conrad hat diesen Tauschring mitaufgebaut und ist dort verantwortlich für die Integration der Stadtverwaltung. Sie berichtete mir, wie der Tauschring, kaum war er gegründet, auch schon fast vor dem Aus stand. „Weil jeden Monat die gleichen Angebote in der Marktzeitung standen und es nichts mehr zum Tauschen gab. Weil wir so wenig Erfolg hatten, sollten wir auch die Räume des Paritätischen Wohlfahrtsverbandes verlassen." Krisensitzungen waren angesagt, denn keiner der damals Verantwortlichen wollte das Projekt sterben lassen. Über den Kontakt zur Dortmunder Gib und Nimm-Tauschzentrale bekamen die Wittener neue Ideen und Unterstützung. Sie reorganisierten die Arbeit der Zentrale, die Marktzeitung und die Öffentlichkeitsarbeit, veranstalteten Tauschmärkte und suchten den Kontakt zu den örtlichen Vereinen und Verbänden und schließlich – erfolgreich – zur Stadtverwaltung.

Als ich mit Elke Conrad über den Tauschring spreche, ist die Stadt dort erst seit einem Monat aktiv. Interessiert zeigte die Kommune sich zunächst einmal an der Ausführung von Reparaturarbeiten in den Jugendeinrichtungen durch Tauschring-Mitglieder. Bedarf meldete sie außerdem an Verteilern für den Bürgerbrief an. Im Gegenzug bot die Stadt Tagungsräume, die der Tauschring tatsächlich gut brauchen kann: z.B. für Flohmärkte, Nachhilfekurse in Mathematik und Kochkurse. Aber dabei soll es nicht bleiben. Elke Conrad trifft in den nächsten Wochen den Bürgermeister und den Stadtkämmerer, um die weiteren Möglichkeiten der Zusammenarbeit auszuloten. Die Vorzeichen stehen nicht schlecht, gehört doch Witten, mit seinen knapp 100.000 Einwohnern – Tendenz sinkend – nicht gerade zu den blühenden Städten des Ruhrgebietes. Eine Arbeiterstadt, mit klassischer SPD-Mehrheit und mit den üblichen Haushaltsschwierigkeiten: Städtische Büchereien stehen vor dem Aus, ebenso Kindergärten und Jugendklubs, Kulturveranstaltungen können nicht mehr gefördert werden, Sanierungsarbeiten an Schulen und öffentlichen Gebäuden werden nicht mehr durchgeführt...

„Oberste Prämisse für die Zusammenarbeit mit der Stadt ist: Wir wollen keine Arbeitsplätze gefährden", stellt Elke Conrad klar. Die Tauschringe wissen um die Gefahr einer Instrumentalisierung – daß sie bei den angespannten kommunalen Haushaltslagen eingesetzt werden könnten, um Stellen- und Sozialabbau zu betreiben. Das wollen sie nicht. Nicht in Witten und, soweit ich sehen kann, auch in den anderen Tauschringen nicht.

Vorbild Witten – davon war in der Erklärung der Stadt zum Tauschring-Eintritt die Rede. Und tatsächlich, das Beispiel könnte Schule machen. Inzwischen hat Elke Conrad für den Oktober bereits drei Termine mit benachbarten Kommunen vereinbart, die sich für das Wittener Modell interessieren.

Schriesheim, Baden-Baden, Witten: die Anfänge sind vorsichtig und bescheiden, aber ohne Anfänge gibt es auch keine Fortschritte. Die Frage, wieweit kommunale Beteiligungen gehen, ob sie am Ende auf lokale Zweitökonomien hinauslaufen und was diese real bewirken können, läßt sich auf der bisherigen Stufe natürlich nicht beantworten.

Aufschlußreich ist daher ein Blick auf ein Experiment, das durch die Tauschring-Bewegung neue Aktualität gewonnen hat: Wörgl in Tirol. In dieser Gemeinde kam es, unter anderen Bedingungen, durch eine Allianz von Kommune, Bürgern und Gewerbe zu dem bisher weitestgehenden Versuch, mittels einer lokalen Zweitwährung brachliegende wirtschaftliche Ressourcen wieder in den gesellschaftlichen Kreislauf einzubinden.

Wörgl: Ein historisches Beispiel

Der Mann wird, unübersehbar mitten in der Stadt, bis heute in hohen Ehren gehalten. „Michael Unterguggenberger, Bürgermeister 1931-1934, Freigeldexperiment Wörgl 1932-1933" ist, unter einem Bronzerelief, auf dem Denkmal zu lesen, das die Gemeinde im Jahre 1976 errichtet hat.

Natürlich, nicht wegen Unterguggenberger, dem Sozialdemokraten, Gewerkschafter und Freigeld-Experimentator, kommen die Touristen ins malerische Wörgl in Tirol, heute eine 10.000 Einwohner-Stadt. Doch es stimmt, was der Sohn Unterguggenbergers behauptet: Das Freigeldprojekt hat „Wörgl und seinen Bürgern Weltruhm eingebracht".(9) Nur ein Wörgler darf – dank der Medienspektakel – größeren internationalen Ruhm für sich beanspruchen: Gerhard Berger, der zehnmalige Formel 1-Sieger und heutige BMW-Motorsportchef. Doch wollen wir nicht von der Auto- und Unterhaltungsindustrie sprechen, sondern von den Möglichkeiten lokaler Zweitökonomien.

Begonnen hatte alles am 5. Juli 1932: am Tag, als Bürgermeister Unterguggenberger dem Wohlfahrtsausschuß von Wörgl ein „Nothilfe-Programm" vorlegte. Drei Tage später stimmten alle im Gemeinderat vertretenen Parteien, von rechts bis links, einstimmig seinem Vorschlag zu: „Langsamer Geldumlauf bewirkt Warenstauung und Arbeitslosigkeit. Das träge und langsam umlaufende Geld der Nationalbank muß im Bereich der Gemeinde Wörgl durch ein Umlaufmittel ersetzt werden, welches seiner Bestimmung als Tauschmittel besser nachkommen wird als das übliche Geld. Es sollen 'Arbeitsbestätigungen' in drei Nennwerten zu 1, 5 und 10 Schilling ausgegeben und in Umlauf gesetzt werden (...) Um das wirtschaftliche Leben in der Gemeinde wieder aufwärts zu bringen, sollen nach einem Plane öffentliche Arbeiten damit durchgeführt und bezahlt werden." (10)

Der Gemeinderatsbeschluß lief auf nichts weniger als die Errichtung einer lokalen Zweitökonomie hinaus. Er war der Startschuß zur Selbsthilfeaktion einer Gemeinde, die von der Weltwirtschaftskrise hart getroffen war: 400 Arbeitslose bei 4.200 Einwohnern zählte Wörgl im Frühjahr 1932, die kleinen Gewerbetreibenden und Ladeninhaber hatten unter der schwindenden Kaufkraft schwer zu leiden, die Steuereinnahmen sanken auf ein Minimum.

Das Gegenmittel der Wörgler hieß: Ausgabe von Schwundgeld, auch „Freigeld" oder „neutrales Geld" genannt. Für 32.000 Schilling ließ die Gemeinde „Arbeitsbestätigungsscheine" drucken, die im Gemeindeamt gekauft und bei der örtlichen Sparkasse rückgetauscht werden konnten. Am 31. Juli zahlte die Gemeindekasse erstmalig Löhne und Gehälter der städtischen Arbeiter und Angestellten in diesem Notgeld aus. Die Besonderheit dieser Noten: sie waren mit einem Umlaufantrieb ausgestattet. Am Beginn jeden Monats verloren sie 1 Prozent ihres Nennwerts. Wollte der Geldscheinbesitzer diesen Verlust wettmachen, mußte er Klebemarken in Höhe von einem Prozent des Nennwerts der Note bei der Gemeindekasse kaufen und sie auf die dafür vorgesehenen Felder auf den Scheinen aufkleben. Der Erlös aus dem Markenverkauf wurde an den Armenfonds weitergeleitet.

Der Kreislauf kam in Schwung: Geschäfte und Handwerker akzeptierten die Währung. Ein umfangreiches kommunales Straßenrenovierungs- und Bauprogramm wurde in Angriff genommen. Die Löhne für den Bau einer neuen Skisprungschanze wurden mit diesem Notgeld bezahlt. „Die Arbeiter, die man an den zahlreichen Bauplätzen trifft, sind samt und sonders fanatische Freigelder", berichtete Claude Bourdet nach Frankreich. „Ich bin in den Läden gewesen: Überall nimmt man die Arbeits-Bestätigungsscheine zum gleichen Wert an wie das offizielle Gehalt." (11)

Erfolge des Experiments stellten sich rasch ein: die Zahl der Beschäftigten stieg und die Wirtschaft erlebte einen Aufschwung. Insgesamt sank die Arbeitslosigkeit in Wörgl in der Zeit von August 1932 bis August 1933 um 25 Prozent – während sie gleichzeitig in Österreich um 20 Prozent stieg. Die Steuerrückstände der Einwohner gingen im Jahre 1932 um 67 Prozent zurück, viele bezahlten in der Zweitwährung. Bernhard Paster ist nach Einsicht der Akten Jahrzehnte später in seiner Diplomarbeit zu dem Schluß gekommen: „Die Erfolge der Schwundausgabe in der Marktgemeinde Wörgl sind unbestritten." (12)

Kein Wunder also, daß das Experiment Wörgl über die Grenzen des Landes hinaus Beachtung fand, ja als Vorbild genommen wurde. Die internationale Presse berichtete, und Besucher aus vielen Ländern reisten nach Tirol, um sich selbst ein Bild zu machen. In Österreich begannen an die zweihundert Gemeinden mit Vorbereitungen, es den Wörglern nachzutun.

Bis dann, nach einem guten Jahr, das Experiment Wörgl und damit alle ähnlichen Bestrebungen durch das Einschreiten Wiens ein frühzeitiges Ende fanden: am 19. August 1933 verbot die Österreichische Notenbank die Arbeitsbestätigungsscheine. Damit kamen die Torpedierungsversuche zu einem erfolgreichen Abschluß, die seitens des Bundeskanzleramtes und des Finanzministeriums von Anfang an unternommen worden waren. Zu diesem Zeitpunkt war das Parlament in Österreich allerdings bereits ausgeschaltet, und auf ihrem Weg in den Austrofaschismus war die Regierung schon halb am Ziel …

Ein Verbot hatte zwei Jahre vorher, im Oktober 1931, auch einem ähnlichen, allerdings überkommunalen Experiment in Deutschland den Garaus gemacht: es traf die Wära-Tauschgesellschaft. 1929 in Erfurt als eine private „Vereinigung zur Bekämpfung von Absatzstockung und Arbeitslosigkeit" gegründet, war ihr statutarisch festgelegtes Ziel „die Erleichterung des Waren- und Leistungsaustausches unter ihren Mitgliedern durch die Ausgabe von Tauschbons". Mit dem Wära-Geld, ein Schwundgeld wie das in Wörgl, erzielte die Gesellschaft rasche Anfangserfolge. 1931 gehörten der Wära-Tauschgesellschaft mehr als tausend Unternehmungen in allen Teilen des Deutschen Reiches an – Kohlenhandlungen, Schlachtereien, Restaurants, Händler, Handwerksbetriebe, Firmen ... In allen größeren Städten unterhielt die Gesellschaft Wechselstellen, in denen Wära-Gutscheine gegen Reichsmark oder Devisen getauscht werden konnten. Zum wichtigsten Projekt entwickelte sich bald ein Braunkohlewerk in der fünfhundert Einwohner zählenden niederbayrischen Gemeinde Schwanenkirchen bei Deggendorf, das die Wära-Gesellschaft durch Kredite stützte. Den größten Teil ihres Lohns erhielten die Beschäftigten in Wära ausbezahlt, die von vielen Geschäftsinhabern als Zahlungsmittel akzeptiert wurden. Doch bereits im Oktober 1931 bereitete das Reichsfinanzministerium dem Experiment ein Ende.

Heute, bald siebzig Jahre nach den Ereignissen, sind die Erfahrungen mit Wära aufschlußreich, hat aber vor allem Wörgl immer noch als das weitestgehende und bedeutendste Experiment in der Bildung lokaler Zweitökonomien zu gelten. Zwar ist Wörgl, anders als von Anhängern der Freigeld-Theorie gerne behauptet, kein Beweis für die Wahrheit ihrer von Silvio Gesell sich herleitenden Lehren: daß der Zins die Wurzel allen sozialen und ökonomischen Übels sei. Auch ist nicht zu übersehen, daß die Zeit, die dem Experiment gewährt wurde, allzu kurz bemessen war, der Rahmen eng blieb und alles unter den Bedingungen einer Elendsökonomie ablief, die von den Ansprüchen einer Wohlfahrtsgesellschaft weit entfernt sind. Doch sind die Erfolge von Wörgl so beeindruckend, daß das Experiment die Möglichkeiten der Tauschringe und ähnlicher Projekte in einem anderen Licht erscheinen läßt: Die Frage ist, ob und wieweit es gelingen kann, durch die Bildung lokaler Zweitökonomien unter Beteiligung der Kommunen Ressourcen zu mobilisieren, die wirtschaftliche Initiative anzuregen und Kreativität freizusetzen. Eine Herausforderung, die sich in erster Linie an die Kommunen richtet.

Wer von Herausforderung spricht, sollte allerdings auch den Herausforderer benennen. Dazu ein anderer Fall aus der Praxis:

Prinzhöfte oder: Durch bürgerschaftliches Engagement zum Erfolg

30 Kilometer südlich von Bremen liegt die Gemeinde Harpstedt mit 4.926 Einwohnern. Fünf Kilometer entfernt das inzwischen durch die Gemeindereform einverleibte Dorf Prinzhöfte. In diesem 752 Einwohner

zählenden Ortsteil liegt in einem Bauernhof das „Zentrum für Ökologie und ganzheitliches Lernen“, u.a. mit Kindergarten und Kindertagesstätte – Einrichtungen, die an den Lehren des Reformpädagogen Freinet orientiert sind.

Im Jahre 1996 formierte sich in Prinzhöfte eine Elterninitiative und beschloß, da sie nicht über genügend D-Mark-Ressourcen verfügte, mit „Talenten“ eine „freie Schule“ für ihre inzwischen schulpflichtigen Kinder zu gründen. Also organisierten sie den Tauschring-Prinzhöfte, dem auch die Initiative für die projektierte Schule und das „Zentrum für Ökologie und ganzheitliches Lernen“ beitraten. Ihre Währung nannten sie in Anlehnung an den Ort Prinzen – und entschieden sich für die Orientierung an der D-Mark.

Fünfzehn Erwachsene waren es damals, die das Projekt in Angriff nahmen – und zunächst rechneten: Wie teuer ist der Ausbau der Schulräume? Wie hoch ist die Miete? Wieviel Geld brauchen wir für den Unterhalt der Schule und die Bezahlung der Lehrer? Wie verrechnen wir unsere Leistungen? Wieviel Schulgeld müssen also die Eltern zahlen? Etwas anderes war hingegen sicher: Vom Staat würden sie vorerst nichts bekommen. Erst wenn eine Schule bereits den Betrieb aufgenommen hat und die schulischen Leistungen vom Schulamt abgenommen werden können, sind die Voraussetzungen einer staatlicher Unterstützung erfüllt.

Also rechneten die Prinzhöfter und kamen zu dem Ergebnis, daß sie monatlich 150 Prinzen von jedem Elternpaar benötigten. Diese konnten von den Eltern, die allesamt Mitglieder des Tauschrings waren, über die Mitarbeit an der Schule (Ausbau der Klassenräume, Renovierung, Putzen, Bürodienste etc.) „verdient“ werden. Für die Arbeiten galten: 20 Prinzen als Stundensatz. Aber natürlich konnten auch die über die privaten Tauschgeschäfte erzielten Prinzen als Schulgeld eingebracht werden.

Von den 150 Prinzen Monatsbeitrag erhielten jeweils 60 die Lehrer (neben ihren DM-Einkünften), 40 wurden für die Miettilgung angerechnet und die verbleibenden 50 wurden dem schuleigenen Konto gutgeschrieben. Über dieses Konto wurden die Renovierungsarbeiten, Bürodienste etc. bezahlt.

Das Modell Prinzhöfte funktioniert nach ähnlichen Prinzipien, wie der ehemalige Kindergarten im Talent-Experiment Hochschwarzwald. Bemerkenswerterweise wußten beide Initiativen nichts voneinander. Allerdings gingen die Prinzhöfter in einem Punkt weiter: Die Schule vergab einen Kredit in Höhe von 15.000 Prinzen an das „Zentrum für Ökologie und ganzheitliches Lernen" – ein bisher einmaliger Vorgang in der Tauschring-Szene. Das Zentrum, das dringend neue Seminarräume benötigte, hatte gerade eine alte Jugendherberge erstanden. Mit dem Kredit finanzierte es den weiteren Ausbau und die Renovierung. Die Kreditvergabe war ein auch aus finanztechnischer Sicht verantwortungsvoller Akt: 15.000 Prinzen betrug die auf drei Jahre hochgerechnete Miete, die die Schule an das Zentrum zu zahlen hatte.

Heute kann das Schul-Projekt als Modell für erfolgreiche Tauschringarbeit gelten. Zwar sind auch die Prinzhöfter an die Grenze ihrer lokalen Möglichkeiten gestoßen. Zu wenige Gewerbetreibende und Dienstleister sind in ihrem Tauschring integriert. So hatten die Lehrer, die einen Teil ihres Lohns in Prinzen ausbezahlt bekamen, vielfach Schwierigkeiten, diese einzulösen. Doch ist es in Prinzhöfte gelungen, das kommunale Leben durch Bürgerengagement zu bereichern und zu gestalten. Sechzig Kinder besuchen heute die Schule – und inzwischen ist auch die Schule vom Kultusministerium anerkannt und erhält staatliche Unterstützung.

Wie sie das alles mit inzwischen 84 Tauschringmitgliedern leisten konnten, fragte ich die Mitinitiatorin Andrea Hahn? „Wir sind immer so dran gegangen: Ach, das schaffen wir! Und es hat auch immer so geklappt."

Womit wir wieder beim Ausgangspunkt dieses Abschnitts wären: Eine gesellschaftliche Herausforderung gibt es nur, wenn es auch einen Herausforderer gibt. Diese Rolle haben die Tauschringe in den besten Fällen gespielt.

– Übrigens – nicht nur gegenüber Ämtern und Kommunen.

Im Hamburger Stadtteil Bergedorf entsteht im Ortsteil Boberg gerade das „Dorf der Zukunft". 400 Reihenhäuser sind bereits gebaut und verkauft; 800 sollen es bis zum Jahr 2002 werden. Das Besondere an diesem Projekt erläutert mir Hilke Brandring-Rettig, die für das Marketing verantwortlich ist: „Die gesamte Konzeption ist von der Idee konzipiert: Hier zu wohnen heißt in Gemeinschaft zu leben."

Also gab der Bauträger, die „Hanseatische Wohnbau GmbH (HPE)", beim InWIS-Institut an der Ruhruniversität Bochum ein Konzept für die Organisation der Gemeinschaftsaktivitäten in Auftrag. Das Ergebnis: Es soll diverse Formen der Nachbarschaftsorganisation geben, einen Tauschring, einen Car-Sharing-Pool, ein von den Anwohnern in Eigenregie betriebenes Bürgerhaus... Für die Realisierung der Idee hat die HPE inzwischen einen Bürgerobmann bestellt, der sich um die Belange der Bürger, die Initiierung der Tauschbörse, Internet-AG, Kindergruppe usw. kümmert.

Eine Kapitalgesellschaft als Tauschring-Initiator – eine neue Marketing-Strategie? Ein Akt gesellschaftlicher Verantwortung? Die Enteignung einer Idee?

Wie immer man die Sachlage einschätzt, eines ist klar. Ohne die Initiative der Tauschringe und ähnlicher Projekte wäre es zu einem Projekt wie dem in Boberg nicht gekommen, das den dort einziehenden Bürgern wohl kaum zum Nachteil gereichen wird. Richtig ist aber auch: Tauschringe leben von der Eigenaktivität der Bürger.

Übrigens: Auch kommunale Beteiligungen können dieses Engagement nicht ersetzen.

3.6. „Miteinander, Füreinander" – Die Erfolgsgeschichte der Seniorenhilfe

Dietzenbach

Die Alten punkten

„Wissen wo man hingehört, das ist für die meisten Menschen ungeheuer wichtig," sagt Eugen Eppinger. In Dietzenbach sind neunzig Prozent der Bewohner „Zugezogene". Auch Eppinger ist einer von denen, die es erst in späteren Jahren in die rund 33.000 Einwohner zählende Stadt im Ballungszentrum des Rhein-Main-Gebietes verschlagen hat.

Bevor Eugen Eppinger vor vier Jahren in Rente ging, wußte er, wo er hingehörte: der Beruf gab es ihm vor. Als Kundendienstleiter einer großen Elektronikfirma pendelte er zwischen dem Mutterhaus in Kalifornien und dem Rest der Welt. Bei seinen spärlichen Besuchen zu Hause, war nicht viel Zeit und Gelegenheit, heimisch in Dietzenbach zu werden oder gar sich mit kommunalen Angelegenheiten zu beschäftigen.

Mittlerweile zählt Eppinger 69 Jahre – und sein Terminkalender ist nach wie vor prall gefüllt. Seit fünf Jahren ist er aktives Mitglied der Seniorenhilfe Dietzenbach (SHD) und engagiert sich dort vor allem in der Gruppe „Alt hilft Jung".

„Ich wurde gefragt ob ich beim hiesigen Ausbildungsforum mitmache. Hier ist die Stadt und die Wirtschaft bestrebt, neue Ausbildungsplätze für die Jugendlichen zu finden“, erzählt Eppinger. Nach seinem Engagement zu urteilen, ließ er sich offensichtlich nicht zweimal fragen. Neue Ausbildungsplätze zu finden ist das eine, worum er und seine Kollegen von der SHD sich kümmern. Dann ist da noch das Bewerbungs- und Vorstellungstraining für jugendliche Schulabgänger, das er leitet. Seit zwei Jahren führt er auch, zusammen mit drei anderen Senioren, Computerkurse für die Jugendlichen an den Schulen durch. „Einundzwanzig Nationalitäten waren in den Kursen bisher vertreten“, erzählt er stolz. Und außerdem initiierte er auch noch ein Internet-Cafe für die Senioren …

Bei all diesem Engagement müßte Eugen Eppinger eigentlich ziemlich wohlhabend werden. Denn für seine Arbeiten erhält er von der SHD zwei Punkte pro Stunde gutgeschrieben. Punkte sind die „Währung“ der Seniorengenossenschaft, mit Punkten werden alle Arbeiten vergolten, die in ihrem Rahmen geleistet werden.

Doch Eppinger geht es um etwas anderes: um bürgerschaftliches Engagement, um aktive Hilfeleistung für andere – und darum, das kommunale Leben wohnlich zu machen. „Denn nur, wenn man mitmischt und gestaltet, spürt man, daß man dazugehört.“

Die Seniorenhilfe Dietzenbach hat daraus die nötigen Schlußfolgerungen gezogen – und hat sich als Pionierprojekt der Altenarbeit große Verdienste erworben.

Ein neues Konzept fürs Alter

1.500 Mitglieder zählt die Seniorenhilfe Dietzenbach heute, das sind 4,5 Prozent der Dietzenbacher Bevölkerung. Als bundesweit größte Organisation dieser Art hat sie über die Grenzen der Stadt hinaus bereits Wirkung gezeigt: nach ihrem Vorbild haben sich allein im Kreis Offenbach zwölf Seniorengenossenschaften gegründet, von denen die größte, in Langen, 1.200 Mitglieder zählt. „Angesichts dieser Entwicklung möchte ich fast schon von einer ‘Bewegung’ sprechen – einer Bewegung von Menschen, die die ‘Zeichen der Zeit’ verstanden haben“, verkündet öffentlich Jürgen Heyer, Bürgermeister der Stadt und Mitglied der SHD.

Die Zeichen der Zeit verstehen, das heißt zunächst einmal einzusehen, daß die herkömmlichen Sozialmuster des Alterns verbraucht sind, der Generationenvertrag schwere Risse zeigt und das traditionelle Rentenmodell in der Krise ist. Und dann nach Lösungen zu suchen, die die Solidarität der Generationen stärken, und den gewachsenen Ansprüchen der Menschen an die Lebensqualität gerecht werden.

Eine der praktischen Antworten ist das Modell Seniorenhilfe. In diesem kommt, als aktiven Trägern, den sog. jungen Alten eine Schlüsselrolle zu. Ein neues Lebensalter, eine neue Generation ist da in den letzten Jahren entstanden: Menschen von 55 Jahren, 75 oder älter, die – ob freiwillig oder unfreiwillig – aus dem Erwerbsleben ausgeschieden sind, sich durch Hausarbeit und die gängigen Angebote der Altenarbeit nicht angesprochen fühlen, Wissen, Erfahrungen und Kreativitätswillen haben …

Zu ihnen gehört z.B. Eckard Marschall, ein gelernter Maschinenbauingenieur, der mit 55 die Kündigung erhielt und durch einen jüngeren Kollegen ersetzt wurde. In der SHD organisiert er Besichtungsprogramme und Ausflüge. Mit gutem Erfolg: Die Fußwanderungen und Fahrradtouren, die er anbietet und leitet, sind beliebt, die Busfahrten zu Müllverbrennungsanlagen, Großdruckereien, Brauereien oder dem Deutschen Wetterdienst meist frühzeitig ausgebucht.

Die Seniorenhilfe funktioniert nach den gleichen Regeln wie ein Tauschring: Leistungen werden in einer eigenen Verrechnungseinheit vergolten. Beiden Modellen gemeinsam ist die Idee, brachliegende Fähigkeiten der Menschen zu reaktivieren und einen Kreislauf sozial nützlicher Dienste zu organisieren. Der wichtigste Unterschied: Punkte können auch gespart – und später im Bedarfsfall wie eine Zusatzrente abgerufen werden.

Solidarität, Kommunikation, Tausch

„Die ersten drei Hefte sahen grauslich aus. Ich hatte eine uralte Schreibmaschine zur Verfügung, schnitt Großbuchstaben aus anderen Zeitungen aus und klebte sie zu Überschriften zusammen. Aber Artikel wie ‘Geld out… und Zeit in!’ wurden gelesen und sorgten für immer mehr Mitglieder“, erinnert sich Wolfgang Thüring. Er und seine Frau gehören zu den Gründungsmitgliedern der Dietzenbacher Seniorenhilfe.

Begonnen hatte alles Ende des Jahres 1993, als ein Aufruf des Kreises Offenbach in der Lokalzeitung erschien: Interessenten an der Gründung einer Seniorengenossenschaft gesucht. Ein gutes Dutzend war es letztlich, das sich im April 1994 zusammenfand und eine Initiativgruppe bildete. Diese Gruppe mußte, um die Seniorengenossenschaft gründen und ohne ständige Zuschüsse am Leben halten zu können, erst einmal neue Mitglieder gewinnen. Denn die Anschubfinanzierung durch den Kreis Offenbach

(8.000 DM) und eine Starthilfe der Stadt, so wichtig sie waren, reichten natürlich nicht aus.

Die Dietzenbacher waren nicht die ersten, die für die Seniorenarbeit Lösungen in einer Richtung suchten, die denen der Tauschringe ähnelt. Lothar Späth (CDU) war es, damals in Baden-Württemberg Ministerpräsident, der Ende der achtziger Jahre die Idee von einem USA-Besuch nach Deutschland mitbrachte und in der Folge in seinem Bundesland die Gründung von Seniorengenossenschaften initiierte. 1991 begannen zehn Projekte zu arbeiten, denen der Staat mit insgesamt 300.000 DM pro Jahr auch finanziell unter die Arme griff. Insgesamt 900 Mitglieder zählten diese Seniorengenossenschaften zwei Jahre später. Doch das Umfeld stimmte nicht und die Initiative glich zu sehr einer sozialpflegerischen Maßnahme. So lebt das einst weitgesteckte Projekt heute eher mehr in Rudimenten. Immerhin: Die Debatte in Deutschland hat das Experiment befruchtet, auch die Dietzenbacher bezogen von daher Impulse.

Anders als die Baden-Württemberger Genossenschaften basiert das Dietzenbacher Projekt primär auf Eigeninitiative und bürgerschaftlichem Engagement. Erfolge stellten sich rasch ein: Als der Verein am 1.September 1994 seine praktische Arbeit aufnahm, war die Mitgliederzahl bereits auf 485 gestiegen.

Nach welchen Prinzipien funktioniert nun die Seniorenhilfe Dietzenbach?

Beginnen wir bei der Währung: Als ich die SHD im Sommer 1997 das erste Mal besuchte, sagte mir die damalige Leiterin des Bürodienstes, die im März 2000 verstorbene Maria A. Hinze: „Wir haben die härteste Währung der Welt. Sie können sie nicht verlieren noch stehlen. Sie können keine neue prägen, noch kann sie entwertet werden“. Die Rede ist von den Punkten, die nach dem System „Zeitgutschriften“ berechnet werden. Das heißt jedes Mitglied erhält für dreißig Minuten Arbeitsleistung in der Seniorenhilfe einen Punkt – gleich, welche Arbeit es tut. Ob eine(r) also als Arzt die Ausbildung für Hospizarbeit und Krankenpflege leitet, Fahrdienst leistet, Nachbarschaftshilfe oder den Bürodienst in der Zentrale – was sie/er in einer Stunde leistet, wird mit zwei Punkten vergolten.

Anders als bei den Tauschringen dürfen die Mitglieder der Seniorenhilfe keine Schulden machen. Nur wer auf seinem Punkte-Konto im Haben-Bereich ist, darf Leistungen von anderen Mitgliedern beanspruchen. Dafür gibt es kein Limit nach oben. Im Gegenteil: Die Seniorenhilfe verleiht den aktiven Mitgliedern für 500 Punkte einen Anstecker in Silber, bei 1.000 in Gold. Frau Hinze hatte bei ihrem Tod sogar 4000 Punkte angespart... Im Gegensatz zur Praxis der Tauschringe können die angesparten Punkte an Ehegatten, Kinder und Eltern vererbt werden, sofern die auch Mitglied der Seniorenhilfe sind. Ähnliches gilt, wenn ein Mitglied Hilfe benötigt – sein Partner oder Gatte kann ihm Punkte übertragen.

Doch auch für Mitglieder, die sich ob ihres Alters oder einer Krankheit ein Punkteguthaben nicht erarbeiten können und auch keinen aktiven Partner haben, gibt es eine Lösung. Wollen sie Hilfe in Anspruch nehmen, zahlen sie eine Verwaltungsgebühr von 5 DM für die erste Stunde – und 3 DM für jede weitere. Für drei Stunden Hilfe wären das also 11 D-Mark. Mit den D-Mark wird ein Teil der Kosten der Zentrale (Telefon, Druck, Fahrdienste, Versicherungen) abgedeckt, außerdem erhält das dienstleistende Mitglied (neben seinen Punkten) davon 3 DM als Fahrtkostenersatz.

Eine Vorreiterrolle spielt die SHD auch auf versicherungstechnischem Gebiet. Wie wir im Fall Schriesheim gesehen haben, keine gering zu schätzende Frage. In Dietzenbach ist jedes Mitglied bei seiner Arbeit im Rahmen der Seniorenhilfe Haftpflicht-, Unfall-, Rechtsschutz- sowie KFZ-versichert. Ein in der Tauschring-Landschaft bisher einmaliger Vorgang.

Anders als bei den Tauschringen, wo die Interessenten über die Marktzeitung oder Mundpropaganda miteinander in Kontakt treten, nimmt bei der Seniorenhilfe der zentrale Bürodienst Angebote und Nachfragen entgegen. Dieser Bürodienst wird von vierzehn sich abwechselnden Mitgliedern organisiert und ist täglich geöffnet.

Auffällig ist die große Angebotspalette: Im Rahmen der SHD werden Pflege- und Betreuungsdienste angeboten, aber auch Reparaturhilfen und Instandsetzungsarbeiten in den Bereichen Elektro, Elektronik, Holz, Sanitär. Dazu Näh- und Gartenarbeiten, Hilfe bei Schriftverkehr mit Behörden, Übersetzungen, PC-Beratung, Maniküre .... Ein anderer Zweig sind Kulturangebote und Freizeitaktivitäten, wie man sie auch in einer Volkshochschule finden könnte: Wanderungen, Besichtigungen, Dampferfahrten, Video-Arbeitsgemeinschaft, Computerkurse usw. Nicht zu vergessen die beschriebenen Aktivitäten im Ausbildungsforum, im Seniorenbeirat der Stadt... Beliebt sind die Feste und Basare, aus deren Erlösen die chronisch leere D-Mark Kasse der SHD gefüllt wird.

Da Verwaltung und Kontoführung mittlerweile über Computer laufen, ist man in der Seniorenhilfe über Art und Umfang der Tauschaktivitäten genau informiert. Die Kassenverantwortliche, Frau Eva Ullrich – die früher die Auslandseinkaufhäuser des Hertie-Konzerns von Frankfurt/Main aus leitete – erläutert mir die neueste Statistik:

14.700 Punkte wurden 1999 erarbeitet, das Äquivalent von 7.350 Arbeitsstunden. Davon entfielen rund 31 Prozent auf Nachbarschaftshilfe, 10,7 Prozent auf Begleitdienste, 27,9 Prozent auf Büroorganisation, 15,9 Prozent auf Sonstiges (wie „Alt hilft Jung", Broschüren verteilen, Näh- und Gartenarbeiten) und schließlich 5 Prozent auf Hospizdienste.

Insgesamt sind es rund 40.000 Punkte, die in den letzten drei Jahren von den aktiven SHD-Mitgliedern erarbeitet wurden. Ein gewaltiges Volumen: Wollte man es, um eine Vergleichsgröße zu haben, in eine Tauschring-Währung umrechnen, so käme man auf 400.000 Kreuzer...

Auffällig ist die Diskrepanz von Geben und Nehmen: Von den 14.700 Punkten, die im letzten Jahr erarbeitet wurden, sind nur 708 Punkte wieder eingelöst worden, das sind 4,7 Prozent oder 354 Arbeitsstunden! Das war, als die Seniorenhilfe sich gründete, so nicht geplant, und es ist eigentlich auch ein zu großes Ungleichgewicht, um von einer Tauschaktivität sprechen zu können.

Es scheint, daß „Hilfeleisten" und „Aktivwerden" die maßgeblichen Gründe sind, die die Kerngruppe der SHD zum Mittun bewegt. „Ich denke, daß unsere Aktiven einfach nur beschäftigt werden wollen. So sehe ich das bei vielen", resümiert Frau Ullrich. Eine andere, ergänzende Begründung bekam ich in Gesprächen mit aktiven Mitgliedern zu hören: Würden sie Punkte in Anspruch nehmen, hieße das, daß sie Hilfe benötigten. Und Hilfe benötigen heißt für sie – krank sein. Um diese Antwort würdigen zu können, muß man allerdings wissen, daß ein Großteil der Aktiven eher der gehobenen Mittelschicht angehört und nicht mit Renten auskommen muß, die das Sozialhilfeniveau kaum überschreiten.

Taugt die SHD also eher als Modell für eine neue Form ehrenamtlicher Arbeit? Ein Projekt, in dem die besser versorgten und/oder gesundheitlich besserstehenden Mitglieder anderen einseitig Hilfe zukommen lassen und dafür soziale Anerkennung in Punkten erhalten? Auch dann wäre die Seniorenhilfe Dietzenbach ein innovatives, wohlfahrtsförderliches Modell.

Doch birgt das Projekt auch eine andere Entwicklungschance. Gib jetzt, nimm später in Anspruch, wenn Du es brauchst heißt das Prinzip, auf das die Arbeit hinauslaufen könnte. Das wäre dann ein echter, ein Tausch, der gerade aus der zeitlichen Differenz zwischen Geben und Nehmen seine sozialen Qualitäten bezöge. Die Punkte, die ich mir jetzt, als rüstiger

Mensch erarbeite, kann ich später im Bedarfsfall, ob bei Krankheit oder bei ungenügender Rente, wieder abrufen. So ein angehäuftes Guthaben, wie die 4.000 Punkte der Frau Hinze, wären dafür sicherlich kein schlechter Anfang: sie bedeuteten immerhin einen Anspruch auf 2.000 Stunden Pflege, Nachbarschaftshilfe usw.

Ein neues kommunales Selbstbewußtsein

„Durch mein Engagement in der SHD hat sich mein Denken verändert," sagt Eckard Marschall. Er hat ein offenes Auge für die Stadt bekommen: „Zum Beispiel sehe ich beim Radfahren große Schlaglöcher, auch für Wanderer und Jogger eine gefährliche Stelle. Dann melde ich das dem Bauamt und die Stadt reagiert darauf. Oder es gibt Plätze, wo eine Sitzbank nützlich wäre. Ich bekam den Auftrag, eine Skizze zu machen und anzugeben, wo man z.B. Bänke aufstellen könnte. Da spricht man dann mit dem Bauern, dem das Stückchen Land gehört... Am Ende werden unbürokratisch zehn Bänke aufgestellt. Und man sieht auch wirklich Menschen darauf sitzen."

Marschall erzählt auch von einer Seniorin, die jeden Tag ein Stück Papier aufhebt, weil sie etwas für ihre Stadt tun will. Einen Gedanken, den er in einem redaktionellen Beitrag für die SHD-Zeitung präsentieren will. Denn wenn jeden Tag tausend Bürger je eine Cola-Dose aufheben, verändert sich das Stadtbild positiv. „Da wäre ich nie alleine drauf gekommen. Ich habe sie nur gerade zufällig gesehen, wie sie sich bückte und etwas aufhob."

Es scheint, in Dietzenbach hat das Engagement bereits zu einem neuen kommunalen Selbstbewußtsein geführt...

Warum das Modell so gut in Dietzenbach funktioniert wollte ich von Mathilde Al Dogachi wissen, der Abteilungsleiterin für Seniorenarbeit bei der Stadt Dietzenbach. „Die Seniorenhilfe hat sich in Dietzenbach zu einem renommierten Partner entwickelt; es ist nicht ein Verein im üblichen Sinne, sondern man sucht auf vielen Gebieten die Kooperation mit der Seniorenhilfe, weil sie sehr vielschichtig arbeitet und weil auch so viele Menschen integriert sind, von denen man glaubt, daß sie Projekte mitbewegen können."

Die Seniorenhilfe arbeitet mit dem Seniorenbeirat der Stadt zusammen, mit den Wohlfahrtsverbänden, Kirchen und Krankenkassen, wenn es um die Belange „der Alten" geht. Daneben mit den verschiedensten Verwaltungsstellen der Stadt, den Wirtschaftsverbänden, Arbeitgebern, Schulen, mit dem Ausländerbeirat und schließlich auch mit dem Gewerbe. Die Initiatoren wußten, daß nachbarschaftliche Reparaturhilfen gerade bei einkommensschwachen Mitgliedern stark gefragt sind. Deshalb gingen sie zu Handwerkern, zur Innung und zum Gewerbeverein und erläuterten dort ihr Projekt. Bei den Gewerbetreibenden stießen sie auf Verständnis, solange ihre Aktivitäten den Charakter von Reparaturhilfe tragen würden.

Auch die Pflege- und sozialen Hilfsdienste empfinden die SHD nicht als Konkurrenz, sondern als Ergänzung. Die Einführung der Pflegeversicherung hat die Hilfsdienste in ihren Leistungen eingeschränkt. Für eine umfassende soziale Betreuung der alten Menschen, ja auch nur ein Gespräch, ist oft keine Zeit. Damit auch die in der Altenpflege tätigen Mitglieder der SHD diese Verantwortung tragen können, bietet die SHD ständig Fort- und Weiterbildung an. Dabei ist die Hospizarbeit ein Schwerpunkt.

Auch bei der Organisierung von Schulprojekten, bei der Vorbereitung des Hessentages, bei Seminaren von Selbsthilfegruppen usw. usf. ist die Seniorenhilfe ein gesuchter Partner. „Bei allen Projekten, die bürgerschaftliches Engagement berühren, kommt man zuerst zur Seniorenhilfe", erzählt Frau Al Dogachi. Umso optimistischer ist sie, daß das Dietzenbacher Modell überall in Deutschland funktionieren könnte. „Drei Prozent der Einwohnerschaft müßten vor allem in Klein- und Mittelstädten als Mitglieder zu gewinnen sein."

Es scheint, in Dietzenbach hat man erste Schritte auf dem Weg in Richtung Bürger- und Tätigkeitsgesellschaft bereits getan. Dabei sind die Dietzenbacher keine Großsprecher und Wichtigtuer. Ihr Engagement speist sich aus anderen Wurzeln... Wie sagt Eckard Marschall? „Erst in der Seniorenhilfe ist mir bewußt geworden, wie viele alte Menschen es gibt und wie viel Hilfe man durch kleine Dinge geben kann. Die meisten sehen immer nur das Große und Globale. Das Zwischenmenschliche, das Miteinander, Füreinander, das ist das Schöne an der Sache."

3.7 Zur Wohlfahrts-Wirkung der Tauschringe – Ihre gesellschaftliche Brisanz

Gehen wir von der Frage aus, ob die Tauschringe ein Projekt für Modernitätsverlierer sind, vorwiegend oder ausschließlich – oder vielleicht gar eine Variante der Elendsökonomie?

Unsere These dazu: Eine Antwort auf eine Mangelwirtschaft sind die Tauschringe ohne Frage – allerdings keineswegs ausschließlich oder auch nur primär auf der Konsumseite. Eine praktische Antwort geben sie vielmehr auch auf der Produktionsseite. Darin liegt ihre gesellschaftliche Brisanz: Tauschringe sind eine praktische Kritik an einer Gesellschafts- und Wirtschaftsordnung, die einen Teil ihrer Bürger daran hindert, ihre Fähigkeiten nutzbringend für sich und andere einzubringen.

Deshalb fungieren die Tauschringe durchaus nicht als Reservat für Modernitätsverlierer – was übrigens schon ein kurzer Blick z.B. nach Dietzenbach oder Prinzhöfte augenfällig machen würde -, und eine Variante der Elendsökonomie sind sie schon gar nicht. Was in den Tauschringen geschieht, unterscheidet sich grundlegend vom bargeldlosen Tausch, wie er z.B. zu Schwarzmarktzeiten in Deutschland üblich war, an die sich insbesondere die Generation der heute Siebzig- bis Achtzig-Jährigen stark erinnert. Der Tausch auf dem Schwarzmarkt, wie er in den Monaten und Jahren vor der Währungsreform 1948 allgemein üblich war, war in Zeiten der Geldentwertung, der Lebensmittel-Rationierung und des Warenmangels für den größten Teil der Bevölkerung eine überlebenswichtige Notstandsmaßnahme. Für einen kleineren Teil, Spekulanten und Schieber, ein gutes Geschäft. Auch damals gab es übrigens, neben dem Direkt-Tausch, wie er insbesondere zwischen städtischen Verbrauchern und Bauern (z. B. Besteck gegen Eier) praktiziert wurde, neben den Transaktionen auf einschlägig bekannten städtischen Plätzen, auf denen Angebot und Nachfrage zusammenkamen, auch – von den westlichen Alliierten akzeptierte – kommerzielle Tauschringe.(13)

Der Tausch in den modernen Tauschringen steht selbstverständlich in einem anderen Umfeld als die Transaktionen in der Schwarzmarktzeit, in der das wirtschaftliche und soziale Leben ohne den Tausch in Naturalien zusammengebrochen wäre, und entsprechend anders ist seine Bedeutung. Die ökonomischen Vorteile – sprechen wir einen Moment nur von diesen –, die sich heute der Angehörige eines Tauschrings durch bargeldlose Tauschaktionen erwirbt, stehen im Kontext mit anderen, geldvermittelten wirtschaftlichen Transaktionen, die für das Mitglied in der Regel weit bedeutender sind. Die Tauschringe sind also, sowenig wie ein eigener Kreislauf, sowenig auch – im wörtlichen Sinne – eine prinzipielle Alternative zur Geldwirtschaft und zum staatlichen Sozialsystem.

Doch fragen wir, bevor wir weiter die gesellschaftliche Relevanz des Experiments erörtern, die tatsächliche wie die mögliche, zunächst einmal nach dem Selbstverständnis der Tauschringe: Welche Rolle schreiben sie sich zu und welche gesellschaftlichen Ziele verfolgen sie? Diese Frage läßt sich nicht ohne weiteres beantworten, denn es gibt dazu keine offiziellen Stellungnahmen. Das liegt zum einen an der Struktur des Projekts: Die Tauschringe bilden ein bundesweites Netz, doch sie haben keinen Dachverband und keine Sprecher auf nationaler Ebene. Initiativen zu einem bundesweiten Zusammenschluß, in den Jahren 1997/98 von einigen Mitgliedern betrieben, wurden schnell wieder ad acta gelegt. „In der Tauschring-Landschaft besteht ein absolutes Mißtrauen gegen Dachverbände", sagt Klaus Kleffmann. Man hat zwar ein Zusammengehörigkeitgefühl, es gibt in vielen Fällen auch die Möglichkeit, Konto-Gutschriften zu verrechnen (z.B. wenn ein Tauschring-Mitglied aus Hamburg Leistungen in München in Anspruch nimmt), aber es gibt keinen bundesweiten Verband und keine repräsentativen Stellungnahmen.

Allerdings wird man solche auch von den Einzelinitiativen kaum hören. Das liegt an ihrer selbstgestellten Aufgabe: Tauschbörsen wurden gegründet, um den bargeldlosen Tausch zu ermöglichen. Wer tauschen will und die formalen Regeln akzeptiert, soll dazu gehören dürfen – unabhängig von der Frage, welche politischen Ziele er auf diese Weise oder nebenher verfolgt. Tauschringe firmieren also weder als Gesinnungsgemeinschaften noch als politische Vereinigungen. Sie haben sich nicht über gesellschaftliche Zielorientierungen definiert, sondern über eine Praxis, deren Grundpfeiler „bargeldloser Tausch" und „Zeitökonomie" heißen. Ein Blick in die Tauschringszene zeigt: Wo die Projekte funktionieren, ist es ihnen gelungen, eine Koalition unterschiedlicher Interessen zu schaffen und Menschen mit durchaus unterschiedlichen Weltbildern und gesellschaftspolitischen Optionen zusammenzuführen.

Und doch wäre die Behauptung falsch, gesellschaftspolitische Perspektiven spielten in den Tauschringen keine Rolle. Soweit es nach ihren treibenden Kräften geht, wollen Tauschringe eben doch mehr sein als Selbsthilfegruppen, wo, wie es in der politökonomischen Beschreibung heißt, „Produzenten und Konsumenten ident" sind, d.h. die Beteiligten durch ihren Arbeitseinsatz ihr eigenes Arbeitsprodukt 'kaufen' (14). Tauschringe dagegen produzieren auch eine öffentliche Wirkung, und den meisten ihrer Wortführer ist an dieser auch gelegen. Zwar finden sich auch Tendenzen, deren Angehörige, eher gesellschaftsabgewandt, vornehmlich auf Identitätsverteidigung bedacht zu sein scheinen – auf die Kultivierung eines Reservats für Beziehungen jenseits des Kommerzes und der Ware-Geld-Beziehung. Doch versteht die Mehrzahl seiner treibenden Kräfte das Projekt Tauschring durchaus als soziales Anliegen.

Fragen wir nach diesem, so müssen wir zunächst ein Mißverständnis ausräumen, das zu unsinnigen Polemiken geführt hat: Steinzeitökonomen sind die Tauschring-Leute nicht. Der Gedanke, daß die Tauschringe ein vollgültiges Modell für künftige sozialökonomische Beziehungen sind, daß sie also im Kleinen verwirklichen, was es auf gesamtgesellschaftlicher Ebene erst noch zu etablieren gilt, findet sich so unter den Projektgestaltern nicht. Es stimmt, einige der Aktiven denken, im Kontext freiwirtschaftlicher Ideen (s.u.), über eine Geldreform nach, während andere (z.B. in Freiburg) auch schon Ideen zu regionalen Zweitökonomien in die Debatte geworfen haben. Aber das sind erstens keine repräsentativen Positionen, und zweitens zielen sie nicht auf die Abschaffung des Geldes.

Richtig ist allerdings, daß sich das Projekt Tauschring als Einspruch gegen die Hyperthrophie des Kommerzes versteht, wie er auch von anderen, insbesondere gemeinnützigen und Non-Profit-Organisationen vorgebracht wird. Dabei geht es um die Kritik an sozialen Prozessen, ähnlich derjenigen, die vor nicht langer Zeit in einer vom BUND und Misereor gemeinsam herausgegebenen Studie formuliert wurde: „Eine Gesellschaft, in der alles in Mark und Pfennig bemessen würde, erscheint den meisten Zeitgenossen als eine Horrorvision. Gleichwohl werden immer mehr Bereiche des menschlichen Miteinanders in die Sphäre des Ökonomischen gezogen: die Pflege der Alten und die häusliche Arbeit, die Behütung der Kinder und die Organisation von Festen, die Erhaltung der Gesundheit und die freie Zeit, das Erleben von Spiritualität (durch Selbstfindungskurse und Trommelurlaube) und des eigenen Körpers (Montain-Biking mit entsprechendem Outfit). Zwar empfinden viele Menschen die Kommerzialisierung ihres Lebens als Verlust an sozialer Wärme, und manchen gelingt es sogar, diese Entwicklung zumindest in Teilbereichen umzukehren. Aber insgesamt erscheint die Substitution von menschlichem Miteinander durch Geld als säkularer Trend, der noch kaum gebrochen ist.“ (15) Doch muß, wer gegen diesen Trend sein Kontra setzt und der Kommerzialisierung Grenzen setzen will, sich deswegen nicht für ein Gesellschaftsmodell einsetzen, das auf Geld als Tauschmittel ganz verzichtet.

Versuchen wir, ausgehend von der Praxis vor Ort und der Sinnzuschreibung, die sie durch Mitglieder und Aktivisten erfährt, also gewissermaßen idealtypisch die positiven Leitideen zu orten, auf denen die Tauschringe basieren, sowie die sozialphilosophischen Botschaften, die von ihnen ausgehen, dann wären vor allem die folgenden vier Gedanken zu nennen: Besser wirtschaften (a), gerechter tauschen (b), einander helfen (c), anders leben (d) – dazu sollen die Tauschringe ihren Mitgliedern verhelfen, in dieser Richtung wollen sie einen Beitrag zur Umgestaltung der Gesellschaft leisten. Dabei ist (a) vorwiegend als Selbsthilfemaßnahme gesetzt, daneben auch als öffentlicher Hinweis auf Defizite im sozialen Ressourcenmanagement zu verstehen, vor allem im Umgang mit Arbeitsfähigkeiten und -bedürfnissen; (b) und (c) fungieren eher als sozialnormative Ideen; (d) hingegen weist einen hohen Anteil hedonistischer Bezüge auf und ist vor allem als Eigenanspruch an Lebensgestaltung zu verstehen.

Im Lichte dieser Leitideen wird augenscheinlich, daß das Konzept Tauschring, so originell es ist, Berührungspunkte mit anderen sozialkritischen Orientierungen, aber auch Subkulturen aufweist. Beschränken wir uns auf jene Traditionen, Einflüsse und Erfahrungen, die in das Experiment Tauschring Eingang gefunden haben, über persönliche Kontinuitäten und nachweisbare Rezeptionen – in „Tausche Marmelade gegen Steuererklärung" haben wir eingehender darüber gesprochen -, dann finden wir vor allem die folgenden vier:

- das längst zerfallene Milieu der Alternativen und sozialen Bewegungen in der BRD, dessen Ideen über ein „anderes", ein Leben jenseits des Kommerzes, aber auch Projekte (wie Selbsthilfegruppen, Alternativbetriebe, Dritte Welt-Läden etc.) Spuren in den Stadtlandschaften hinterlassen haben, informelle Netze, Anschlußprojekte etc;
- die Kultur der gegenseitigen und Nachbarschaftshilfe, die insbesondere in den ostdeutschen Tauschringen lebendig, aber auch den älteren Generationen im Westen noch gut geläufig ist;
- die Ideen der freiwirtschaftlichen Bewegung, die sich, von Silvio Gesell (1862–1930) herleitend, auf die Loslösung des Geldes von seiner Funktion als ökonomisches Gewaltmittel mittels eines Schwundgeldes (auch neutrales Geld oder Freigeld genannt) richten;
- Einflüsse, die aus der Beschäftigung vieler Organisatoren aus der Tauschring-Gründergeneration mit den recht erfolgreichen LETS (Local Exchange Trading System) in Nordamerika, Großbritannien, Australien und Neuseeland entstanden: Kooperationsringe, die den bargeldlosen Austausch von Gütern und Leistungen zwischen Privatpersonen, Kleinunternehmen und Vereinen organisieren.

Ziehen wir, fünf Jahre nach dem ersten Bundeskongreß der Tauschringe, eine Bilanz ihrer sozialen Wirkung, dann kommen wir zu dem Schluß: Die Tauschringe haben alles in allem erfolgreich begonnen, ein Stück soziales Leben im Sinne ihrer Leitideen zu gestalten. Diese Leistung ist in ihrer tatsächlichen und potentiellen gesellschaftlichen Relevanz umso stärker erkennbar, je mehr die Tauschringe als Teilbewegung der Suche nach neuen Wegen zur gesellschaftlichen Solidarität betrachtet werden. Die soziale Brisanz des Experiments liegt darin, daß und insoweit es – über die unverkennbaren Erfolge als Selbsthilfeorganisation hinaus – zu einer sozialen Bewegung gehört, die insbesondere auf die Neuverteilung der Arbeit, einen anderen Arbeitsbegriff, einen neuen Generationenvertrag, eine Stärkung des bürgerschaftlichen Engagements und einen an den Zielvorgaben verstärkt sich orientierenden Maßstab von Lebensqualität zielt. Zu dieser Bewegung wären u.a. all jene zu rechnen, die Konzepte für neue, sozial gerechtere Arbeitsmodelle entwickeln, ebenso diverse praktische Initiativen, die unter dem Stichwort „Wirtschaft von unten“ oder „alternative Ökonomie“ zu fassen wären, wie z.B. Initiativen zur Stärkung lokaler Wirtschaftskreisläufe, genossenschaftliche und selbstverwaltete Betriebe, Arbeitslosenwerkstätten, Stadtteilbetriebe, gemeinnützige Dienstleister, gewerkschaftlich organisierte Beschäftigungsinitiativen.

Wie immer die Wachstumschancen der Tauschringe einzuschätzen sind, sofern ihre Botschaft die Öffentlichkeit erreicht, wirken sie in dieser als ein praktisches Plädoyer für:

Ein soziales Ethos im Sinne einer Tätigkeitsgesellschaft. Tauschringe sind Foren, auf denen Menschen sozial nützliche Fähigkeiten einbringen, die der Markt nicht vermittelt. Sie bilden damit einen Einspruch gegen eine Gesellschaft, die Arbeitslosigkeit finanziert statt Arbeitsplätze zu schaffen – und, um es mit Regine Hildebrandt zu sagen: „Arbeitslosigkeit ist teuer – und Arbeitslosigkeit macht Menschen kaputt“.

Tauschringe sind damit ein praktischer Hinweis auf die Notwendigkeit sowohl einer Neuverteilung der Arbeit als auch einer Neubewertung von Tätigkeit. Sie sind ein Aufruf zu einer Gesellschaft, in der für alle Mitglieder ein gleicher Zugang zur Möglichkeit besteht, sozial nützliche Fähigkeiten einzubringen; in der das bestehende soziale Gefälle in der Bewertung von Erwerbstätigkeit, ehrenamtlicher Tätigkeit, Beziehungs-, Erziehungs- und Pflegearbeit in der Familie, Arbeit in Zweitkreisläufen wie den Tauschringen usw. abgebaut wird; in der aber einstweilen auch Sozialhilfeempfänger, die Bezieher von Arbeitslosengeld oder -hilfe, aber auch Rentner, statt zur Untätigkeit animiert, ermutigt werden, ihre Kenntnisse und Fähigkeiten zu eigenem und anderer Nutzen anzuwenden.

Ein Mehr an sozialer Gerechtigkeit. Auch die Neuverteilung und -bewertung von Arbeit ist ein Gerechtigkeitsziel, die Tauschringe werfen unter dieser Vorgabe aber auch die Frage nach einer Neuordnung der Tauschbeziehungen in der Gesellschaft auf. Gehen wir davon aus, daß ein sozialer Konsens in zweierlei Hinsicht gegeben ist: einmal darüber, daß „ein Tausch nach dem Prinzip der Gleichwertigkeit des Nehmens und Gebens gerecht heißt“ (16), zum zweiten darin, daß Tauschgerechtigkeit in den wirtschaftlichen Transaktionen auch herrschen soll, dann stellt sich immer noch die Frage nach dem Maßstab, an dem gemessen etwas gleich oder ungleich ist. Die Brisanz dieser Frage ist augenfällig: In der marxistischen Perspektive z.B. gilt der Verkauf der Ware Arbeitskraft gegen Lohn als prinzipiell ungleicher Tausch, in der feministischen Perspektive u.a. der Tausch zwischen den Geschlechtern im Rahmen der Familie. Indem die Mitglieder der Tauschringe, basierend auf einer reinen (eine Stunde Arbeit gleich eine Stunde Arbeit, egal welche) oder einer dominanten Zeitrechnung (keine Spanne größer als 1:2 oder 1:3), also zu anderen als den marktüblichen Relationen tauschen, stellen sie diese unter dem Gerechtigkeitsideal zur Kritik. Unabhängig davon, wie wir ihre Lösung beurteilen und ob diese überhaupt als gesellschaftliches Prinzip taugt, ist damit die Frage nach den sozialen Normen aufgeworfen, die bei der Bewertung von Tätigkeiten anzuwenden wären.

Ein Mehr an gesellschaftlicher Solidarität. Dass und wie die Tauschringe diese Option verkörpern, nämlich auf eine indirekte Art, bedarf einer eingehenderen Erläuterung. Zu erklären ist nämlich ein Widerspruch: Der Tausch ist eine Form der sozialen Interaktion, die von den Tauschringen als ein Kontra zum Eindringen von Macht- und Marktverhältnissen in die Lebenswelten verstanden wird. Gehen wir von diesen aus, signalisiert das Eindringen von Tauschverhältnissen jedoch die faktische Abkehr vom Solidarprinzip in Richtung Reziprozitätsregeln, in denen Nutzenkalküle vorherrschen. Von daher ist das anfängliche Mißtrauen erklärlich, auf das die Tauschringe bei Gruppen stießen, die in der Tradition des christlichen Caritasgedankens stehen: wer deren Ethos gerecht werden will, darf nach einer Gegenleistung nicht fragen. Ähnlich der Widerspruch zwischen dem Tauschprinzip und der Solidaritäts-Maxime, die ein Handeln leitet, bei dem es genau ausgehandelte, vertraglich gesicherte Gegenleistungen nicht gibt und auch nicht geben darf – sonst wäre es nicht solidarisch (17). Der Widerspruch verliert allerdings an Schärfe, wenn wir die Praxis in den Tauschringen betrachten. Dann werden wir nämlich feststellen, daß der Erhalt einer Leistung dort alles in allem so wenig zweckdominant ist, daß wir zu dem Schluß kommen: Der Tausch hat sich in den Tauschringen eher als ein Vehikel der Solidarität denn der Berechnung erwiesen. Zurecht betont Klara Brendle, eine der treibenden Kräfte des Tauschrings Berlin-Kreuzberg, daß Tauschringe Pfennigfuchsern, genauer gesagt Kreuzer- oder Zeitfuchsern nicht viel zu bieten haben, und auch Menschen nicht, die eine ausgesprochene „Konsumhaltung" pflegen: „Man kann den Tausch im Tauschring nicht wie auf einem normalen Markt handhaben. Was wirklich wichtig ist, ist der persönliche Kontakt." Schlagend ist in diesem Zusammenhang das Beispiel der Seniorengenossenschaft Dietzenbach: Die Tätigkeit ihrer aktiven Mitglieder trägt, trotz genauer Auflistung der erarbeiteten Leistungsguthaben, sehr viel mehr die Züge eines ehrenamtlichen Engagements, anzusiedeln irgendwo zwischen Altruismus und Solidarität, denn einer auf Gegenleistung und Leistungsäquivalenz orientierten Handlung.

Ein Mehr an sozialer Verantwortung. Unter den Bedingungen des Zerfalls der traditionellen Nachbarschaftshilfe verkörpern die Tauschringe die Idee von neuen kommunitären Netzen, in denen Menschen eine direkte, bürgerschaftliche, nicht staats- oder marktvermittelte Form der Verantwortung für den Nächsten – oder besser: Übernächsten – zeigen.

Diese lebensqualitativ ausgelegten Wohlfahrtswirkungen können die Tauschringe allerdings nur entfalten, wenn drei Mindestvoraussetzungen gegeben sind:

- Bewahrung des eigenen Profils und Charakters. Die Tauschringe können ihre soziale Aufgabe nur erfüllen, wenn sie sich in ihren Charakterstärken entwickeln, nicht aber sich anderen Institutionen angleichen. Ihre Stärke liegt dort, wo sie sich von Wirtschaftsunternehmen, aber auch von politischen Vereinigungen und staatlich organisierten Sozialdiensten, allerdings auch von der Nachbarschaftshilfe unterscheiden: es ist eine einzigartige Verbindung von Altruismus und Geschäftssinn, die die Tauschringe zustande gebracht haben, von solidarischem und eigennützigem Handeln, Selbsthilfe und sozialem Anliegen, Pragmatismus und Gerechtigkeitsansprüchen.
- Kontextualisierung der sozialen Aufgabe entlang der Leitideen. Würden die Tauschringe sich prinzipiell alternativ zur Erwerbsarbeit setzen oder, als eine Form der Selbsthilfe, von oben her gegen das Solidarprinzip instrumentalisiert werden – also z.B. als Beleg dafür herangezogen, daß Sozialhilfe überflüssig ist und Arbeitslosengeld einzuschränken wäre –, würden sie nolensvolens einen Beitrag zur weiteren Entsolidarisierung der Gesellschaft und zum Sozialabbau, zur Spaltung in Er-

werbstätige und Nichterwerbstätige leisten und bestenfalls als armutspolitisches Projekt enden. Ihrem sozialen Anliegen können sie umgekehrt nur gerecht werden, wenn sie sich als eine Teilinitiative im Rahmen eines sozialpolitischen Gesamtprojektes verstehen, das für mehr soziale Gerechtigkeit und eine Umverteilung der Arbeit an allen Ecken und Enden aktiv wird. Dabei ist z.B. die staatliche Arbeitsmarktpolitik ebenso gefordert, neue Arbeitsplätze zu schaffen, wie die gewerkschaftliche Tarifpolitik ihren Beitrag zur Neuverteilung zu leisten hätte.

- Ein günstiges soziales Umfeld. Tauschringe sind in Selbstorganisation entstanden, ohne staatliche Förderung und öffentliche Unterstützung, und verlieren an Stärke und Profil, wenn sie nicht mehr auf die Eigeninitiative der Bürger bauen, deren Engagement und Kreativität sie ihrerseits fördern wollen. Dennoch brauchen die Tauschringe, um erfolgreich auf einer erweiterten Stufenleiter arbeiten zu können, passende gesellschaftliche Rahmenbedingungen. Würde es z.B. zu einer Besteuerung der Tauschleistungen und ihre Anrechnung auf Sozialhilfeansprüche kommen – Pläne dazu wurden in den Finanzbehörden schon mal gewälzt –, wären die Tauschringe auf den Status von Nachbarschaftshilfevereinen zurückgeworfen. Umgekehrt wäre es ihrer Tätigkeit förderlich, wenn Staat und Gesellschaft sie, in Anerkennung ihrer sozialen Nützlichkeit, wie z.B. in Holland, durch reichlich bemessene steuerliche Freigrenzen begünstigen würden.

Wenn wir am Schluß noch einmal an den Ausgangspunkt erinnern dürfen: Eine Gesellschaft die einen großen Teil ihrer Bürger daran hindert, nutzbringend für sich und andere ihre Fähigkeiten einzubringen, hatten wir gesagt, ist keine wirklich humane Gesellschaft. Das praktisch zu demonstrieren, dagegen auf dem Weg der Selbsthilfe vorzugehen und auf diese Weise gesellschaftliche Möglichkeiten aufzuzeigen, das ist die eigentliche Leistung der Tauschringe, von dieser rührt auch ihre gesellschaftliche Brisanz.

Ihre Stärke liegt darin, daß sie für jeden Bürger als ein Sofort-Projekt interessant sein können, zugleich aber Impulse für einen sozialen Wandel im Sinne eines Zuwachses an sozialer Gerechtigkeit setzen. Bereits unter Beweis gestellt haben sie ihre Fähigkeit, Koalitionen von Interessen, Herkünften und Lebensweisen zu verwirklichen und unter unterschiedlichen Bedingungen zu funktionieren: in den alten Bundesländern ebenso wie in den neuen, in den Stadtteilen von Großstädten, auf dem Land und in mittelgroßen Kommunen, mit einer mehrheitlich von Arbeitslosen geprägten Mitgliedschaft, aber auch mit einer Mehrheit von bessergestellten Berufstätigen und diversen Mischungen.

Auffällig ist, daß wir, wenn das Gespräch auf die Tauschringe kommt, so gut wie nie auf einen Menschen treffen, dem nicht spontan einfiele, welchen Nutzen er ganz persönlich von einem Mittun hätte. Obwohl die Erfahrungen noch lange nicht genügen, wagen wir daher die These, daß der Tausch im Rahmen eines Ringes bis zu einem gewissen Grad – der je nach individuellen Voraussetzungen und Interessen unterschiedlich ist – eine wirtschaftlich sinnvolle Aktivität ist, durch die der Einzelne außerdem seine Kreativität besser zur Entfaltung bringen kann – nicht alternativ zur Erwerbsarbeit und zu anderen Tätigkeiten, sondern in deren Kontext.

Damit deutet sich auch der Platz an, den Tauschringe und andere Kooperationsringe in einem Sozialgefüge einnehmen könnten, das sich in Richtung Tätigkeitsgesellschaft bewegt. Tauschringe bergen das Potential, der ungleichen Verteilung von Geld und Zeit, der restriktiven Fassung des Arbeitsbegriffs, der Entmündigung des Bürgers durch kreativitätsfeindliche Bestimmungen und der gesellschaftlichen Entsolidarisierung entgegenzuwirken. In den momentan deutlichsten Konturen zeichnet sich dabei die soziale Stellung ab, die Projekte wie die Seniorengenossenschaften einnehmen könnten. Anschließend an die erfolgreiche Arbeit in Dietzenbach wäre ein neues Rentenmodell diskutierenswert: eine Rente, bestehend aus einer staatlich garantierten Basisrente und einer Rente nach herkömmlicher Art, bei der aber auch ein freiwillig zu erbringender Eigenvorsorgeanteil eine bedeutende Rolle spielt, den sich tätigkeitswillige und -bedürftige Jungsenioren in Form von Leistungsguthaben erarbeiten.

Anmerkungen

Alle Zitate, die nicht mit Quelle ausgewiesen sind, stammen aus Gesprächen und Interviews, die der Autor im Sommer 2000 führte.

(1) Günter Hoffmann: Tausche Marmelade gegen Steuererklärung. Ganz ohne Geld – die Praxis der Tauschringe und Talentbörsen. München-Zürich 1998
(2) Karl Homann/Franz Blome-Drees: Wirtschafts- und Unternehmensethik. Göttingen 1992, S. 48
(3) Günther Bannas in der FAZ vom 16.5.00
(4) siehe z.B. Joschka Fischer: Für einen neuen Gesellschaftsvertrag. Eine politische Antwort auf die globale Revolution. Köln 1998
(5) Fabian Betz: Tauschringe als ergänzende lokale Währungen. Diplom-Arbeit im Fachbereich Wirtschafts- und Sozialgeographie der Universität Tübingen, Juli 2000 (unveröff.)

(6) Über LETS und andere Projekte berichtet ein Buch, das in der Tauschring-Szene gut rezipiert wurde: Claus Offe/Rolf G. Heinze: Organisierte Eigenarbeit. Das Modell Kooperationsring. Frankfurt/M.-New York 1990

(7) Sabine Budtke: Tauschringe im Kontext sozialer Sicherung, Diplom-Arbeit im Fachbereich Erziehungswissenschaften der TU Berlin, Dezember 1996 (unveröff.), S. 75 f

(8) Betz, a.a.O. Insgesamt sind in den letzten Jahren über zwanzig Diplom-Arbeiten zu den Tauschringen an verschiedenen Universitäten verfaßt worden.

(9) Silvio Unterguggenberger: Das Freigeldexperiment von Wörgl; in: Josef Zangerl (Hg.): Wörgl. Ein Heimatbuch. Wörgl 1998, S. 259-278, hier S. 275

(10) zit. nach F. Schwarz: Das Experiment von Wörgl. Bern 1951, S. 39

(11) zit. nach F. Schwarz, S. 53

(12) Bernhard Paster: Das Schwundgeld von Wörgl – Versuch einer Deutung aus heutiger Sicht. Diplom-Arbeit am Institut für Wirtschafts- und Sozialwissenschaften der Wirtschaftsuniversität Wien 1991 (unveröff.), S. 82

(13) Tauschring-Nachrichten, Nr.1 bis 7. Hrsg. „Vereinigte Tauschringe“, Geschäftsstelle Stuttgart-Vaihingen. September 1946 – Oktober 1947; siehe auch: Christian Schneider: Barter-Clubs – Chancen und Probleme. Berlin 1995, S.173 f.
Es waren Einzelhandelsgeschäfte aus unterschiedlichen Branchen, die sich in einer Stadt oder Region zu einem Tauschring mit verbindlichen Geschäftsbedingungen zusammengeschlossen hatten. Über ihren Ladentisch wurden gegen Tauschbons alle Sorten von Ge- und Verbrauchsgütern, vor allem Lebensmittel, Brennstoffe, Kleidung, Haushaltsartikel, Werkzeuge, Bücher... getauscht. Der erste Tauschring wurde bereits kurz nach Kriegsende im Juli 1945 in Stuttgart gegründet. Von da aus folgten Neugründungen in Nordbayern, Hessen, Niedersachsen sowie in den Städten München, Augsburg und Berlin... Die größte Verbreitung und Bedeutung erreichten die Tauschringe jedoch in Württemberg-Baden. So gehörten den dortigen Tauschringen bereits Ende September 1947 513 Einzelhandelsgeschäfte an. Diese verbuchten bis zu diesem Zeitraum über zwei Millionen Tauschaktionen im Wert von 8,6 Millionen Reichsmark.

(14) Christoph Badelt: Politische Ökonomie der Freiwilligenarbeit. Theoretische Grundlegung und Anwendung in der Sozialpolitik. Frankfurt/M.-New York 1985, S. 71

(15) BUND/Misereor (Hrsg.): Zukunftsfähiges Deutschland. Ein Beitrag zu einer global nachhaltigen Entwicklung. Studie des Wuppertal Instituts für Klima, Umwelt, Energie GmbH. Basel-Boston-Berlin 1997, S. 174

(16) Otfried Höffe: Gerechtigkeit als Tausch? Ein ökonomisches Prinzip für die Ethik; in: Peter Ulrich (Hrsg.): Auf der Suche nach einer modernen Wirtschaftsethik. Lernschritte zu einer reflexiven Ökonomie. Bern-Stuttgart 1990, S. 91-102, hier S. 92f

(17) Wir verstehen Solidarität mit Hondrich/Koch-Arzberger „als Gefühl der Zusammengehörigkeit zwischen Personen, die, trotz Differenzen, ihre Interessenlagen und Ziele als gleich verstehen, aber ungleich beeinträchtigt sehen, woraus der Anspruch bzw. die freiwillige Verpflichtung einseitiger Unterstützung erwächst, gekoppelt mit dem Anspruch auf bzw. der Verpflichtung zur Unterstützung von der anderen Seite, sofern die Situation sich verkehrt.“ (Karl Otto Hondrich / Claudia Koch-Arzberger: Solidarität in der modernen Gesellschaft. Frankfurt/M. 1992, S. 14)

4. Der Gemeinwohl-Unternehmer

Im Rahmen der „Kommission für Zukunftsfragen der Freistaaten Bayern und Sachsen“ hat Prof. Dr. Ulrich Beck ein Modell der Bürgerarbeit vorgelegt, durch welche er die Erwerbsarbeit ergänzen möchte. In diesem Modell wird die Bürgerarbeit nicht entlohnt, sondern belohnt. Im Verständnis der Kommission“ handelt es sich bei Bürgerarbeit um:

- freiwilliges soziales Engagement, das
- projektgebunden (und damit zeitlich begrenzt) in kooperativen, selbst organisierten Arbeitsformen unter der Regie eines Gemeinwohl – Unternehmers,
- Autorisiert, abgestimmt mit dem (kommunalen) Ausschuss für Bürgerarbeit ausgeschrieben, beraten und durchgeführt wird.
- Bürgerarbeit wird nicht entlohnt, aber belohnt und zwar immateriell (durch Qualifikationen, die Ehrungen, die Anerkennung von Rentenansprüchen und Sozial-Zeiten etc.).
- Materiell erhalten diejenigen ein Bürgergeld, die hierauf existenziell angewiesen sind. Die Maßstäbe sind die gleichen wie bei der Gewährung von Sozialhilfe; deshalb können die erforderlichen Mittel aus den Haushalten der Sozialhilfe und gegebenenfalls der Arbeitslosenhilfe entnommen werden.
- Jedoch, die Bezieher von Bürgergeld sind – bei sonst gleichen Voraussetzungen – keine Empfänger von Sozial – oder Arbeitslosenhilfe, da sie in Freiwilligen-Initiativen gemeinnützig tätig sind. Auch stehen sie dem Arbeitsmarkt nicht zur Verfügung, wenn sie das nicht wünschen. Sie sind keine Arbeitslosen“.[82]

Dieses Modell der Bürgerarbeit entspricht nicht den in diesem Buch vorgetragenen Überlegungen, da es auf einem freiwilligen sozialen Engagement beruht und nicht entlohnt wird. Was hier interessiert ist das in diesem Kontext vorgetragene Modell des Gemeinwohl – Unternehmers[83]. Die unternehmerische Aktivität wird mit der Arbeit für das Gemeinwohl verbunden, die Fertigkeiten und die Kunst des Unternehmers werden für soziale, gemeinnützige Zwecke eingesetzt. Eine Studie aus Großbritannien zeigt, dass die Figur des Gemeinwohl – Unternehmers eine personifizierbare Verdichtung von Initiativreichtum darstellt.

Was macht das Soziale des Gemeinwohl – Unternehmers aus?

- Gemeinwohl-Unternehmer sind charismatische Führerpersönlichkeiten, können Geschichten erzählen, Menschen miteinander ins Gespräch bringen und anleiten, sie verführen, Dinge zu tun, ,die sie ansonsten vielleicht gar nicht in Erwägung gezogen hätten. In diesem Sinne ist nicht nur der Charakter, auch dass Ergebnis ihrer Arbeit sozial, weil hier die Wohlfahrt, die Gemeinschaft und ihre Voraussetzungen erneuert und befördert werden;
- Gemeinwohl-Unternehmer sind „visionäre Pragmatiker". Sie verfolgen eine Idee, aber wissen zugleich diese in einer Politik der nächsten Schritte umzusetzen. Sie sind Spezialisten in der Schaffung und Nutzung „sozialen Kapitals" – in Gestalt von Beziehungen, Netzwerken, Vertrauen und Kooperation. Dadurch verschaffen sie sich Zugang zu Kapital. Die Netzwerke, die sie knüpfen und pflegen, lassen sich also durchaus auch in Geld verwandeln.
- Die Organisationen, die sie gründen, sind gemeinwohlorientiert in dem Sinn, daß sie nicht profitorientiert sind und Fragen aufgreifen, die der Entwicklung des Gemeinwesens förderlich sind. Diese Organisationen sind weder Teil des Staates noch der privaten Wirtschaft. In der Tat drückt sich ihre innovative Kraft oft gerade darin aus, daß ihre Initiativen und Lösungen für Probleme und Krisen den staatlichen Stellen und Vorstellungen widersprechen.
- Gemeinwohl-Unternehmer sind meistens zugleich Gemeinde – und Gemeinschaft – Unternehmer; sie beleben die lokalen Biotope der Bürgergesellschaft, die Nachbarschafts – Netzwerke, aus denen heraus sie entstehen. Das schließt nicht aus, das Gemeinwohl – Unternehmen auch Initiativen starten und unterhalten, die nicht nur das „Soziale" an dem Ort ihrer Tätigkeit aktivieren. Sie pflegen auch den Austausch in internationalen und interdisziplinären Netzwerken.
- Schließlich sind Gemeinwohl – Unternehmer auch Freiwilligen – Unternehmer, indem sie das, was viele Menschen offenbar benötigen, um aktiv zu werden, leisten: sie rufen auf zur freiwilligen Mitarbeit und betreuen, beraten, begleiten, organisieren diese. Diese Eigenschaften machen sie auch leicht zu Anti – Bürokraten.

Was macht umgekehrt das Unternehmerische des Gemeinwohl – Unternehmers aus?

- Ihre unternehmerische Kunst und Fertigkeit liegt darin, dass sie unbefriedigte Bedürfnisse, und ungelöste Aufgaben identifizieren und dafür brachliegende Ressourcen mobilisieren können. Sie vermitteln also in ihrer Person und Aktivität die Nachfrage nach Bürgerarbeit und die Aufgaben der Bürgerarbeit.
- In der privaten Wirtschaft ist es durchaus möglich, ein erfolgreicher Unternehmer zu sein, ohne wirklich innovativ zu sein. Im Freiwilligen – Sektor muss der sozial -unternehmerische Geist ein Innovator sein, um sein wie auch immer ausgerichtetes Projekt zu starten und durchzusetzen, denn hier gibt es keine Vorbilder, keine Rezepte, keine Routinen.
- Gemeinwohl – Unternehmer organisieren Mitgliedschaften und Arbeitsformen nicht exklusiv, sondern inklusiv: Bürgerarbeit schließt letztlich niemanden aus, es sei denn, er oder sie schließt sich selber aus.
- Wie die Erfahrungen in Großbritannien zeigen, haben die Projekte, die der Gemeinwohl – Unternehmer entwirft und durchführt, oft größere Erfolge mit geringeren Kosten als parallele Projekte des Wohlfahrtsstaates, und zwar, weil sie weniger bürokratisch, aber sehr viel flexibler in ihren Organisationsabläufen sind und mit dem Stamm der Freiwilligen über eine Art Engagement verfügen, das nur schwer oder gar nicht kaufbar, bezahlbar ist. So kann Bürgerarbeit zu einer Innovation werden, die Innovationen ermöglicht. Denn in dem Maße, in dem das Wohlfahrtssystem durch die Einrichtung von Bürgerarbeit auch inhaltlich neu fundiert wird, wird es zugleich dezentralisiert, klienten – und problemnäher. Zugleich entsteht eine Kultur der Kreativität, das heißt ein öffentlicher Raum, in dem experimentelle Vielfalt möglich wird.

Dieses Modell des Gemeinwohl- Unternehmers ist auch auf Tätigkeiten übertragbar, die auf der Grundlage einer Komplementär – Währung finanziert werden. Der geforderte, personifizierte Initiativreichtum muss auch für die Gemeinwohl – Ökonomie als Zielorientierung dienen. So bleibt nur zu hoffen, dass möglichst bald das Profil des Gemeinwohl – Unternehmers weiter konkretisiert wird und sich entsprechende Bildungszentren finden, die die notwendigen Kompetenzen vermitteln und Menschen zu einer solchen Tätigkeit motivieren.

5. Epilog zur Nachhaltigkeit

Soll die Welt eine Zukunft haben, so muss sie der Sicherung der natürlichen Lebensgrundlagen einen ebenso wichtigen Rang einräumen wie dem Streben nach wirtschaftlichem Wohlstand und nach sozialer Gerechtigkeit. Jede der drei Komponenten ist nur dann erreichbar, wenn sie bei allen gesellschaftlichen Gestaltungsprozessen im Zusammenhang mit den anderen beiden gesehen und angestrebt wird. Programmatisch wird diese Sichtweise unter dem Stichwort nachhaltige Entwicklung zusammengefasst. Seit der Konferenz der Vereinten Nationen in Rio de Janeiro (1992) ist das Leitbild der nachhaltigen Entwicklung völkerrechtlich verbindliche Grundlage der internationalen Umwelt- und Entwicklungspolitik.

Basis des Nachhaltigkeitskonzeptes ist also die Koppelung der Bemühungen um Umweltschutz und um eine sozial ausgewogene wirtschaftliche Entwicklung. Die Begriff der nachhaltigen Entwicklung (sustainable development) hat dabei eine weit über den spezifischen ökologischen Gehalt hinausgehende ethisch – politische Bedeutung gewonnen. Er lässt sich definieren als eine Entwicklung, in der soziale Ausgewogenheit, ökologische Tragfähigkeit und ökonomische Effizienz als sich wechselseitig bedingende Größen verstanden und angestrebt werden.

Das sozio-ökonomische Leitbild „nachhaltige Entwicklung" – geht von den folgenden drei Grunddimensionen aus:

Soziale Gerechtigkeit

Das Leitbild der nachhaltigen Entwicklung geht von einer grundlegenden Werteentscheidung aus, nämlich der Forderung nach weltweiter, auch künftige Generationen umfassender Gerechtigkeit. Nach diesem Grundsatz intra- und intergenerationeller Gerechtigkeit sind nur solche Lebens- und Wirtschaftsformen zulässig, die andere Menschen und Nationen weder heute noch in Zukunft ihrer existenziellen Lebenschancen berauben.

Die Entscheidung für intergenerationelle Gerechtigkeit erfordert eine grundlegende Kurskorrektur der gesellschaftlichen Entwicklung, denn auf

Dauer macht das heutige Wohlstandsmodell der Industriegesellschaften die Erde unbewohnbar.

Das politische Nachhaltigkeitskonzept von Rio setzt in seiner Argumentationslogik zunächst nicht spezifisch ökologisch an, sondern mit dem allgemeinen Grundsatz der Gerechtigkeit. Alle Einzelforderungen ergeben sich aus der Globalisierung der Perspektive sowie der Erweiterung des Zeithorizontes für die Bewertung des politischen und wirtschaftlichen Handelns. So beginnt die Agenda 21 mit Leitlinien zur Armutsbekämpfung und wirtschaftlichen Förderung in den Entwicklungsländern. Ökologie wird hier als Dimension sozialer und wirtschaftlicher Entwicklung entfaltet.

Erhaltung der Natur

Es muss alles getan werden, um den „natürlichen Kapitalstock" zu erhalten. Denn dies ist einer der maßgeblichen Engpässe für humane Lebens- und Entwicklungschancen der nachkommenden Generationen. Die Forderung nach Erhaltung des natürlichen Kapitalstocks lässt sich gut an der ursprünglichen Grundbedeutung des Nachhaltigkeitsbegriffs veranschaulichen: er kommt aus der Forstwirtschaft, wo er bereits zu Beginn des 19. Jahrhunderts eine Bewirtschaftungsform bezeichnete, bei der nicht mehr Holz geschlagen wird, als jeweils nachwächst. Ökonomisch kann man dies Prinzip umschreiben als „von den Zinsen und nicht vom Kapital leben".

Zirkuläre Ökonomie

Eine wirtschaftliche Operationalisierung der Forderung nach Erhaltung des Naturkapitals stellt das Konzept der „zirkulären Ökonomie" dar.

Es umfasst folgende Regeln:

1. der Natur dürfen nur so viele nachwachsende Rohstoffe entnommen werden, wie sie regenerieren kann;
2. es dürfen nur so viele Schadstoffe ausgestoßen werden, wie die ökologischen Systeme assimilieren können;
3. der Verbrauch nichtnachwachsender Ressourcen ist durch die Schaffung entsprechender Substitute zu kompensieren, die nachfolgenden Generationen gleiche Wohlstandschancen ermöglichen.

Die Enquete-Kommission des Bundestags „Schutz des Menschen und der Umwelt" ergänzt dazu eine auf die ökologischen Zeitmaße bezogene Regel:

4. das Zeitmaß der menschlichen Eingriffe muss in einem ausgewogenen Verhältnis zum Zeitmaß der natürlichen Prozesse stehen.[84]

Eine weitere wichtige Ergänzung hinsichtlich der grundsätzlichen Risikoproblematik von Stoff- und Energieströmen formuliert die vom BUND und Misereor in Auftrag gegebene Studie „Zukunftsfähiges Deutschland“: Die Umsätze von Energie und Stoffen müssen auf ein risikoarmes Niveau abgesenkt werden.[85]

Insgesamt lassen sich die Regeln der zirkulären Ökonomie zusammenfassen als Forderung nach einer den ökologischen Stoffkreisläufen und Zeitrhythmen angemessenen Vernetzung des ökonomischen und des ökologischen „Haushalts“.

5.1 Nachhaltigkeit als Leitbild

Das Leitbild der nachhaltigen Entwicklung ist Ausdruck einer – wenn auch erst beginnenden – Ablösung des neuzeitlichen Fortschrittsparadigmas durch die Leitvorstellung einer in die Stoffkreisläufe und Zeitrhythmen der Natur eingebundenen neuen Entwicklung. Den linearen Fortschrittsvorstellungen, die in den vergangenen 200 Jahren in Wirtschaft und Wissenschaft vorherrschten, werden die neuen Ziele und kulturellen Leitwerte einer „zweiten Moderne“ entgegengesetzt, für die das Konzept der nachhaltigen Entwicklung ein zentraler Kristallisolationspunkt ist.

Das Leitbild der nachhaltigen Entwicklung ist jedoch keine inhaltlich eindeutig festgelegte Zielbestimmung. Es ist vielmehr ein Zielsystem nicht aufeinander zurückführbarer Teilkomponenten. Das Leitbild gibt also die tiefgreifenden Konflikte zwischen Ökonomie, Ökologie und sozialer Gerechtigkeit nicht auf, sondern bietet lediglich eine zukunftsorientierte Gesamtperspektive, um in den unterschiedlichen Situationen ethisch begründete und möglichst ausgewogene Zuordnungen auszuhandeln. Es stellt ein offenes und plurales Leitbild dar, das nur durch vielfältige gesellschaftliche Suchprozesse konkretisiert werden kann.

Das spannungsreiche Verhältnis zwischen Natur und zivilisatorischer Entwicklung ist eines der zentralen, nahezu alle gesellschaftlichen Bereiche durchdringende Problem unserer Zeit. Die hier zutage tretende Orientierungskrise fordert zur Beantwortung und Wiederentdeckung existenzieller ethischer Fragen heraus. Sie verlangt nach einer neuen Verständigung darüber, was die tragenden Werte, Regeln und Kompetenzen eines humanen und dauerhaft – umweltgerechten Wohlstandsmodells sein sollen. Dies ist eine langfristige Aufgabe für Politik, Wirtschaft und Wissenschaft, ebenso aber auch für Kultur, Medien und Bildung. Notwendig ist eine weit über das unmittelbare Feld politischer und wirtschaftlicher Reformen hinausgehende Kultur der Nachhaltigkeit.

Es geht dabei nicht allein um eine „ökologische Wende", sondern vielmehr um die Bestimmung und Vermittlung der Werte für eine „ökologische Wende". Diese hat wissenschaftliche und gesellschaftliche Umbruchprozesse zum Gegenstand, die weitaus substantieller sind als jene der sechziger Jahre: gewohnte Wirtschafts-, Politik- und Lebensformen, die positivistische Wissenschaftsorientierung, die Wertfragen aus der Wissenschaft weitgehend ausgeklammert hat, sowie eindimensionelle Fortschrittsvorstellungen werden auf den Prüfstand der Zukunftsfähigkeit gebracht.

5.2 Vernetzung als Handlungsprinzip

Der Schwerpunkt des Konzepts „nachhaltige Entwicklung" ist die Forderung einer systematischen Beachtung der vielschichtigen Beziehungszusammenhänge zwischen Mensch und Umwelt. Dies entspricht dem methodisch-systemtheoretischen Verständnis von Ökologie als Beziehungswissenschaft, nämlich als Wissenschaft der Beziehungsgefüge zwischen Lebewesen und ihrer Umwelt. Eine solche ökologisch – nachhaltige Betrachtungsweise fordert Denk- und Handlungsansätze, deren Grundmaxime sich als „Vernetzung" umschreiben lässt: die Einbindung der Zivilisationssysteme in das sie tragende Netzwerk der Natur muss zur Leitmaxime des individuellen und gesellschaftlichen Handelns werden.

Wegweisend um das Ziel einer solchen Rückbindung zu erreichen, ist die kommunikative Vernetzung zwischen unterschiedlichen gesellschaftlichen Teilbereichen. Dabei muss die Differenzierung moderner Gesellschaften in relative autonome Subsysteme beachtet werden. Ökologische Forderungen sind in die jeweilige Handlungslogik zu übertragen. Dies bedeutet beispielsweise für das ökonomische System: es kann ökologische Knappheiten nur dann „wahrnehmen", wenn sie in Kosten beziffert und durch entsprechende wirtschaftliche Rahmenbedingungen geschützt werden.

Solche Übersetzungsleistungen zwischen den unterschiedlichen gesellschaftlichen Subsystemen geschehen bisher nur unzureichend: wir leben in einer „segmentierten“ Gesellschaft, in der Teilbereiche optimiert werden, in der das Gemeinwohl aber zunehmend aus dem Blick geraten zu sein scheint. Die Sicherung des Gemeinwohls kann jedoch in einer offenen, demokratischen und pluralistischen Gesellschaft nicht durch eine zentrale Steuerungsinstanz geleistet werden, sondern nur durch eine dynamische und vielschichtige Vernetzung.

Die Strategie nachhaltiger Entwicklung durch eine Vernetzung unterschiedlicher Handlungsfelder zielt darauf ab, die Grenzen der Natur in Chancen zu verwandeln, nämlich in Chancen für einen strukturellen Wandel, der sich auf Dauer auch in sozialer und ökonomischer Hinsicht als sinnvoll erweist.

Nachhaltigkeit und Vernetzung sind also zwei sich wechselseitig interpretierende Perspektiven: „Nachhaltigkeit“ ist das allgemein bekannte politische Rahmenkonzept der Umwelt- und Reformdebatte in Öffentlichkeit, Politik, Wirtschaft und vielen anderen Bereichen. „Vernetzung“ ist der systematische Kerngehalt einer Debatte, die konstruktiv auf die Herausforderungen der Umweltkrise antworten will.

5.3 Von der „Vernetzung“ zum ethischen Prinzip der „Retinität“

Für das ethische Postulat einer „Gesamtvernetzung“ und um Rückbindung der Zivilisationsentwicklung an die Entfaltungsbedingungen der Natur hat Prof. Dr. Wilhelm Korff – auf das lateinische „rete“, das Netz, zurückgreifend – den Begriff „Retinität“ geprägt.[86] Dort heiß es wörtlich: „im Grunde weiß jedermann, dass die großen ökonomischen und sozialen Probleme der Gegenwart nicht gegen die Umweltfrage gelöst werden können, sondern nur mit ihr. Doch was nützt in diesem Kontext eine Umweltethik, die von ihrem eigenen Ansatz her über bloße Ehrfurchts-, Achtungs- und Bewahrungsforderungen hinaus kaum etwas einzubringen vermag, was hier Brücken schlagen könnte … wir stehen hier vor einem neuen Faktum. Wir brauchen in der Tat ein eigenes verfahrensrelevantes umweltethisches Grundprinzip, das genau diesen Brückenschlag leistet, indem es die Aufgabe benennt, um die es eigentlich in der ganzen Umweltfrage geht, nämlich um die Einbindung unserer Zivilisationsysteme in das Netzwerk der Natur. Mit diesem Prinzip ist der umfassende umweltethische Imperativ formuliert, der diesen zugleich in seiner Brückenfunktion erkennen lässt: als Fortschritt, als sozialer Fortschritt, als ökonomischer Fortschritt, als technischer Fortschritt kann nur bezeichnet werden, was von den Bedingungen der Natur mitgetragen wird. Es geht um Rückkopplungs-, Einbindungs- und Vernetzungsaufgaben, und darin um ein Progredieren und Bewahren zugleich.

In dem Umweltgutachten 1994 nimmt der Sachverständigenrat für Umweltfragen der Bundesregierung den Begriff auf und bezeichnet ihn als Schlüsselprinzip der Umweltethik[87]: „In der Zuordnung von Mensch und Natur wird eine Interdependenz sichtbar, der fundamentale moralische Bedeutung zukommt und die entsprechend einer eigenen Kennzeichnung bedarf. Unbeschadet der Tatsache, dass Umweltethik, je mehr man ins Detail geht, höchst differenzierte Sachverhalte abzudecken hat, erscheint es zugleich immer notwendiger, dass sie ebenso auch die Gesamtheit unseres Umgangs mit der Natur auf den Begriff bringt. Es geht um die Frage der Stimmigkeit im Verhältnis von Mensch und Natur als ganzer, um die Rückbindung der menschlichen Kulturwelt – mitsamt der Dynamik der sie bestimmenden Wirtschaft – in das sie tragende Netzwerk einer sich ebenfalls dynamisch auslegenden Natur. Der Umweltrat ist der Auffassung, dass das zentrale Stichwort hierfür, dass man in bisherigen umweltethischen Konzeptionen vergeblich sucht, „Gesamtvernetzung" heißt oder, mit einem vom lateinischen „rete" (das Netz) abgeleiteten Begriff: Retinität. In diesem Begriff der Retinität ist die entscheidende umweltethische Bestimmungsgröße und damit das Kernstück einer umfassenden Umweltethik festgehalten. Will der Mensch seine personale Würde als Vernunftwesen im Umgang mit sich selbst und mit anderen wahren, so kann er der darin implizierten Verantwortung für die Natur nur gerecht werden, wenn er die „Gesamtvernetzung" all seiner zivilisatorischen Tätigkeiten und Erzeugnisse mit dieser ihn tragenden Natur zum Prinzip seines Handelns macht. Das Retinitätsprinzip ist das Schlüsselprinzip der Umweltethik".

Die Grundforderung des Retinitätsprinzips lässt sich wie folgt definieren: die Entfaltung der menschlichen Zivilisation soll so ausgestaltet werden, dass das Netzwerk der sie tragenden ökologischen Regelkreise erhalten bleibt. Maßgeblich hierfür ist die Vernetzung der ökonomischen, ökologischen und sozialen Prozesse, wobei insbesondere auf die kritischen Parameter ihrer Wechselwirkungen zu achten ist. Gemäß dem am Leitbild der Nachhaltigkeit orientierten Retinitätsprinzip ist Umweltethik nicht als Bereichsethik zu konzipieren, sondern als ein umfassendes Integrationskonzept für die komplexen Entwicklungsprobleme neuzeitlicher Gesellschaften. Orientierungsmaßstab ist dabei nicht das Paradigma der Natur als absolut vorgegeber Wachstumsgrenze, sondern das Leitbild einer dynamischen Stabilisierung der komplexen Mensch – Umwelt – Zusammenhänge.

Das erfordert eine verstärkte Berücksichtigung systemtheoretischer Analysen über die Möglichkeiten und Grenzen der Steuerung vernetzter, also komplexer dynamischer Systeme für Politik und Ethik in modernen Gesellschaften. Die notwendige Vernetzung umfasst weit mehr als durch systemtheoretische Optimierungen erreicht werden kann. Denn die wesentlichen „Knotenpunkte" des Netzes sind Menschen, die Ziele und Werte in die unterschiedlichen Handlungssysteme einbringen. Demgemäß sind ökologische Themen mit grundlegenden ethischen Fragen der individuellen und gesellschaftlichen Lebensführung zu verknüpfen. Nur in der Verbindung gesellschaftlicher und personaler Dimensionen können Grundprinzipien und Entscheidungskriterien verantwortlichen Handelns gefunden werden.

Der Begriff „Retinität" ist zunächst fremd und ungewohnt. Insbesondere im Hinblick auf die Vermittlung in der Erwachsenenbildung ist dies ein großer Nachteil. Warum soll man nicht besser auf den deutschen Begriff „Vernetzung", der sich hoher Beliebtheit erfreut, zurückgreifen? Gerade diese Beliebtheit ist jedoch für die Ethik ein Problem: sie beruht auf einer Vieldeutlichkeit, die den damit verbundenen Gehalt des ethisch Verbindlichen nicht hinreichend zu fassen vermag. Normative Aussagekraft gewinnt der Ansatz erst dann, wenn man ihn in ein ethisches Bezugssystem einordnet, von dem her man zwischen einer zielführenden Vernetzung und einer, die eher zu erhöhter Übersichtlichkeit führt, unterscheiden kann.

„Retinität" unterscheidet sich von dem allgemeinen Begriff „Vernetzung" durch die Einordnung in einen ethischen Begründungszusammenhang. Es ist ein spezifisch ethischer Begriff und bezieht sich auf die Handlungsimperative einer neuen Rückbindung der Zivilisationsentwicklung an die langfristigen Erhaltungs – und Funktionsbedingungen der sie tragenden ökologischen Systeme.

Retinität ist kein ethisches Letztprinzip. Sie ist begründungsbedürftig durch die Angabe des eigenen Standpunktes und der eigenen Perspektive. Diese sind bei Menschen gewöhnlich durch die eigenen Bedürfnisse und die jeweiligen kulturellen Deutungsmuster von Menschen, Natur und Gesellschaft geprägt. Dabei stellt sich für die Umweltethik die grundlegende Frage, welcher Stellenwert der Natur im Verhältnis zu den menschlichen Zwecken zukommt.

Retinität stellt eine zeitgemäße und notwendige Ergänzung der klassischen Prinzipien der christlichen Gesellschaftslehre dar. Es baut auf diesen Prinzipien, nämlich Personalität, Solidarität, Subsidiarität und Gemeinwohl, auf: in seiner Begründung bezieht es sich zentral auf die besondere Würde und Verantwortung des Menschen als Person, die Voraussetzung und zentrales Ziel nachhaltiger Entwicklung ist und sich politisch in Achtung der demokratischen Menschen – und Mitwirkungsrechte konkretisiert. In seiner Mitte steht die Forderung nach einer weltweiten und umfassenden Solidarität, deren Bewährungsprobe heute ganz wesentlich der Einsatz für eine globale Entwicklungs – und Umweltpolitik ist.

Wegweisendes Organisationsprinzip nachhaltiger Entwicklung ist Subsidiarität, die hier vor allem durch die Maxime „Stärkung der Rolle untergeordneter Gruppen" präzisiert wird. Darüber hinaus ist auch die Regionalisierung, also die Abgrenzung und Unterstützung relativ selbständiger sozialer Einheiten, die eng mit ihrer konkreten natürlichen und sozialen Umwelt verbunden sind und so ein besonderes Interesse an deren Schutz haben, eine wichtige Realisierungsform der Subsidiarität im Rahmen nachhaltiger Entwicklung.

Auf diese Weise verknüpft Retinität die traditionellen Prinzipien der christlichen Gesellschaftslehre und kann durch deren aktuelle Interpretation eine wesentliche Vertiefung erfahren. Zugleich geht der Retinitätsansatz wesentlich über die bisherige Sozialethik hinaus, indem er systematisch die ökologische und soziale Vernetzungsproblematik in der fragmentierten Gesellschaft einbezieht. Dabei handelt es sich um eine historisch neue, grundlegende ethische Herausforderung, die einer eigenen ethischen Antwort bedarf. Retinität ist also nicht in den traditionellen Prinzipien, die für den zwischenmenschlichen Bereich entwickelt wurden, enthalten oder daraus ableitbar. Sie ist diesen aber auch nicht vorzuordnen, weil sie wesentlich daran anknüpft und für die eigentliche Begründung des Ethischen auf den Subjektstatus des Menschen verweist.

Das Retinitätsprinzip ist daher eine prinzipiell gleichrangige, in seiner Bedeutung jedoch noch längst nicht hinreichend präzisierte Ergänzung der klassischen Prinzipien. Seine Begründung ist jedoch nicht von christlichen Voraussetzungen abhängig und kann Allgemeingültigkeit beanspruchen.[88]

Das „Gemeinsame Wort" der Deutschen Bischofskonferenz und des Rates der Evangelischen Kirche in Deutschland „Für eine Zukunft in Solidarität und Gerechtigkeit" befasst sich mit dem Thema „Nachhaltigkeit" in den Abschnitten 122 ff., darin heißt es:

(122) „Die Solidarität bezieht sich nicht nur auf die gegenwärtige Generation; sie schließt die Verantwortung für die kommenden Generationen ein. Die gegenwärtige Generation darf nicht auf Kosten der Kinder und Kindeskinder wirtschaften, die Ressourcen verbrauchen, die Funktions- und Leistungsfähigkeit der Volkswirtschaft aushöhlen, Schulden machen und die Umwelt belasten. Auch die künftigen Generationen haben das Recht, in einer intakten Umwelt zu leben und deren Ressourcen in Anspruch zu nehmen. Diese Maxime versucht man neuerdings mit dem Prinzip der Nachhaltigkeit und der Forderung nach einer nachhaltigen, das heißt einer dauerhaften und zukunftsfähigen Entwicklung auszudrücken.

(123) Die Zielperspektive der Nachhaltigkeit schließt vor allem die Verantwortung für die Schöpfung ein. Im biblischen Denken ist diese Dimension der Verantwortung darin begründet, dass der Mensch Geschöpf unter Mitgeschöpfen ist. Er ist in eine Schicksalsgemeinschaft mit allen Geschöpfen eingebunden. Es kommt ihm eine besondere Verantwortung für die übrige Schöpfung zu. Er soll die Erde bebauen und bewahren, das heißt sie kultivieren und zu einem bewohnbaren Lebensraum gestalten und sie als solche bewahren. Die besondere Stellung des Menschen begründet kein Recht zu einem willkürlichen und ausbeuterischen Umgang mit der nichtmenschlichen Schöpfung. Vielmehr nimmt sie den Menschen in die Pflicht, als Sachverwalter Gottes für die geschöpfliche Welt einzustehen, dieser mit Ehrfurcht zu begegnen und schonend, haushälterisch und bewahrend mit ihr umzugehen.

(124)... Eine menschliche Gesellschaft kann nur dann zukunftsfähig sein, wenn sie diesem ökologischen Gesamtzusammenhang Rechnung trägt.

(125) Die christliche Soziallehre muss künftig mehr als bisher das Bewusstsein von der Vernetzung der sozialen, ökonomischen und ökologischen Problematik wecken. Sie muss den Grundgedanken der Bewahrung der Schöpfung mit dem einer Weltgestaltung verbinden, welche der Einbindung aller gesellschaftlichen Prozesse in das – allem menschlichen Tun vorgegebene – umgreifende Netzwerk der Natur Rechnung trägt. Nur so können die Menschen ihrer Verantwortung für die nachfolgenden Generationen gerecht werden. Eben dies will der Leitbegriff einer nachhaltigen, das heißt dauerhaft umweltgerechten Entwicklung zum Ausdruck bringen“.[89]

5.4 VISION einer retinitären LebensART

Nach der Agenda 21 sollen die Lebensgewohnheiten der Menschen im Hinblick auf Konsum – und Produktionsweisen verändert werden. Die UN – Sondergeneralversammlung vom Juni 1997 in New York hat die grundlegende Bedeutung der pädagogischen und erwachsenenbildnerischen Auseinandersetzung mit Fragen des individuellen und gesellschaftlichen Lebensstils betont.

Fragen des Lebensstils sollen nach der Auffassung des Rates der Europäischen Bischofskonferenzen einen Schwerpunkt des christlichen Umweltengagements bilden.

Im ökologischen Kontext kann der christliche Begriff der Askese eine neue, aktuelle Bedeutung gewinnen: gemeint ist im ursprünglichen und wörtlichen Sinn des Begriffs eine „Einübung" des freiwilligen Maßhaltens. Überall dort, wo die Beliebigkeit unzähliger Güter und Konsummöglichkeiten das bewusste Wahrnehmen und Geniessen des Einzelnen eher hindert, erweist sich ein solches Maßhalten als Weg zu einer besseren und intensiveren Lebensqualität. So kann Konsumverzicht und die „Umkehr" zu einem einfacheren Lebensstil zu einem Gewinn an Lebensqualität führen. Es ist jedoch keineswegs leicht, sich der sanften Gewalt dauernder Wunscherzeugung durch Werbung zu entziehen. Die Fähigkeit, sich mit dem nötigen zu begnügen (Suffizienz als notwendige Ergänzung zur technologischen Steigerung Effizienz) setzt moralische Stärke und einen gemeinschaftlichen Rückhalt in der Erprobung neuer Lebensstile voraus.

Gefordert ist die Vision eines nachhaltigen Lebensstils. Nachhaltige Entwicklung braucht neue Lebensstile. Dazu sind folgende Stichworte von Bedeutung:

- Verankerung in den Gewohnheiten des Alltags
- Freiwilligkeit und Gedankenaustausch
- Zivilgesellschaftliches Engagement
- Religiöse und ethische Tiefendimensionen
- Freiwilliges Maßhalten als Weg zu neuen Formen von Lebensqualität
- Prinzip der regionalen Orientierung
- Globale Solidarität
- Globale Verallgemeinerungsfähigkeit des Lebensstils[90]

Zehn Aspekte sieht Wilhelm Schmid[91] als Charakteristika für einen ökologischen Lebensstil:

1. Grundlegend für den ökologischen Lebensstil ist das erweiterte Selbstverständnis.
2. Ökologisch zu leben heißt, vor diesem erweiterten Horizont ein besonnenes Leben zu führen.
3. Die Askethik als Selbstgestaltung ermöglicht dem ökologischen Selbst, Selbst- Mächtigkeit zu gewinnen.
4. Zur Entfaltung des ökologischen Lebensstils ist die Reflexion der eigenen Gewohnheiten erforderlich.
5. Der ökologische Lebensstil vollzieht sich vom Verbrauch zum Gebrauch.
6. Er ökologische Lebensstil ist durch eine Rezyklierung charakterisiert.
7. Die Rezyklierung ist der entscheidende Beitrag zu einem Lebensstil der Nachhaltigkeit und Dauerhaftigkeit.
8. Die Ökologie des Körpers wird zum Bestandteil des ökologischen Lebensstils.
9. Der ökologische Lebensstil zeichne sich durch einen Genuss des Lebens aus, dessen Voraussetzungen die volle Entfaltung der Sinne ist.
10. Charakteristisch für den ökologischen Lebensstil ist schließlich die Gelassenheit.

Literaturhinweise

1 Sekretariat der Deutschen Bischofskonferenz (Hrsg.); Stimmen der Weltkirche; Katholische Bischofskonferenz der USA, Wirtschaftliche Gerechtigkeit für Alle: Katholische Soziallehre und die amerikanische Wirtschaft, Bonn 1986

2 Rat der Evangelischen Kirche in Deutschland, Gemeinwohl und Eigennutz – Wirtschaftliches Handeln in Verantwortung für die Zukunft, Gerd Mohr-Verlag, Gütersloh, 1991

3 Sikora, Joachim, Vision einer Tätigkeitsgesellschaft – Neue Tätigkeits- und Lebensmodelle im 3. Jahrtausend, herausgegeben vom Katholisch-Sozialen Institut der Erzdiözese Köln, Bad Honnef 1999

4 Hoffmann, Günter, Tausche Marmelade gegen Steuererklärung, Ganz ohne Geld – die Praxis der Tauschringe und Talentbörsen, München-Zürich, 1998

5 S achverständigengruppe „Weltwirtschaft und Sozialethik", Hrsg. von der Deutschen Bischofskonferenz, Bonn 1999, S. 47

6 Herzog, Roman, Aufbruch ins 21. Jahrhundert, Berliner Rede, in; Bissinger, Manfred, Stimmen gegen den Stillstand, campe paperback 1997, S. 21

7 Herzog, Roman, a.a.O., S. 21 f.

8 Baumgartner, Peter, Lebensunternehmer, Beratung und Verlag AG, Bülach, 2. Aufl., 1998

9 zitiert aus Rifkin, Jeremy, Das Ende der Arbeit und ihre Zukunft, Campus-Verlag, 2. Aufl. Frankfurt a. M., S. 19

10 Opaschowski, Horst W., Wie leben wir nach dem Jahre 2000? Szenarien über die Zukunft und Freizeit, Hamburg 1988, S. 7

11 Mutz, Gerd, Zukunft der Arbeit – Chancen für eine Tätigkeitsgesellschaft? Beilage zur Wochenzeitung Das Parlament, B 48-49/97, November 1997, S. 34 f.

12 Haaren, Kurt van, Die Entstehung einer neuen Arbeitswelt, In: Haaren, Kurt van, Hensche, Detlef (Hrsg.), Arbeit im Multimedia-Zeitalter – Die Trends der Informationsgesellschaft, VSA-Verlag, Hamburg 1997, S. 14

13 Gemeinsames Wort des Rates der Evangelischen Kirche in Deutschland und der Deutschen Bischofskonferenz zur wirtschaftlichen und sozialen Lage in Deutschland, „Für eine Zukunft in Solidarität und Gerechtigkeit", Bonn /Hannover, 1997

14 Sikora, Joachim, Vision einer Tätigkeitsgesellschaft –..., Bad Honnef 1999

15 Enzyklika Laborem exercens von Papst Johannes Paul II. aus dem Jahre 1981, Texte zur katholischen Sozialallehre, Herausgegeben vom Bundesverband der Katholischen Arbeitnehmer-Bewegung Deutschlands (KAB), Ketteler-Verlag, Bornheim, 8. Auflage 1992, S. 557

16 Arendt, Hannah, Vita activa oder Vom tätigen Leben. Piper-Verlag München, 10. Aufl. Febr. 1998

17 Rifkin, Jeremy, Die dritte Säule der neuen Gesellschaft, in ZEIT Nr. 19 vom 2. Mai 1997, S. 32

18 Creutz, Helmut, Das Geld-Syndrom – Wege zu einer krisenfreien Marktwirtschaft, Ullstein-Verlag, Berlin , 4. Aufl. 1997, S. 28

19 Giarini, Orio; Liedtke Patrick M., Wie wir arbeiten werden, , Hoffmann und Campe-Verlag, Hamburg 1997., S. 149 ff.

20 Bericht über die menschliche Entwicklung 1998, Bonn 1998

21 Giarini, Orio; Liedtke, Patrick M., a.a.O., S. 259

22 Matathia, Ira und Salzmann, Marian, Next – Wie sieht die Zukunft aus? Arbeiten, Leben und Wohnen nach 2000, Econ-Verlag, München 1998

23 Naisbitt, John, Megatrends – 10 Perspektiven, die unser Leben verändern werden, Hestia-Verlag, Bayreuth, 1984

24 Popcorn, Faith, Der Popcorn-Report – Trend für die Zukunft, Heyne-Verlag, München 1992
25 Horx, Matthias, Die acht Sphären der Zukunft – Ein Wegweiser für die Kultur des 21. Jahrhunderts, Signaum-Verlag, Wien, 3. Auflage, 2000
26 Der SPIEGEL, Titelgeschichte „Unternehmen Größenwahn", Heft 11 vom 13.02.2000, S. 104 ff.. Autoren: Jan Fleischauer, Dietmar Hawranek, Alexander Jung, Mathias Müller von Blumencron
27 Planspiel Börse, Schülerwettbewerb 2000, Deutscher Sparkassen Verlag Gmbh, Stuttgart 2000
28 Nölting, Andreas, Die neue Supermacht Börse – Wie Fondsmanager unsere Welt verändern, Rowolth-Verlag, Hamburg 2000, S. 126 f.
29 Rappaport, Alfred, Shareholder Value – Ein Handbuch für Manager und Investoren, 2. Auflage, Schäffer-Poeschel-Verlag, Stuttgart 1999, S. 3 ff.
30 Rappaport, Alfred, a.a.O., S 6 ff.
31 Nölting, Andreas, a.a.O., S. 241
32 Der Spiegel, Die Milliarden-Falle – Wie Banken die Anleger abzocken, Heft Nr. 8 vom 19.02.2001, S. 86 ff.
33 Ogger, Günter, Der Börsenschwindel – wieAktionäre und Anleger für dumm verkauft werden, Bertelsmann-Verlag, München, 2001
34 Ogger, Günter, a.a.O., S. 130
35 Flemming, Beate, Die Mär vom armen Milliardär, in Stern, Nr. 9 vom 22. Februar 2001, S. 170 ff.
36 Lexikon für Theologie und Kirche, Bd. 4, Artikel Habgier, Herder-Verlag, Freiburg i.Br., 1995, Spalte 1127
37 Dellinger, Gerhard, in: Theologisches Wörterbuch zum Neuen Testament, Bd. VI, Stuttgart 1966, S. 266/267
38 Ebenda, S. 269
39 Ebenda. S. 270
40 Ebenda, S. 272
41 Historisches Wörterbuch der Philosophie (1971), S. 218: Der karge Geiz, der, "wenn er schimpflich ist, Knickerei oder Knauserei genannt wird, und zwar nicht insofern er in Vernachlässigung seiner Liebespflichten gegen andere besteht, sondern insofern, als die Verengung seines eigenen Genusses der Mittel zum Wohlleben unter das Maß des wahren Bedürfnisses der Pflicht gegen sich selbst widerstreitet." Unter dem habsüchtigen Geiz versteht Kant "den Hang zur Erweiterung seines Erwerbs der Mittel zum Wohlleben über die Schranken des wahren Bedürfnisses."
42 Ebenda, S. 219
„Der Geiz (als Laster) ist von der Sparsamkeit (als Tugend) nicht darin unterschieden, dass diese zu weit getrieben wird, sondern hat ein ganz anderes Prinzip (Maxime), nämlich den Zweck der Haushaltung nicht in den Genuss seines Vermögens, sondern mit Entsagung auf denselben bloß in den Besitz desselben zu setzen."
43 Lexikon des Mittelalters, Band IV, München und Zürich, 1980, S. 1684
44 Nazianz, Gregor von; Gegen die Habsucht, in: Studien zur Geschichte und Kultur des Altertums, Hrsg. von Justin Hossay, Padaborn 1988
45 Ebenda, S. 47
46 Dellinger (1966), S.270
47 Enzyklika Sollicitudo rei socialis, Texte zur Katholischen Soziallehre, Herausgegeben von der KAB, a.a.O., S. 660 f
48 Stopp, Konrad, Aufbruch statt Krisenverwaltung – Von der Arbeitsgesellschaft zur Kulturgesellschaft, Herbert Utz Verlag, München 1997, S. 88 f.
49 Alexander Rüstow (1885-1963), Walter Eucken (1891–1950), Wilhelm Röpke (1899–1966), Friedrich August von Hayek (1899–1992), Alfred Müller –Armack (1901–1978), u.a.
50 Beck, Dorothee und Meine, Hartmut, Wasserprediger und Weintrinker – Wie Reichtum vertuscht und Armut verdrängt wird, Steidl Verlag, Göttingen, 1997
51 Riehl-Heyse, Herbert, Jedem das Seine ..., Süddeutsche Zeitung 20./21. Februar 1993
52 Fromm, Erich, Anatomie der menschlichen Destruktivität, Stuttgart 1981, S. 93
53 Kienbaum-Index
54 Arnim, Hans Herbert von, Der Staat als Beute, München 1993, S. 178

55 Meyer (20./21. Juli 1996)
56 Wessel (3./4. August 1996)
57 Arnim, von , Hans Herbert, Politik, Macht, Geld – Das Schwarzgeld der Politiker – weißgewaschen, Th. Knauer Nachf., München, 2001, S. 22 ff.
58 Arnim, von, a.a.O., S. 26 f.
59 Arnim, von, a.a.O., S. 84 ff.
60 Zum Vergleich: Am 1. Juli 1994 bezogen in der Rentenversicherung der Arbeiter nur 0,1 Prozent aller Rentner eine Monatsrente von 2500 bis 2600 DM und in der Rentenversicherung der Angestellten 0,2 Prozent aller Rentner eine Monatsrente von 4000 DM und wenig mehr. Quelle: Statistisches Taschenbuch 1995, „Arbeits- und Sozialstatistik“, Hrsg. Das Bundesministerium für Arbeit und Sozialordnung.
61 Der Spiegel, Heft 37/1994
62 Scheuringer, Rosa, Cash- Geld riechen, in: Alternative Ökonomie, iff-Texte, Grossmann, Ralph (Hrsg.), Springer Verlag, Wien 1998, S. 9
63 Deutsche Gesellschaft für die Vereinten Nationen e.V., Bericht über die menschliche Entwicklung 1998, Bonn 1998, S. 35
64 Steinmüller, Angela und Karlheinz, Visionen 1900 – 2000 – 2100, Eine Chronik der Zukunft, Rogner & Bernhard Verlag Hamburg, Zweitausendeins Versand Frankfurt, 1999, S. 545 ff.
65 Sekretariat der Deutschen Bischofskonferenz (Hrsg.); Stimmen der Weltkirche; Katholische Bischofskonferenz der USA, Wirtschaftliche Gerechtigkeit für Alle: Katholische Soziallehre und die amerikanische Wirtschaft, Bonn 1986 (Die Zahlenangaben beziehen sich auf die Nummern der Abschnitte des Textes.)
66 Katholisch-Soziales Institut der Erzdiözese Köln, Alle Eingaben zum Konsultationsprozeß mit Lesehilfen und CD-Rom, Bad Honnef, Selhofer Str. 11, 1996
67 Texte zur katholischen Soziallehre, Hrsg.: Bundesverband der Katholischen Arbeitnehmer-Bewegung Deutschlands, 8. Erweiterte Auflage, Bornheim 1992, S. 366
68 Sutor, Bernhard, Politische Ethik: Gesamtdarstellung auf der Basis der christlichen Gesellschaftslehre, Ferdinand Schöningh Verlag, Paderborn 191, S. 35
69 Douthwaite, Richard und Diefenbacher, Hans, Jenseits der Globalisierung – Handbuch für lokales Wirtschaften, Matthias-Grünewald-Verlag, Mainz, 1998, S. 55 ff.
70 Douthwaite, Richard und Diefenbacher, Hans, a.a.O., S. 55 f.
71 Praxis Geographie, Heft 6/1994, S. 17
72 Douthwaite und Diefenbacher, a.a.O., S. 59 f.
73 Douthwaite und Diefenbacher, a.a.O., S. 82
74 BUND und Misereor, Zukunftsfähiges Deutschland, Birkhäuser-Verlag, Basel, Boston, Berlin, 1996
75 Lietaer, Bernard A. , Das Geld der Zukunft – Über die destruktive Wirkung des existierenden Geldsystems und die Entwicklung von Komplementärwährungen, 2. Auflage, Riemann-Verlag, 1999
76 Lietaer, Bernard A., a,a,O. S.132
77 Lietaer, Bernard A., a,a,O. S.171
78 Lietaer, Bernard A., a,a,O. S.55
79 Leipner, Ingo, Was sind Komplementäre Währungen?, in: Tausch-System Nachrichten, Nr. 9, November 1999, S. 9
80 Douthwaite und Diefenbacher, a.a.O., S 83
81 Angrick, Corina u.a., Chancen – Projekte zur nachhaltigen Gestaltung der Globalisierung, Horizonte-Verlag, Stutgart 1999, S. 59
82 Kommission für Zukunftsfragen der Freistaaten Bayern und Sachsen , Erwerbstätigkeit und Arbeitslosigkeit in Deutschland – Entwicklung, Ursachen und Maßnahmen , ,Teil III :Maßnahmen zur Verbesserung der Beschäftigungslage, Bonn, 1997, S. 146 f.
83 Kommission für Zukunftsfragen der Freistaaten Bayern und Sachsen , a.a.O, S. 154 ff.
84 Enquete-Kommission „Schutz des Menschen und der Umwelt“, 1994, S. 32
85 BUND, Misereor, a.a.O., S. 31
86 Korff, Wilhelm, Symposium zur evangelischen und katholischen Sozialethik, 11./12. September 1996 in Goslar, unveröffentlichtes Manuskript, S. 19

87 Umweltgutachten des Rates von Sachverständigen für Umweltfragen: Für eine dauerhafte – Umweltgerechte Entwicklung, Stuttgart 1994 Bundestagsdrucksache 12/ 6995, Ziff. 36 – 38

88 Vogt, Markus, Das Vernetzungsprinzip als umweltethische Kreation des Leitbildes der Nachhaltigkeit, in: Sellmann, Matthias und Conein, Stephanie, Vernetzen lernen – Ethik und Politik als Lernfelder der Umweltbildung, Katholisch-Soziales Institut der Erzdiözese Köln, Bad Honnef, 1998, S. 10 ff.

89 Gemeinsames Wort zur wirtschaftlichen und sozialen Lage, Bonn / Hannover 1997

90 Vogt, Markus / Sellmann, Matthias, Handeln für die Zukunft der Schöpfung – Bausteine für die Bildungsarbeit, Hamm 1999, S. 104

91 Schmid, Wilhelm, Schönes Leben? – Einführung in die Lebenskunst, Suhrkamp-Verlag, Frankfurt 2000, S. 127 ff.

Neu: Handbuch der Kreativ-Methoden

Handbuch der Kreativ-Methoden
von Joachim Sikora
2. Auflage 2001, DIN-A 5, mit zahlreichen Abbildungen, Paperback
ISBN: 3-927566-25-X. DM 20,– (Erscheint im Sommer 2001)

Sommer-Akademien 2001

In diesem Jahr bieten wir vier verschiedene Sommer-Akademien an, von denen sich die ersten beiden (Politsche Quer-Denker und -Tuer) ergänzen, während die zwei weiteren jeweils eine Einheit in sich bilden.

Eigentlich sollte man jedem Mitmenschen für diese drei Wochen der Sommer-Akademien „Bildungsurlaub" gesellschaftlich ‚verordnen' – besser: jeder und jede sollten sich solche Phase gönnen. Neue Dimensionen entdecken - dies und mehr wollen wir in den Sommer-Akademien in Verbindung mit Kirche, Kunst, Kultur und Kulinaria in einer landschaftlich reizvollen Umgebung.

Studieren Sie dieses Angebot sorgfältig. Es lohnt sich. Wir würden Sie gerne in Bad Honnef begrüßen.

Politische Quer-Denker
7. bis 11. Juli

Politische Quer-Tuer
11. bis 15. Juli

Spirituelle Sommer-Akademie
15. bis 20. Juli

Historische Sommer-Akademie
21. bis 26. Juli

Anmeldungen: Katholisch-Soziales Institut der Erzdiözese Köln
Selhofer Str. 11, 53604 Bad Honnef
Auskünfte: Tel.: 02224 / 955-405 oder -401
Fax: 02224 / 955-101· e-mail: sikora@ksi.de
Internet: www.ksi.de

KSI
KATHOLISCH SOZIALES INSTITUT
DER ERZDIÖZESE KÖLN